NAPOLÉON III.

Paris. — Imprimerie de Moquet, 92, rue de la Harpe.

NAPOLÉON III

ODYSSÉE

PAR

SIMÉON-CHAUMIER

PARIS

MOQUET, LIBRAIRE-ÉDITEUR,

92, RUE DE LA HARPE, 92.

1854

PRÉFACE.

Les grands hommes engendrent les grands siècles ; les grands siècles sollicitent les grandes œuvres ; les œuvres immortalisent les siècles et les hommes.

Pour ne parler que de l'épopée, l'ère primitive de la Grèce produisit la pléïade des demi-dieux, Hésiode les consacre dans sa Théogonie et dans le bouclier d'Hercule. Viennent ensuite les siècles héroïques, Homère les caractérise dans l'Iliade ; sans Homère et sans Hésiode où seraient les demi-dieux et les héros ?

Dans la ville des consuls, le contemporain et l'ami des Scipions, Ennius, célèbre la guerre punique ; son poëme est l'écho des grandes luttes, qui ont tenu l'œil de l'univers attaché sur Rome et sur Carthage. Plus tard, lorsque le temple de Janus sera fermé par la victoire d'Auguste,

1

Virgile, le poète tendre et mélancolique, saura écrire
l'Énéide, sans doute ; mais il aura oublié malheureusement
qu'il devait être le bras droit du vainqueur d'Actium, au
lieu de se faire le miroir d'Énée. Virgile ne manque point
de patriotisme ; mais il se trompe d'époque ; Auguste aurait dû être son héros ! Ce sera Lucain qui indirectement
s'en emparera ; mais Lucain, lui aussi, enveloppé dans les
premiers brouillards de la décadence, se rejette patrioti-
quement en arrière, non pas pour conjurer la chute de
l'empire ; mais pour nous faire assister, dans la Pharsale,
à la grande lutte de César et de Pompée ; il fallait, à ce
temps, une autre plume ; ce sera Juvénal qui la saisira,
pour fustiger ses contemporains. Quoi qu'il en soit, la
Rome des consuls et la Rome des Césars n'en eut pas
moins, à côté de ses héros, ses poètes.

Au moyen âge, de grandes luttes ensanglantent l'Italie ;
les intérêts de l'âme humaine sont en litige ; Dante, acteur
dans ce grand drame, le peint en traits de feu. Sombre
époque ! Et cependant, sans la Divina Comedia, que seraient
les Guelfes et les Gibelins ?

La renaissance arrive ; les guerres intestines ne divisent
plus les esprits ; mais, bercé en quelque sorte sur la foudre
des combats dont l'Italie venait d'être le théâtre, et comme
pour établir la différence entre les guerres d'ambition et
celles de principe, le Tasse, nouveau Virgile, s'inspire des
croisades ; et il célèbre, dans la Jérusalem délivrée, la
délivrance du Saint-Sépulcre, au moment où l'art chrétien
donne, à sa patrie, un nouvel éclat.

Au seizième siècle et durant la première moitié du dix-
septième, l'Angleterre éprouve de fortes commotions politiques et religieuses : l'esprit d'indépendance a semé les
tempêtes sur Albion tourmentée ; époque mémorable et
sanglante qui vit passer, sur la scène du monde, le premier
roi décapité. Milton, fatigué des hommes et des choses, s'en
détache ; il va fouiller jusqu'au berceau de l'humanité, et
voilà que, allusion terrible et stridente ! il écrit, sous l'impression du repentir peut-être, son immortel Paradis
perdu.

Cependant Améric Vespuce trouve le sens polaire,
au moyen de l'aiguille aimantée ; Vasco-de-Gama a doublé
le Cap de Bonne-Espérance, Christophe Colomb a découvert le Nouveau-Monde ; la vieille Europe, ébranlée par
ces trois grandes conquêtes de la science et de l'audace
nautique, prend une physionomie toute nouvelle : révolution dans l'industrie, dans le commerce, dans la naviga-
tion ! et du sein de la contrée d'où la nouvelle vie est
partie, surgit le Camoëns qui, dans sa Lusiade, immortalise les hommes qui sont allés, dans les Indes, porter la
civilisation de leurs pères.

En Allemagne, à la fin du siècle dernier, Klopstock,
cœur droit, raison solide, entrevoit à l'horizon les terribles tourmentes qui s'y amoncèlent ; la terre tremble sous
ses pas. Jetant alors sur le monde un regard méditatif, il
voit, d'un côté : la terre ensanglantée et il s'écrie : « O
« démence sans égale ! j'ai vu des générations s'entr'é-
« gorger, pour savoir comment on était heureux au-delà

« du tombeau ; celle-ci s'agite pour voir comment on l'est
« en deçà. » Et de l'autre : un Dieu incarné, un Dieu
mourant de la main des hommes qu'il sauve de son sang ;
et il écrit sa Messiade, pour dire à ses compatriotes où se
trouve ici-bas le bonheur.

Arrivons à la France maintenant : quatorze siècles ont
passé, tous pleins de grands noms, tous chargés de
grandes gloires ; hommes et choses se sont concertés, ce
semble, pour faire de cette nation, le prototype du beau
idéal des intelligences. La première elle a civilisé l'Europe, par Charlemagne ; elle a inauguré la première le
règne des lois par St Louis ; elle a été, par Louis XIV,
dans les arts et dans les lettres, la première, par le génie ;
et cependant si je lis attentivement son histoire, je n'y
trouve nulle part, jusqu'en 1800, un sujet d'épopée ; mais
je le demande, quel siècle plus que le nôtre est éminem-
ment propre à en inspirer une ?

L'épopée ! histoire chantée, philosophie historique des
hommes et des faits, transfiguration d'un génie dans une
époque et d'une époque dans un génie religieux, ardent,
droit, profond, logique, érudit, éloquent, poétique, généreux, patriotique, populaire, l'épopée est le miroir des
âges et ne saurait s'emprisonner dans la stricte chronolo-
gie ; mais prenant tous les grands événements sur son
aile, pour les étaler ensuite, pêle-mêle sous ses regards,
elle les classe, quelle que soit leur date certaine, même
par anachronisme intentionnel, dans une synthèse à l'aide
de laquelle le poète puisse les mettre plus à jour, au fond

du foyer lumineux, dont chacun des chants n'est que le brillant réflecteur. L'épopée c'est la religion, la patrie, la morale éternelle. Religion, elle est initiatrice ; patrie, elle est conservatrice ; morale, elle est civilisatrice. Initiatrice, elle rappelle à l'homme sa destinée ; conservatrice, elle préserve un peuple de la décadence ; civilisatrice, elle rattache la famille à la société, en fesant comprendre à chacun, les lois, les tendances, les opinions, les mœurs, les passions nationales, qu'elle immortalise.

C'est là le caractère essentiel de l'Iliade. Homère, fruit de l'ère théogonique, est la greffe de l'arbre civilisateur de la Grèce Il emprunte aux siècles qui l'ont précédé, et il rend aux siècles qui le suivent ; mais, chose remarquable! les siècles d'éloquence n'ont pas eu d'épopée. C'est peut-être bien là le motif pour lequel la France moderne n'a pas encore trouvé la sienne ; et pourtant, point d'épopée sans le secours du genre oratoire ; seulement le discours n'est que l'accessoire dans l'œuvre poétique, tandis qu'à la tribune il est le principal.

A de certaines époques, que la nôtre nomme la diffusion des lumières, chacun ambitionne les honneurs de la presse ; et voilà pourquoi ces époques n'ont point leur épopée ; car l'épopée c'est la concentration de toutes les idées, dans un foyer poétique : Qu'est-ce donc lorsqu'un peuple a été dévoyé par des hommes qui, favorisant les œuvres frivoles sous prétexte qu'il faut amuser le lecteur, préconisent et encouragent exclusivement les livres légers !

De nos jours le gouvernement fait appel à la littérature et lui demande des œuvres. En publiant celle-ci, je réponds, selon mes forces, au vœu qu'il a exprimé, moins pour dire mon dernier mot qu'afin d'inviter, à faire ainsi, plus grand que moi. Le tems vient, et il est déjà arrivé que la France, elle aussi, doit avoir son clairon poétique.

31 janvier 1854.

A LA NATION COURONNÉE!

Sire,

Tribuat tibi secundùm cor tuum :

Et omne consilium tuum confirmet.

XIXe PSAUME.

SIMÉON CHAUMIER.

PREMIER LIVRE.

LA RESTAURATION.

וְ הֹשֶׁךְ עַל פְּנֵי תְהוֹם

Théom   pene   al   oshec   oué

De l'abîme les faces sur l'obscurité et

(GENÈSE.

Et les ténèbres couvraient l'abîme.

PREMIER CHANT.

Μουσάων Ἑλικωνιάδων αρχωμεθ' ἀείδειν.

(HÉSIODE.)

Un congrès est une fable convenue entre les diplomates ;
C'est la plume de Machiavel unie au sabre de Mahomet.

(NAPOLÉON.)

L'exil est moins pénible lorsqu'on y est avec la vertu.

(MAXIME D'EPHESE.)

On devient tout ou rien selon l'éducation qu'on reçoit.

(CLÉMENT XIV.)

Nos opinions ne sont pas en notre pouvoir.

(FRANKLIN.)

Vos filles prophétiseront ; vos jeunes gens auront des
visions, et vos vieillards auront des songes.

(LE PROPHETE JOËL)

Salut, France, ma muse, Hélicon de l'Europe ;
Foyer des trois couleurs dont l'éclat t'enveloppe,
Salut ! je veux fouiller aux replis de ton cœur
Pour en faire surgir ton Élu, ton Sauveur ;
Salut ! je vais chanter l'héritier de l'empire,
Son exil, ses prisons, son sceptre ; je vais dire
Comment sa droite enfin, explorant le trésor
De ce siècle oxydé, changea le cuivre en or.
J'entends te révéler non des faits ; mais une âme ;
Montrer comment le feu peut s'éteindre en la flamme :

Et comment un génie, inspiré de bon sens,
Sait conjurer le cours d'un déluge de sang.
La raison, elle aussi, se plait à l'épopée ;
Elle aussi de rayons peut vivre enveloppée ;
C'est surtout lorsqu'un peuple a plié sous le faix
De sa gloire guerrière ; et qu'il marche à la paix.

Les échos de Madrid, de Turin et de Rome,
De Vienne, de Moscou, de Berlin, du royaume
De Naples, stupéfaits de ne s'envoyer plus
Les détonations des foudres suspendus,
Chuchotaient, dans un coin de l'Europe brisée,
Notre démembrement, formidable risée,
Qui pesa, comme un lourd manteau de plomb, soudé
Sur nos fronts, quand le lys s'y tenait accoudé.
Les rois coalisés, en sûreté dans Vienne,
Tournaient, non sans frémir, leurs yeux vers Ste Hélène,
Comme pour demander pardon à l'Empereur,
De traités, dont la base unique fut la peur ;
Et lui, l'aigle puissant, mais lié dans son aire,
Qui, d'un geste, pouvait secouer son tonnerre,
Et venir disperser ce cercle de vautours,
Confiant, laissait faire aux cinq *puissantes cours* ;
Et les voilà tirant, sur la carte guerrière,
Non des coups de canon ; mais une ligne altière ;
Les voilà dépeçant son colosse vivant

Croyant faire tomber sa chaîne et l'y rivant ;
Car ses chaînes, c'étaient la valeur et la gloire ;
Ses chaînes, c'était tout l'éclat de son histoire ;
Ses chaînes ? oh ! c'étaient l'Espagnol, le Prussien,
Le Russe, l'Allemand, l'Anglais, l'Autrichien,
Tous peuples qu'il était allé, non pour abattre,
Mais pour civiliser plutôt que pour combattre,
Lui, l'initiateur de ce siècle au berceau,
Sous l'esprit du géant qui guidait son drapeau ;
Et restant dans son calme, à l'exemple du maître,
Il reçut les traités, sans jamais les admettre ;
C'est qu'au fond de son cœur, une voix lui disait
Qu'il reviendrait entier lorsqu'on le divisait.
Comment ? Par quel moyen ? Quel éclatant miracle
Viendra tout relier après telle débacle ?...
C'est que si l'aigle fut, dans les armes, géant ;
L'aigle aussi, dans la paix, féconde son néant.

Tandis que les cinq cours réglaient la destinée
De l'Europe, au mépris de la France inclinée,
Une mère, un enfant, tous deux déshérités
De leur royal palais, contemplaient, abrités
Sous un chaume étranger, l'homme dont la puissance
A leur trône entr'ouvert avait donné naissance ;
Et, malgré sa douleur, sur un ton triomphant.
La mère ainsi parlait à son royal enfant :

Mon fils, jette ici l'œil sur la carte du monde.
Vois-tu ce point, qui sort resplendissant de l'onde ?
C'est la Corse, berceau du plus grand empereur
Que la terre ait porté.

      Mon oncle ?

         Sans terreur,
Je ne puis te pointer du doigt ce roc aride ;
Bloc noyé dans les mers de la zône torride.
—Ste-Hélène, reprit l'enfant, en épelant
Cet autre nom fatal, non moins étincelant.
— C'est là, reprit la mère, en étouffant ses larmes ,
Que s'est venu briser le torrent de ses armes ;
Écoute...! Je te vais résumer, sans aigreur ,
Les fastes de la gloire et celles du malheur.
Et ses pleurs comprimés vinrent mouiller la terre ;
Et le baiser du fils but aux yeux de la mère ;
Et leur âme , fondue en ces embrassements ,
Tressaillit dans de doux et purs enlacements.

Rejeton oublié de la maison Comnène ,
Empereurs d'Orient, au sortir de Briène
Ton oncle vit son pied, tout souillé par le sang
Que la France laissait ruisseler de son flanc ,
Il eut dégoût ! Portant la main à son épée,
La flotte d'Angleterre à Toulon fut sapée :
Premier fait d'arme inscrit à son mémorial,

Sorte de dédicace à son pays natal.

Car la Corse est là. Vois !

              L'enfant sourit ; sa mère

L'embrassa tout émue :

             Écoute le sommaire

De tout ce que ton oncle a fait depuis ce tems ;

C'est en quelques grands traits, l'histoire de vingt ans :

A ce premier salut au lieu de sa naissance,

Il en fallait un autre ; il le fit à la France ;

Et brisant, dans Paris, cette idole du mal

Dont l'échafaud d'un roi forma le piédestal,

Vendémiaire paya la mort de Louis seize ;

Par lui, quatre-vingt-quinze éteint quatre-vingt- treize.

De cet autre rayon son front étincela.

— C'est mon oncle, maman, qui fesait tout cela ?

— Bien plus ; par tous les flancs notre France va soudre !

Ton oncle, double éclair des combats, prend la foudre ;

Vole, vers l'Italie, attaquer l'aigle noir ;

Le force à déloger de ce riant manoir,

Qu'en sa serre il tenait, comme en une menotte ;

De Savone, il paraît aux champs de Montenotte ;

Delà, sur Mondovi son pied ne fait qu'un pas ;

Le Pô lui fait obstacle, et le Pô ne tient pas ;

Le pont de Lodi cède ; et prenant son armée,

Qu'il tenait dans sa main, de ses succès charmée,

Le voilà, sans répit, qui s'instale à Milan,

De l'Autriche rognant le tudesque bilan.

Mais l'Autriche sourit ou plutôt fait la moue ;
Et son Feld-Maréchal, il l'enserre en Mantoue ;
La courbe au pont d'Arcole; et bat à Rivoli
Son archi-duc qu'il force à demander merci ;
Il brise, par la paix, ainsi que Charlemagne,
Les fers à Borméo, Bologne, à la Romagne,
A Modène, à Ferrare, à Bergame, aux Lombards,
Qu'il érige à la France, en nouveaux boulevards.
Lis :

          Campo-Formio !

                         C'est un mince village !
Et c'est là que ton oncle acheva son ouvrage !

     L'enfant sourit ; la mère embrassa son enfant,
D'un air mélancolique et pourtant triomphant :

     L'Europe en fut jalouse ; et surtout l'Angleterre
De ses plans, contre nous, ne fesait plus mystère,
Ton oncle d'un coup d'œil mesura le danger ;
Et devant qu'elle agît il voulut nous venger.
L'Inde, pour Albion, est la grande richesse ;
S'entourant du secret ton oncle, avec adresse,
Prit la mer à Toulon, et le flot l'emporta
Jusqu'en Alexandrie, au centre du Delta ;
Et divisant sa course, en dix marches rapides,
Sur le Caire, il vainquit aux pieds des Pyramides ;
Poussant vers St Jean-d'Acre, il cueillit au Thabor

De nouveaux lauriers ; puis, à Jaffa, plus encor.
La peste y décimait les rangs de son armée,
Et son étoile en fut un moment alarmée,
Jusqu'à ce que son bras vînt, comme pour finir,
Par Aboukir, venger sur Nelson Aboukir.

Toulon avait, pour lui, préparé Vendémiaire ;
Par ses succès d'Égypte il prépara Brumaire.
Seize mois et vingt jours suffirent… Il revint.
Le pouvoir chancelait ; il le prit dans sa main !
Est-ce beau, mon enfant ?

                        L'enfant, de son oncle ivre
Par sa mère, lisait couramment au grand livre
Des victoires ; mais elle, retournant de nouveau
L'un des feuillets, lui dit : Vois plus loin ;

                                    Marengo !
S'écria tout à coup le jeune Prince.

                                    Arrête
Avec ton oncle ici ! car il porte à sa tête,
L'impérial fleuron ; et sur celui des lys
Il le va placer fort, des plaines d'Austerlitz
Dans celles d'Iéna ; pour que son aigle vienne
Aux portes de Berlin par les portes de Vienne !

Le Prince tressaillit ; il changea de couleur ;
Hortense le tenait frissonnant sur son cœur.
Et l'y pressant toujours :

                        Du Niémen à l'Ebre

Le nom de l'Empereur était partout célèbre ;
Sur tous points, les échos, l'un hâtif, l'autre lent,
Répétaient : Austerlitz, Marengo, Friedland !
Du golfe Adriatique à la mer de Bretagne,
Tous se criaient : César, Annibal, Charlemagne ;
Puis, comme résumant ces hommes, par un nom,
L'Europe, en l'admirant, disait : Napoléon!..

Le globe avait tourné du soleil aux étoiles ;
Son ombre épaississait sur la terre ses voiles ;
Un seul rayon brillait splendide, suborneur :
Celui du long récit des faits de l'Empereur.
Sitôt qu'il eut pâli, couvert par le silence
Qui se fit, le sommeil, sorte de pestilence,
Pour le vieillard et pour l'enfant baume attirant,
Plaça sur l'œil du Prince, un rayon enivrant :
La gloire de son oncle ; et la reine, sa mère
Ombragea de sa main, cette tête si chère ;
Puis vers le sud jetant un regard :
                                   Il est là,
Celui dont le génie accomplit tout cela !
Il est là ; sous le feu de la zone torride :
La gloire porte donc à son front une ride !
Pensa-t-elle ; une larme obscurcit ses doux yeux :
Et le chagrin trôna sur son front soucieux.
L'enfant dormait déjà. Dans sa sollicitude

Sa mère lui voulut doubler la solitude
Et fermant, avec soin, les rideaux au chevet :
Il dort ! allons pleurer, se dit-elle, en secret.
    Alors Moscou s'offrit à sa mémoire en larmes,
Elle y vit l'incendie éclatant sur ses armes ;
Les flammes lui tirant la langue aux soupiraux,
S'allongeant sur les toits, comme de blancs drapeaux ;
Son aigle épouvantée et secouant ses ailes,
Comme pour abriter ses cohortes fidèles ;
Les pleurs, les désespoirs de ses vieux grenadiers,
S'arrachant les cheveux blanchis par les lauriers ;
Et la neige et le givre, aux arbres et sur terre,
Enveloppant sa gloire ainsi que d'un suaire ;
Et la main du désastre étreignant le géant
Qui, lui, les bras croisés, comprenait son néant.
    Près du héros, son œil vit, comme dans un rêve,
Une pâle figure à la voix sèche et brève,
Au corps tout décharné, d'un œil froid et hagard
Qui, sur lui, projetait l'ombre de son regard,
Elle effleurait son sein, de sa lèvre rigide :
Premier baiser qu'il eut de la fièvre livide,
Baiser qui le rendit inquiet, abattu,
Lui qui l'heure d'avant ne semblait pas vaincu.
Et soudain elle vit l'Empereur, sur la route
De Gjatz, de Krasnoë ; puis l'armée en déroute,
Comme un vaisseau perdant en mer son gouvernail.

Où la locomotive enlevée à son rail,
Marchant à l'aventure et partout harcelée,
Vers la Bérésina, qui chariait gelée,
Pour prendre ses quartiers d'hiver au Niémen,
Revenant effacer ses revers à Lutzen,
A Bautzen, puis à Dresde, incroyables journées
Grandes, comme celui qui les a contournées,
Inutiles ! Malgré Montmirail, Montereau,
Champ-Aubert, qui n'ont pu conjurer Waterloo....
　　Alors celle qui reine avait su rester femme
Redevint reine encore, et reine par son âme,
De cette royauté que chacun peut avoir :
Royauté de l'amour, royauté du devoir,
Le devoir et l'amour ! Ces deux rayons de vie
Qui, comme elle, exilés du sol de la patrie,
Semblaient avoir choisi, pour retraite, le cœur
De l'ange maternel au faite du malheur ;
Comme pour nous apprendre, aux heures de l'épreuve,
Qu'en les suivant, on trouve une existence neuve ;
Et que ne puissions-nous pas être triomphants,
Nous le serons, un jour du moins, par nos enfants.
　　Mon fils, dit-elle, à peine entre dans la carrière,
Fesons-lui du malheur une vive lumière ;
Oui ; pour aimer qui souffre, il faut avoir souffert ;
Voilà pourquoi Dieu fait l'exil qui m'est offert.
Le destin à venir de la France repose

Peut-être sur ce front qui dort candide et rose ;
Je dois en faire un homme... Esprit droit, noble cœur ;
Afin qu'au jour venu, s'il passait Empereur,
La France puisse dire orgueilleuse et contente :
« Rien, dans Napoléon n'a trompé mon attente !
Napoléon !.. mon fils ?.. Comment peut-il jamais
Égaler ce géant des combats ?.. par la paix !
La paix... Oui c'est cela !.. Je dois à sa mémoire
L'aigle de paix, après l'aigle de la Victoire ;
Car c'était pour la paix qu'il combattait toujours
Celui dont Ste Hélène abrégera les jours...

Ainsi cette nuit là parlait la Reine Hortense.
Sa retraite planait sur le lac de Constance,
Près de la ville, au point où le Rhin irrité
Transperce de son flot le lac décapité.
L'étoile scintillait au firmament ; la brume
Montait des eaux du lac, en diaphane écume,
Posant, aux bords, rendus d'autant plus sérieux,
Une sorte de voile aux plis mystérieux,
La nature et le cœur de cette noble Reine,
Tristes, s'harmonisaient sous une ombre sereine,
Si bien que, dans le lac, l'un plongeait ses douleurs
Et qu'à son tour le lac s'attristait de ces pleurs.
La reine d'un coup d'œil saisit l'analogie ;
Elle et le lac étaient en complète harmonie.

Elle laissa flotter son âme, au gré de l'eau,
Ainsi qu'un goëland, mélancolique oiseau.
Le rêve réveillé l'entoura de ses ailes,
Essaim que composaient quelques âmes fidèles,
Tristes débris épars ! dont son cœur recueillait,
Sur les fleurs du passé, le tems qui s'effeuillait.
Tandis qu'ainsi livrée à la vague nocturne,
Elle s'y balançait pensive et taciturne,
Un bruit de rames vint l'éveiller un moment ;
Et son œil s'éclaircit sans qu'elle sût comment ;
Et, malgré le brouillard couvrant l'onde tranquille,
Elle vit une nef qui venait de la ville ;
Et qui, malgré le cours du Rhin, rapide et grand,
Comme un dard bien lancé perforait le courant.
Un seul homme pressait les flancs de la nacelle ;
Je ne sais quel penser se dirigeait vers elle,
Mais lorsqu'il eut atteint au droit de la maison
De cette Reine, alors il chantait pour chanson,
Un air jadis connu, que l'on redit encore,
Que l'Europe vénère et que la France adore,
Et dont ce dernier vers résonne sémillant :
Amour à la plus belle, honneur au plus vaillant !
Et l'homme à la pirogue, ainsi qu'un Elfe blême
Qui passait là, chantant comme un vivant emblême,
Se fondit dans la brume, en redisant son air ;
Lorsqu'il eut disparu, le lac redevint clair.

La lune balança son disque à la surface.

La Reine du regard cherchait en vain la trace

Du sillage formé par le lac entr'ouvert ;

Tout avait fui loin d'elle : homme, barque et concert.

Une sourde douleur, de contentement pleine,

Fit tressaillir les nerfs et le cœur de la Reine :

« Quelqu'un nous aime donc, se dit-elle, ô mon Dieu !

« Serait-ce l'avenir qui s'éclot en ce lieu ?

Puis elle retomba dans sa mélancolie.

Pour elle une idée âpre était seule jolie ;

« Non ; reprit-elle, non ! Les fils du Béarnais

« Haïssent Bonaparte et non moins Beauharnais...

« J'aurai mal entendu ; quelque trompeur mirage

« Se sera décalqué sur l'ondoyante plage ;

« Le lac est un miroir où mieux que sur le tain,

« Peut se répercuter une image au lointain.

    Tandis que sur ce mode, en variant sa gamme,

La mère frissonnait aux fibres de son âme,

Cette harpe qui chante et qui pleure à la fois,

L'enfant rêvait aussi ; rêve que je vous dois :

    Une nuée épaisse, ainsi qu'une tempête,

Du Prince en s'endormant enveloppa la tête,

Comme sur l'Océan se grossit le point noir

Qui va tout engloutir au profond réservoir.

Son oncle, il le quittait dans sa gloire incertaine,

Il allait le revoir debout sur Ste Hélène,

Lui causant du sommet de sa geole d'honneur ;

Et lui fesant sonder, comme à son successeur,

Ses projets, ses desseins, son immense pensée

Qui n'avait plus crédit dans l'Europe insensée ;

Sa médiation qu'il voulut établir

Et le vieux droit rouillé qu'il comptait abolir.

D'abord l'ombre du grand Capitaine moderne

Sur l'œil de son neveu s'étendit vague et terne ;

C'était comme un brouillard qui n'osait avancer,

Mais qui, sur le berceau, sembla se balancer.

Une heure, une heure encor, cette molle fumée

Se condensa ; sans être autrement consumée,

Un jet de feu brilla, dans son sein éclairci ;

L'Empereur apparut en disant : Me voici...

Le Prince tressaillit sur sa couche modeste ;

Il voulut se lever ; l'Empereur lui dit :

                              Reste !...

Il faut que je te parle en secret, Louis ! Moi

Qui vis, mais comme mort, je renaîtrai par toi!

N'en dis rien à personne, et pas même à ta mère,

Elle croirait que c'est une folle chimère ;

Et pourtant je te viens révéler l'avenir ;

Étudie, et surtout sache te contenir

En toi-même ; commande à toi, commande aux nôtres ;

Il faut se commander pour commander aux autres ;

Suis les impulsions de ton cœur jusqu'au bout,
Lorsque par mon esprit tu domineras tout.
J'aimai la France, moi; la France... Oh! tiens; je l'aime!
Comme j'aimai la France, il faut l'aimer de même.
Pour elle j'ai tout fait; fais tout pour elle aussi;
Elle est ingrate! Oh! mais tout n'est pas obscurci
Dans son cœur; un jour vient, il est bien loin encore,
Elle se souviendra de moi, moi qu'elle adore
Au fond; alors, Louis, tu seras l'Empereur;
Il te faut, par la paix, devenir son sauveur.

  L'enfant voulut parler; mais alors le nuage,
Repliant ses deux flancs, lui déroba l'image
Qui les avait ouverts, se fondit; et soudain
L'horizon s'éclaircit, aux glacis du matin.
La Reine n'avait pas dormi; rêveuse et calme
Sa tête s'inclinait, ferme comme une palme.
L'enfant, lui, s'éveilla dispos, rose, vermeil,
Malgré l'émotion qu'il eut dans le sommeil;
Même un rayon de plus enveloppait sa tête;
On l'eût dit un croyant assistant à la fête
Du ciel, ou bien encore un nouveau converti
De son trône éternel récemment averti.
Sa mère, en le voyant ainsi beau comme un ange,
Tressaillit dans son sein d'une espérance étrange;
Quand la voix qu'elle avait entendue en la nuit,
Fredonna son refrain; Hortense lui sourit.

Vincent, valet de pied, parut :
        — Un pauvre diable
Est là, sans vêtements, sans pain….
         —Un misérable ?
Oh ! qu'il entre, Vincent ! Il n'a pas ; nous avons ;
Aidons-le ; Dieu pourvoit à tout, si nous donnons !
   Le prince était déjà rendu près de cet hôte.
—Te voilà tout trempé, tout froid, mon brave homme ! ôte
Ces vêtements : voilà pour suivre ton chemin…
   Et Louis lui glissait sa bourse dans la main.
La mère, qui le vit : — Mon fils, c'est bien ; mais trève ;
C'est à mon tour.
     — Maman, j'ai fait un si beau rêve !
— Un rêve ?
     —Oui ;
       —Lequel ?
         —Oh ! J'ai l'ordre de garder
Pour moi seul un secret qui doit te regarder.
—Enfant !
     L'homme inconnu considérant le prince :
— Ma reine, je ne suis qu'une existence mince,
Près de ce noble front que l'exil frappe, hélas !
Il y vivra pour nous ; mais il n'y mourra pas.
Tenez ; consolez-vous ! l'homme agit, Dieu dispose ;
Sous ces traits d'un enfant, la France ici repose ;
Elle s'éveillera ; lorsqu'il sera plus grand

Elle aura grandi !

       — Non...

             — Le peuple est mon garant.

Le peuple ! il le prendra, dans son exil auguste,

Pour venger l'Empereur de Ste-Hélène injuste ;

Car c'est lui, lui surtout, le peuple ! que les rois

Rivent sur le rocher pour y river ses droits.

Patience, ma reine ! espérance ! le trône

Du peuple est désormais sous la torride zône ;

Soit ! qu'il y reste encor ; mais un moment viendra

Qu'en cet enfant la France, un jour, se souviendra

Qu'elle fut, sous la main de l'Empereur, la reine

Du monde ; et se sentant, à la fin, dans la gêne,

Elle ouvrira son cœur ; et, de ses bras nerveux

Nos aigles, par millions, sortiront de ses vœux.

— C'est une prophétie !

             — Oh ! c'est une assurance !

Le vieux soldat, ici, vous répond de la France !

— Mais, qui donc êtes-vous ?

             — Je suis un grenadier

Qui reviens de Russie, où je fus prisonnier.

Tous les frimas, le givre, et la neige et la glace

N'ont pu de l'Empereur, en moi, geler la trace !

Je suis vieux ; mais je puis rajeunir mon pays

En fesant trôner l'aigle à la place des lys ;

Tel est mon but ; j'y marche ; avant que je m'arrête

Il faudra que les lys aient décollé ma tête.
Jusque là je n'aurai ni trève ni repos ;
Je compte jusque là, pour rien, tous mes travaux.
Ah ! croiraient-ils pouvoir jamais, contre l'empire,
Se targuer follement d'un frivole délire ?
L'Empire ! c'est le peuple ; et le peuple vainqueur
Se personnifiant dans le grand Empereur.
L'empire, le voila ; voila pour tous l'empire !
Reine, ne croyez pas que ce soit du délire ;
Je juge sainement, jugeant par nos drapeaux
Que je compare avec leurs pleutres oripeaux.
Pardon, ma Reine, excuse...
                            — Allons, plus de franchise ;
Ces mots lancés par vous, faut-il que je le dise,
Sont un masque au travers duquel, si je lis bien,
J'aperçois un esprit lettré.
                            — N'en pensez rien.
Je ne suis qu'un soldat ; mais de la grande armée !
Indigné de savoir notre France opprimée ;
Heureux si je lui puis sacrifier mes jours ;
Dût-on me fusiller au signal des tambours !
    Le doux Prince pâlit d'horreur ; la Reine Hortense :...
—Si notre France attend, laissez faire à la France,
Dit-elle ; prisonnier, votre honneur ne veut pas
Qu'on serve l'Empereur au delà des combats.
    — La lutte est engagée ; elle n'est pas finie !

Nous ferons du complot à défaut de génie !

Mes braves compagnons écouteront ma voix ;

Il faut que l'aigle encor monte sur le pavois.

— Prisonnier, Prisonnier ! point de complots ; la France

Sans comploter saura gagner sa délivrance ;

Mais qui donc êtes-vous?

      —Je suis l'un des soldats

De notre grande armée ; et voici mes états

De service.

    Tirant de sa veste une feuille

Au cachet du grand homme : « Il faut bien que je veuille,

Puisque vous désirez me connaître de nom.

  Puis la lui présentant, le front baissé.

        Berton !

Dit la Reine à mi-voix, en levant vers la voûte

Ses yeux, pour recueillir ses souvenirs sans doute ;

Peut-être pour cacher aussi l'émotion...

Puis prenant la parole avec effusion :

— Vous avez bien souffert ?

       — J'ai fait comme les autres.

N'a-t-il pas souffert, lui, donnant l'exemple aux nôtres !

  Le déjeuner était servi, sans trop grands frais :

Du laitage odorant, viandes froides, œufs frais,

Bière et vin, voilà tout ; mais, sur les trois figures,

L'espérance et la foi : formidables augures !

La Reine, pour donner un précepte à l'enfant :
— Le Russe, comment donc devint-il triomphant ?
— Oh ! c'est un bel exemple, aux civilisés rare
Et qui pourtant nous vient de ce peuple barbare.
Nous étions au Kremlin ; je dis nous, c'était lui
Nous campions à Moscou ; les Russes avaient fui
Hors de la ville sainte ; et la bise hivernale
Ne soufflait encor point sa bouffée infernale.
Des bords du Niémen jusqu'à la Moscowa
Le Czar fesait retraite ; il nous attendait là.
La journée y fut chaude, et l'aigle moscovite,
Devant l'aigle française, alla se cacher vite
Au fond de ses forêts, pour nous serrer, sous peu,
Dans les ongles aigus des frimas et du feu.
Voilà ce qui survint : Par nos armes vaincue
La Russie, en son cœur, n'en fut point abattue.
Un homme, Rostopchin, fier génie et front haut,
Dit au conseil du Czar : Savez-vous ce qu'il faut ?
On fit silence ; alors, reprenant la parole :
Moscou tombe au pouvoir de la française idole.
Sur le donjon d'Yvan il mettra son drapeau ;
C'est à nous de lui faire en Moscou son tombeau.
Éloignons de nos cœurs la puérile crainte.
Moscou ! ville des czars, Moscou, la ville sainte,
Moscou ! riche et superbe, étalant au dehors,
Le faste étincelant de ses nombreux trésors,

Moscou ! resplendissante au soleil par ses dômes ;
Moscou peut des vainqueurs faire autant de fantômes ;
Il ne faut qu'une nuit pour cette œuvre ; mais non !
Il nous faut pour cela plus que de la raison ;
Il faut du dévoûment ; il faut le sacrifice ;
Le sacrifice entier... Dieu veut qu'on l'accomplisse !
Je viens vous rappeler, en son nom, ce que peut
Faire pour triompher un peuple qui le veut.
Autrefois il lança sur Sodôme et Gomhorre
Le tourbillon de feu qui de loin fume encore ;
Eh bien ! s'il s'est vengé, par le feu, des forfaits
Aussi nous, par le feu, vengeons-nous des Français.
De notre propre main livrons la ville aux flammes ;
Prouvons que la Russie est forte par ses âmes ;
Et qu'on ne souille point une ville où la croix
Donne l'exemple à tous du sacrifice !... aux voix !...
    Un frémissement sourd courut dans l'assemblée ;
La proposition fut admise d'emblée.
Rostopchin fit sortir dès lors, sous ses regards,
De Moscou, les enfants, les femmes, les vieillards ;
Puis ouvrant les cachots : « Vous fûtes des infâmes,
Mais vous pouvez demain être de nobles âmes,
Prisonniers ; la Russie a l'œil sur vos excès,
L'incendie à la main effacez vos forfaits. »
    Un hurlement sauvage accueillit sa parole.
« Vous acceptez ! Je vais vous tracer votre rôle.

Surtout point de frayeur pour rester triomphants ;
La Russie, à ce prix, vous reprend pour enfants,
Dit Rostopchin. Munis d'une torche enflammée,
Vous parcourez la ville où dormira l'armée
Des Français ; vous aurez votre place à chacun ;
Le point essentiel est d'agir en commun. »
    Ainsi dit, ainsi fut. Quand la nuit fut venue
Une fumée épaisse et lourde, ardente nue,
Monta des soupiraux, s'étendit sur les toits
D'un quartier dans un autre, et partout à la fois ;
Quand tout à coup, un cri d'alarme et de détresse
De cinq cent mille voix partit à son adresse ;
L'Empereur s'éveilla ; Moscou brûlait… Quel feu !
Quel peuple ! qui s'est fait de sa ruine un jeu !
Ah ! si Paris naguère eût suivi cet exemple ;
S'il eût eu dans le cœur, un dévoûment plus ample
A la patrie… Oh ! si… La France était à nous,
Et l'Europe serait encore à nos genoux !…
Mais ô honte, ô douleur, ô triste différence !
Loin, bien loin de tourner au profit de la France :
Des barbares devaient laisser, pour leur pays,
Des cendres dans Moscou, de l'argent dans Paris….

    Des larmes inondaient la paupière d'Hortense ;
Larmes pour l'Empereur, et larmes pour la France,
Larmes du sentiment ! propres à féconder

Le trône que plus tard son fils devait fonder.
Le prince aussi laissait tomber de grosses larmes.
— A Moscou commença le revers pour nos armes,
Dit Berton, l'Empereur dut quitter le Kremlin,
Fatal commencement de notre illustre fin !
Winskowo, Wiazma, dites-nous quels désastres
Tombèrent de la main des Russes et des astres ;
Et comment nos drapeaux, encore hier vainqueurs,
Pencheront mutilés sous les âpres vapeurs ?
Telles, autour d'un homme agonisant à terre,
Les bandes de corbeaux que tout cadavre altère,
Croisent, en croassant, leurs vols, sur le mourant,
Prêts à le disséquer de leur bec dévorant ;
Tels, par nombreux essaims, les Cosaques avides,
Tournaient, pour dévorer nos bataillons livides ;
Ou, comme dans Homère, aux regards d'Ilion
Les serpents enlaçaient d'anneaux Laocoon,
Ainsi le vent du Nord, les froides vapeurs sombres,
La neige par torrent, impénétrables ombres,
Le froid, à vingt degrés, serrèrent nos soldats
Dans les plis étouffants du serpent des climats.
Chacun ne songea plus qu'à défendre sa vie ;
Car tous, à chaque pas, foulaient une agonie ;
Aussi chevaux, caissons, et butin de Moscou,
Armes, bagages sont restés je ne sais où !...
Mais pourtant, par Smolensk, les débris de l'armée

Devaient à Krasnouë, suivis par la nuée
Des Russes, des frimas, des ours et des corbeaux,
Tout culbuter à la *bataille des héros.*
Et toi, Bérésina, toi la plus fière étape
Faite par l'Empereur, découvre-nous ta nappe
De glaçons de marais ; et dis-nous, sous sa main
Comment l'armée a pu s'y frayer un chemin,
Jusques au Niémen, et rentrer en décembre
Dans nos possessions, après l'affreux novembre ?
Mais la voix de tes flots, si grande qu'elle soit,
Ne saurait arriver, par ce seuil, sous ce toit !
J'ai dit cette retraite en revers peu commune ;
Avant je vous avais prédit votre fortune ;
Prince ! le ciel est juste, et je vais, de ce pas,
Plaider pour le géant qu'on garrotte là bas.

    A ces mots il reprit son bâton de voyage ;
Et se remit en route avec plus de courage,
Laissant sur l'huis désert son refrain consolant :
« Amour à la plus belle, honneur au plus vaillant !

    L'enfant resta pensif ; le désastre et la gloire
S'imprimèrent profonds dans sa jeune mémoire ;
Il voyait d'un côté l'empereur au pavois,
Et de l'autre son oncle il le vit aux abois.
Alors confusément, dans cette jeune tête,
Se leva mugissante une vaste tempête :

Toulon, Vendémiaire, Austerlitz, Marengo,
Arcole, Friedland, Mojaick, Ostrowno,
Vienne, Madrid, Moscou, Berlin, Alexandrie,
Montenotte, Aboukir, Europe, Afrique, Asie,
L'Elbe, la Moscowa, le Danube, le Rhin,
Le St Bernard glacé, le Caire, le Kremlin,
La paix dix fois conquise, après deux cents batailles,
Les encens de la gloire et le deuil des mitrailles,
Triomphes et revers, désastres et splendeur,
Vinrent dans un remou faire voguer son cœur.
  Le prince cependant, malgré cette rafale,
Dominait le courant, par son front déjà mâle,
Cherchant à s'expliquer la cause et les raisons
De ce grand cataclysme et leurs déclinaisons,
Quand soudain les discours de la reine sa mère,
Cet ange de la France, ange exempt de colère,
Vinrent, comme un parfum émané pour lui seul,
Mettre un voile embaumé sur ce large linceul.
  Louis, lui dit Hortense, écoute, mon doux ange :
Nul bonheur ici bas n'est exempt de mélange,
Dieu qui créa le monde et qui gouverne tout,
Prend un homme, l'élève et le brise d'un coup.
Ton oncle l'Empereur en est pour nous la preuve ;
Pour la seconde fois la France encore est veuve ;
Elle le fut par elle à la première fois ;
La seconde, elle l'est par la faute des rois.

Car, sache-le, mon fils, le sang de Louis XVI
Devait être lavé pendant 1813.
Et cependant ton oncle avait, de son manteau
Le premier essuyé l'homicide couteau.
Il accomplit ainsi la volonté divine ;
Puis cette volonté consomma sa ruine.
Pourquoi ? Louis, écoute et retiens bien ceci :
Dieu ne tient pas longtems un peuple à sa merci.
Vient-il de l'éprouver ? C'est alors qu'il le livre
En toute liberté pour savoir s'il veut vivre ;
Eh bien, vois ! d'un côté la maison de Bourbon,
De l'autre l'Empereur, enfin Napoléon !
A qui donc écherra le sceptre de la France ?
Je ne te puis laisser, mon fils, dans l'ignorance.
La maison de Bourbon regarde le pays
Et le traite comme un apanage des lys ;
La maison de Bourbon a mis, dans ses annales,
Le long abrégé lourd de grandes saturnales ;
La maison de Bourbon a dressé l'échafaud
De l'un des siens, d'un roi ! martyr plus qu'il ne faut ;
Comme si pour laver dans son sang les luxures,
Qui depuis Louis XV abondaient en souillures,
Il fallait qu'un des siens égorgeât son cousin
Avec le couperet fait de son bulletin !
La maison de Bourbon, outre le despotisme,
La maison de Bourbon, en plus de son cynisme

La maison de Bourbon, c'est l'égoïsme froid ;
Et l'égoïsme, plus il marche et plus il croît !
L'Empereur, à présent : l'empereur prit la France,
Toute rouge de sang, dans un chaos immense ;
Il a vaincu par elle et pour elle ; d'abord :
    Ceux qui de Louis XVI avaient voulu la mort :
La bourbe de Paris, Jacobins, Hébertistes,
Sectionnaires nés des plans orléanistes ;
Déchirée au dedans, il la sauve ; au dehors
Attaquée, il la rend forte, entre les plus forts ;
Vingt ans triomphe-t-il ? c'est pour en faire hommage
Au peuple ; son génie il le tient pour l'ouvrage
De la France ? Faut-il qu'il quitte son sommet ?
L'empereur, pour la France encore s'y soumet.
Pour lui la France est tout ! il ne voit que la France.
Entre Bourbon et lui telle est la différence :
Lui servit le pays toujours, l'autre s'en sert ;
Lui frappa l'étranger, l'autre agit, de concert
Avec les ennemis, pour renverser son aigle ;
Lui fut donc le froment ; l'autre c'est donc le seigle ;
L'un donc sera béni, l'autre précipité,
Quand la France pourra choisir en liberté.
    Ainsi parlait la Reine au Prince son doux ange.
L'enfant sentit en lui, métamorphose étrange,
Son horizon vital s'élargir en tous sens ;
Dans un jour il avait grandi comme en dix ans.

Toutefois, en ces tems, Paris et les provinces
Las de guerre, encensaient les dynastiques princes.
La maison de Bourbon, qui n'avait rien appris
Dans le malheur, n'avait rien oublié ; ses fils,
Louis XVIII en tête, affichaient une allure ,
Qui ne pouvait cadrer avec l'autre encolure ;
Car les événements, nés de quatre-vingt-neuf,
Avaient, d'un peuple usé, fait un peuple tout neuf.
D'abord on laissa faire ; et puis de la conquête
Le pied brutal et lourd pesait sur chaque tête !
L'Europe n'avait point désarmé ; le Lion,
Sans son chef, subissait la loi du talion ;
Ça, là, dans le secret, de généreuses âmes
Sous la cendre laissaient parfois jaillir des flammes
D'espérance et d'amour, vers le héros puissant
Dont le pas enchaîné sonnait retentissant.
Un bien être factice étourdissait la masse ;
La masse est oublieuse, aux jours qu'elle ramasse
Les miettes dont le corps se nourrit ; mais sitôt
Que la gêne apparaît, le sentiment éclot.
Il n'allait pas tarder ! avec lui, dans la France
Allait renaître aussi l'esprit d'indépendance ;
Par lui la honte allait monter, rouge à son front,
Au dur ressouvenir de son moderne affront.
Le peuple s'indigna sur les rois de l'Europe ;
Puis il vit leur néant sous l'or de l'enveloppe ;

Et, comparant sa force avec leur vanité,
Le pays se posa fort, dans sa dignité.
Comme à l'aube du jour une laque légère
Monte de l'horizon, en estompant la sphère,
Et semble balayer du geste de sa main,
La route où le soleil va suivre son chemin,
Ainsi l'opinion, non sans certaine crainte,
Dans l'esprit révolté mit sa première teinte,
Qui s'illuminera, par le coq libéral,
Pour laisser grandir mieux l'aiglon impérial !

Mais pendant ce travail préparatoire, Hortense,
Fille de Joséphine, autre ange de la France,
Toute entière livrée à l'éducation
Du Prince, cultivait son cœur et sa raison.
La retraite est propice à cette œuvre de vie ;
Hortense fit la sienne attrayante et jolie :
La maison, en tous sens, ouverte sur le lac,
Fesait rêver de loin la tente d'un bivac :
Des chambres au premier, salon rez-de-chaussée ;
C'était là tout ce dont elle était composée ;
C'était pour cette Reine, hélas ! le seul palais
Qui lui restât de tout encore et pour jamais.....
Mais à défaut de luxe elle y logea son âme,
A défaut de splendeur elle y mit une flamme :
Flamme de son esprit, flamme du sentiment.

Flamme de la vertu, flamme du dévoûment !
C'est là dans ce séjour que l'illustre exilée
Commencera d'orner la jeunesse étoilée
De son fils qui pourra, protégé par l'oubli,
Préparer le présent que nous tenons de lui.

DEUXIÈME CHANT.

Il se trouve des martyrs dès qu'il se trouve des persécuteurs.
(St-Evremond.)

Presque toutes les opinions ont été des passions. (Dussault.)

Ménagez les larmes de vos enfants, afin qu'ils puissent en répandre sur votre tombe. (Pythagore.)

L'étude seule peut remplir tous les moments de la vie. (Moore.)

La bravoure est une qualité, on ne se la donne pas. (Napoléon.)

Je descendrai, pour te revoir,
Du palais flottant des nuages. (Ossian.)

La persécution, cette hydre de désordre,
Sur l'aigle, dans les fers, ne cessait pas de mordre,
Tant sur le grand lion, sous la zône captif
Que sur ses lionceaux, fût-ce le plus chétif.
Le cœur, ce tabernacle où se fait condensée
La consécration sainte de la pensée,
Le cœur, absyde auguste, où nul pouvoir humain
Ne doit porter jamais le regard ni la main ;
Le cœur, on l'épiait ! Sur un mot, sur un signe,
Soit indiscrétion ou soit silence digne,

On interprétait tout ! Par ordre l'on était
Forcément royaliste, ou l'on vous insultait.
L'insulte ! passe encor... l'insulte est-elle offense
Alors que devers soi l'on a sa conscience ?
L'insulte est un honneur en ce cas ; et l'on doit
Être et devenir fier que l'on nous montre au doigt ;
Mais quand la peur abjecte, ignoble conseillière,
Fesant de la pensée une arme meurtrière,
Vient saisir au collet le for intérieur....
Le roi qui fait cela peut se crier : malheur !
La restauration glissait sur cette pente....
La voyez-vous d'ici ? dans l'ombre elle serpente,
Se traîne, se blottit, s'enroule ; et de son dard
Atteint le jeune enfant, l'homme fait, le vieillard ;
L'intègre magistrat, sur son siège on l'attaque ;
Le fier soldat, vieilli dans les camps, on le traque ;
L'ouvrier on le traite à l'égal d'un voleur,
Sitôt qu'il est suspect d'être pour l'Empereur.
Fausses précautions, maladroites mesures,
Funeste défiance, inutiles morsures !...
L'affection s'irrite aux obstacles, grandit
En haine, pour la main d'où tombe l'interdit ;
Se fait homme ; devient parti ; travaille et creuse
Sous le sol, un abîme où sa main vigoureuse
Engloutit au moment marqué par l'Eternel
Le trône ténébreux qui lui cachait son ciel.

Le premier mouvement se fit dans les campagnes.
Les hommes, revenus d'Égypte, d'Allemagne,
D'Italie ou d'Autriche, ou des Espagnes, ou
Des plaines d'Austerlitz, ou des champs de Moscou,
Comparaient, inclinés sur le sillon pénible,
Aux gloires du passé le présent inflexible ;
Et ces cœurs bondissaient d'amour et de regrets,
En laissant échapper de longs soupirs discrets.
Parfois, aiguillonnant les bœufs à leur charrue,
Des ossements humains se dressaient à leur vue,
Et venaient retomber mornes sur les sillons,
Reliques des derniers rangs de nos bataillons !
Alors, à leurs regards, inondés de souffrance,
Ils sentaient tressaillir la campagne de France ;
Et des flancs déchirés de leur champ entr'ouvert
Surgissaient Montmirail, Montereau, Champ-Aubert ;
Et des larmes de deuil inondaient leur poitrine ;
Car, en rêvant de gloire, ils touchaient la ruine !
Aussi, traînant leurs jours au milieu de ces morts,
Ils les portaient pesants, comme on fait des remords.
Seulement, quand le soir, aux ombres taciturnes,
Venait les arracher à leurs travaux diurnes,
Tous devant une image agenouillaient leur cœur :
L'image ! c'était un portrait de l'empereur !
Mais ce dernier élan, rayon de poésie,
Crépuscule doré qu'ils mettaient sur leur vie,

Ils en devaient bientôt être privés, hélas !...
Sans respect pour le deuil de vieux et bons soldats,
La restauration, nouvel iconoclaste,
Proscrivit ce portrait au profit de sa caste ;
On se soumit... pourtant, noble ruse du cœur !
Derrière chaque prince on cachait l'Empereur ;
Et dans l'hiver, au soir, par les longues veillées,
Les filles, les garçons, âmes émerveillées
Des fastes du grand homme, entouraient les vieillards,
Vieux soldats, leur contant les belliqueux hasards
Dont l'aigle impériale avait couvert nos pages,
Des rives de la Seine aux plus lointaines plages ;
Et puis on retournait, non sans quelque frayeur,
L'image des Bourbons pour voir le grand vainqueur.
De consolation, le portrait devint culte !
Le regret du vieillard s'infiltra dans l'adulte ;
Si bien que le héros, sous les rois abrité,
Fut, chez le paysan, une divinité.

La même propagande envahit les casernes ;
Malgré la sentinelle et les consignes ternes,
Le souffle du géant, martyr de l'étranger,
Passait sur nos soldats, comme pour déranger
Les calculs étourdis des maîtres de la France ;
Et faire, avec les cœurs, une sainte alliance.
—Que fesons nous ici ; se disait-on tout bas,
L'armée, on la fit donc pour rester l'arme au bras ?

Il nous fallait laisser au sein de nos villages ;
Les vieux, du moins là bas, nous épelaient les pages
De nos gloires.., ici, nous sommes au repos ;
Mais dans l'univers, eux, promenaient leurs drapeaux.
A quoi sert à nos mains de manier une arme ?
Si l'autre commandait dans nos rangs !... une larme
Roulait de leur paupière au fond du bassinet ;
Et sur ce sang de l'âme une âme s'inclinait ;
Cette âme, c'était lui !... Cependant, pour l'Espagne,
L'ordre vint un matin de se mettre en campagne.
La cause ?... Qu'importait ! l'armée, elle n'a soin
Que de serrer les rangs et ne voit pas plus loin,
Pourvu qu'on la conduise à de grandes batailles,
A travers les obus, à travers les mitrailles,
Voilà tout ce qu'un bon soldat français attend ;
Donnez-lui tout cela vous le rendrez content.
Il sut qu'on dirigeait sa marche aux Pyrennées ;
Il aspirait ce jour depuis maintes années ;
Aussi, se disait-il, mettant le sac au dos :
On nous arrache donc enfin à ce repos !...
    Or les monts sont franchis, par le duc d'Angoulême
A l'esprit, plus encore qu'à la figure blême ;
L'armée, aigle des lys, au foyer espagnol,
De l'Empereur et du grand Louis prend son vol.
Ces deux noms imposants sont dans toutes les bouches ;
Elle marche, au milieu de quelques escarmouches,

Vers le Trocadero qui, dès le premier coup,

Cède et signe la paix ; c'était peu, mais beaucoup ;

Car l'armée au repos, après cette victoire,

Repassait, au bivac, les pages de sa gloire ;

Et naturellement l'Empereur apparut,

Aux yeux de nos soldats, tel qu'il y comparut.

Un soir, formés en haie, autour d'un faisceau d'armes,

Des soldats devisaient, les yeux noyés de larmes,

Sur leurs frères tombés sous le plomb meurtrier ;

Chacun tirait son mot, quand un vieux grenadier,

A la moustache grise, aux mains noires de poudre,

Dit le sien, qui vibra comme un éclat de foudre :

— Oh ! ce coup n'est pas mal... Ça n'est pas Marengo !

— Non ; mais cela du moins vaut mieux que Waterloo,

Dit une voix sournoise, et pleine de faux zèle.

Vingt mois auparavant, au seuil de la Rochelle,

Quatre sergents tombaient au signal des tambours ;

Et Berton auprès d'eux avait fini ses jours.

Vingt-quatre heures après cette sainte bravade

Faite par un soldat, un bruit de fusillade

Apprenait à l'armée, ou satisfaite ou non,

Qu'on ne rappelait pas vainement un grand nom.

Cette exécution circula commentée

De bouche en bouche ; ici, par quelques voix vantée,

Là, par le plus grand nombre, en avertissement

De couver ses pensers, sans retentissement.

Dès ce jour des Bourbons la cause fut jugée ;
Celle du grand héros, elle, fut propagée
Sous l'ombre du silence où tous restaient soumis ;
Les hommes circonspects sont-ils donc des amis ?

   Cependant, elle aussi, la ville travaillée
Par le noir souvenir de la France, taillée
En morceaux par les rois, qu'elle avait accueillis,
Placardait son remords sur le drapeau des lys.
On ne s'avouait pas hautement de l'Empire ;
Mais quand on le disait, parfois on laissait dire,
Le libelle passait de main en main, courrier
Indirect, nous venant de Paul Louis Courrier.
La chanson, la chanson, cette arme ou mieux ce glaive
A deux tranchants, coupant sans répit et sans trève ,
La chanson, cet obus frappant haut, frappant bas,
La chanson, cette bombe éclatant sous les pas,
La chanson, maniant le stylet et la hache,
La chanson, Béranger, lui, l'avait prise à tâche !
Béranger dont Pindare eût envié le trait ;
Dont le vers était su sitôt qu'il se montrait ;
Béranger ! qu'en dirai-je ? on le connaît ; en somme
Je ne veux que deux vers pour vous peindre cet homme :
Une plume de l'aigle agissait sous ses doigts ;
Et lui la remuait pour abattre les rois.

   L'atelier des faubourgs entonnait sa rubrique,
Et les salons dorés lui donnaient la replique :

Libelles et chansons, Béranger et Courrier
Défrayaient le bourgeois ainsi que l'ouvrier.
C'est plus ! quoiqu'elle dût aux Bourbons gratitude,
La maison d'Orléans, infernale habitude,
Fomentait, par son chef, le mécontentement
Dont le pays, plus tard, se plaignait hautement.

    Mânes de Girardin, sortez du caveau sombre
Où repose depuis près de trente ans votre ombre ;
Et pour que l'univers sache mieux ce qu'il fit
Répétez-nous le mot que d'Orléans vous dit,
Quand au bord de l'abîme où vous alliez descendre,
Le fils du régicide agita votre cendre,
Au souffle dont sa voix caressait l'orateur,
Comme pour compâtir mieux au peuple-Empereur.
Mais non ; dans votre deuil, cendres, restez muettes ;
D'Orléans a payé par sa chute ses dettes ;
Ne nous redites pas d'hypocrites discours !
A quoi sert d'éveiller les morts ?.. les morts sont sourds.
Dormez ! il ne faut pas que d'autres vers vous rongent ;
C'est bien assez de ceux qui sur vos chairs s'allongent ;
Dormez ! je ne dois pas, mânes, vous réveiller
Lorsque plus grand que moi vous laisse sommeiller.

    Tel était le travail des esprits et des âmes.
Les nobles sentiments et les instincts infâmes
Dûrent se concerter, mus par la main de Dieu,
Pour que la France, un jour, sût exprimer son vœu.

Il n'est pas jusqu'au roi, chef de la branche aînée,
Qui ne subit la loi de l'autre destinée ;
Et qui, par les conseils creux de ses courtisans,
Ne fit au grand martyr de nombreux partisans.
Louis XVIII était redevable à l'Europe
Non de la royauté mais de son enveloppe ;
Aussi, pour demeurer simulacre de Roi,
De l'Europe en tous points il subissait la loi.
Il remplaçait, au trône une grande puissance
Par le génie, encor plus que par la naissance :
Un homme dont l'épée avait précipité
Du faîte, les bourreaux du Roi décapité.

Cet homme, prisonnier de l'Europe tremblante,
Traînait dans S{{te}}-Hélène, une existence lente ;
Lui que le monde entier n'aurait pas su loger,
Sur le flanc d'un rocher il dut s'emménager ;
Il le fit !... comme fait un géant de sa taille :
Sans aigreur, sans dépit, même sans représaille,
Dominant, du sommet de ce roc isolé,
Sa chute, dont son cœur même était consolé.
Mais Empereur et Roi, dominateur du monde,
Bivaquant sur ce pic jusqu'à l'heure profonde,
Où Dieu dût l'appeler devant son tribunal,
Parfois il demandait un *exeat* banal :
Aller promener seul éloigné de la rive,
Mais pour, de tems en tems, changer de perspective,

Un geôlier lui disait imperturbablement :
« Il faut que j'en réfère à mon gouvernement. »
Réclamait-il un peu d'ombre pour la sieste,
Demande naturelle au fond, et bien modeste ;
Son geôlier répondait imperturbablement ;
« Il faut que j'en réfère à mon gouvernement. »
Lorsqu'il voulut écrire à son fils, à sa femme,
Échanger avec eux une douleur de l'âme ;
Le geôlier répondait imperturbablement :
« Il faut que j'en réfère à mon gouvernement. »
S'il demandait pour ceux qui suivaient sa fortune
Une chambre plus saine ou mieux moins importune :
Le geôlier répondait imperturbablement :
« Il faut que j'en réfère à mon gouvernement. »
    A son gouvernement !... il savait que ses maîtres
Gardaient entre eux et lui huit millions de mètres,
Comme pour oublier, dans leur flegme disert ,
Qu'ils étaient les geôliers du lion du désert !
Mais lui, ce seul geôlier du lion et de l'aigle,
Appliquait de lui seul férocement sa règle...
Le nom de ce maudit j'avais cru le savoir ;
Mais un monstre pareil ne saurait en avoir !
On bégayait sur lui quelque chose comme Owe...
Un nom seul est le sien : ce nom, c'est bête fauve.
Si l'on épelait mal, aujourd'hui pour le coup,
Je le franciserai : ce nom, c'est Hudson-Loup !...

Il en avait les traits, le torse et la figure ;
Mince, raide, commun, à la maigre encolure,
Yeux obliques, couverts de sourcils roux ardents ;
Avant que de parler fesant claquer ses dents ;
St James ignorait cet être abominable ;
St James le croyait un geôlier raisonnable ;
Il avait au dehors des pieds, des mains, un front ;
C'était un cannibal à le juger au fond.
Les maux qu'il fit souffrir au grand foudre de guerre,
La France les savait bien mieux que l'Angleterre ;
Le roi Louis XVIII les connaissait aussi ;
La France le chargea seul de ce haut deni.
Et cette nation, si folle en apparence,
N'eut pour ce grand revers jamais d'indifférence.
La générosité de tout tems fut sa loi ;
Elle aime ses martyrs et de guerre et de foi ;
Elle aime St Louis ; elle aime Louis XVI ;
Elle aime l'Empereur ; elle aime ceux qu'on lèze !
Elle aime la justice ; elle hait la terreur ;
Elle pardonne à tout, si ce n'est à l'horreur !
L'horreur ! Louis XVIII fit horreur à son âme,
Pour elle un prince faible est un monarque infâme ;
La France ainsi procède ; est-ce mal, est-ce bon ?
Elle le fera voir aux princes de Bourbon.
    Elle leur présageait de loin des flétrissures.
Son arme, en ces jours là, fut les caricatures

Arme terrible en France, où d'un coup de crayon
On imprime un stygmate, on éteint un rayon,
On démasque le fourbe, on avilit le traître,
On fait sourire afin de mieux faire connaître
Ce que l'on doit penser de tel ou bien de tel ;
Malheur au front marqué de ce poinçon mortel !
Louis XVIII en eut sur toute sa personne,
Sur les pieds, sur les mains, au ventre, à sa couronne ;
On regardait cela d'un air... On souriait
De la forme burlesque ; au fond on décriait :
On parlait crépinette et l'on causait patate ;
Les uns se demandaient s'il se crevait la rate ;
D'autres s'inquiétaient de savoir s'il suait
De ses courses ; enfin de compte on le tuait.
Alors apparaissait, dans sa vérité rude,
Du lion enchaîné la lourde solitude ;
Les sbires entourant cette cage de fer,
Gardant le ciel des uns et de l'autre l'enfer ;
On fesait succéder aux sourires les larmes ;
A la paix sans grandeur on comparait nos arme s
On recherchait partout des nouvelles de lui ;
On partageait, de loin, ses peines, son ennui ;
Le roi semblait petit sous son gros personnage ;
L'Empereur grandissait au lointain du mirage :
Mirage de la gloire et mirage des pleurs,
Cercle d'or couronnant nos illustres malheurs ;

Si bien que la patrie était à Ste Hélène !
Ces regrets de la France aiguillonnaient la haine
Des Bourbons, pour le grand martyr des rois vainqueurs;
Mais lui régnait toujours en France sur les cœurs.
Tel était le courant, sur lequel entraînée,
La France surnageait à son chef enchaînée,
Courant qui de là bas, pour arracher les lys,
Devait de Long-Wood, remonter vers Paris,
Du jour où, mieux instruit de sa propre existence,
Le pays désarmé, s'armant de résistance,
Saura par l'Empereur, presque sans y songer,
Qu'il était la patrie et Bourbon l'étranger !

A l'autre extrémité du globe, près du pôle,
Les rois avaient construit une seconde geole,
Geole aux lambris dorés, faite pour un enfant
Dès avant que son père y passât triomphant,
Vienne en Autriche ! Arrêt caché du ciel qui gronde !....
C'est en vain qu'une main d'homme calcule ou fonde ;
Napoléon vint là flairer un successeur,
C'est là que dût mourir le fils de l'Empereur !
Par le père, ce fils procédait de la France ;
Il tenait, par sa mère, à l'hostile alliance ;
Dieu n'avait pas voulu de cet hybride fruit ;
Dieu qui ménage tout, de sa main l'a détruit.

Pauvre enfant, exilé de France ta patrie,

Traînant, dans les splendeurs, ta précoce agonie,
A cette heure où ton père, ainsi que toi languit,
Je descendrai vivant dans ta lugubre nuit ;
Je verrai, l'œil mouillé, ces riches luminaires
Qui brillent sur ta vie, en flambeaux funéraires ;
J'entendrai les concerts et les joyeux accords
Se changeant, pour tes jours, en l'office des morts ;
J'allumerai ma lampe à ta flamme royale
Et lorsque s'éteindra la lampe impériale
De ton père, ma muse en sera sans effroi,
Bien que son successeur ne pouvait être toi !
Un autre plus français, plus peuple, plus patrie,
Exilé comme toi, mais non pas pour la vie,
Est marqué sur le front au sceau du tout-puissant ;
Incline devant lui ton front agonisant !
Il sera l'aigle, et toi tu seras la colombe ;
Il sera sur le trône ; et toi... Toi ? dans la tombe !..
Il aura les labeurs ; toi, Prince, le repos ;
Toi, les plis du linceul, lui les plis des drapeaux !
Sa gloire égalera la gloire de ton père ;
Napoléon de paix, il éteindra la guerre
Quand le Napoléon de la guerre eut le faix
D'homériques combats, pour conquérir la paix.
La paix, c'était pour toi ; non ! c'était pour la France
Que cet autre César battait plein d'assurance ;
La paix ? rêve que doit réaliser pour nous

Le Prince qui gémit dans l'exil comme vous...

Revenons sur nos pas sans prétendre tout dire :
Avant que tous les vents tournassent à l'empire,
Des vents tumultueux devaient souffler l'affront
D'abjects ressentiments, sur un auguste front.
Avaient-ils oublié, ces colporteurs d'outrages !
Que le malheur a droit à de chrétiens hommages,
Et qu'un enfant de Dieu ne peut, sans s'aplatir,
Fouler le front à qui tout cœur doit compâtir?
Avaient-ils oublié, dans la Sainte Écriture,
De Tobie et de Job l'exemplaire figure ;
Avaient-ils oublié, dans leur droit puritain,
L'Israël secouru par le Samaritain ;
Avaient-ils oublié qu'il est une couronne
De divine grandeur que l'infortune donne ?
S'ils l'ont su, dans un temps, ils l'avaient oublié !
A quel démon leur cœur s'était-il allié?
O maison de Bourbon, souffre que je te plaigne !
Ton rival est-il si puissant pour qu'on le craigne ?
Ton rival est captif; il meurt sur son rocher,
Il meurt ! et tu sais bien qu'il ne peut t'approcher.
Pourquoi, Bourbon, pourquoi permets-tu qu'on salisse
D'épithètes son nom ? Est-ce pour qu'il gémisse ?
Oh ! cela n'est pas noble !... Est-ce pour te venger ?
Oh ! ce serait trop bas ! Espères-tu changer

L'opinion ? regarde au fond de l'âme humaine ;
Par moment, le reflux de l'esprit s'y déchaîne ;
Les basses passions flagellent un revers ;
Elles cloûront un homme au pieu de l'univers ;
Mais bientôt le cœur droit reprendra son empire !
La conscience étouffe, en ses bras, le délire,
Et sa paisible voix, cri des honnêtes gens,
Couvre de ses bravos les sifflets indécents !
Votre prédécesseur, hélas ! aveugles princes,
Ne fut-il pas honni ? Paris et les provinces
De combien de surnoms ne l'ont-ils pas couvert !
Pourtant c'est un martyr.., et vous avez souffert
Que le nom du héros géant, votre victime,
Qui pour tant d'autres rois s'est montré magnanime,
Sali, fût un objet de risée et d'horreur !
Oh ! cela n'est pas bien ; oh ! cela pèse au cœur...
Criante déraison de l'esprit qui dénigre !
Il était pour l'un, l'ogre, et pour l'autre, le tigre ;
Ceux-ci le surnommaient le brigand parvenu ;
Ceux-là, buveur de sang ; cet autre, maintenu
Par son bras, sous son règne, en quelque place haute,
L'en rendait responsable, et disait : c'est sa faute !...
Il fallait qu'il frappât sa poitrine, l'ingrat !
Le diamant a tort devant la dent du rat.
L'un surenchérissait sur l'autre ; assaut stupide !
Lâche, profanateur, tyran, liberticide,

Tout ce que le lexique a de mots odieux,
On en couvrait l'éclat de son nom glorieux !
Était-ce le conseil de l'homme ou de Dieu même ;
Chez l'homme du calcul, et chez Dieu stratagême !
Afin que, nous montrant notre minorité,
Nous pussions entrevoir ce qu'est l'autorité.

 L'autorité ! s'il faut que mon vers vous la dise,
Je vais vous esquisser ses traits avec franchise :
Droit de l'homme, et sa loi, toute société,
Pour vivre, sait qu'elle a besoin d'autorité,
Or l'autorité, c'est le sens hiérarchique,
Qu'il soit impérial ou qu'il soit monarchique.
L'homme, depuis Adam rebelle à cette loi,
S'il manque d'Empereur sent qu'il lui faut un roi.
L'autorité ! mais c'est le doigt de Dieu, sur terre,
Mis aux doigts d'une main infirme ou tutélaire ;
La main ferme devient plus forte sous ce faix
Et règle, dans le monde, ou la guerre ou la paix ;
Prend un peuple, qui court follement à l'abîme,
Le garantit du gouffre et l'installe à la cime ;
Féconde, en les touchant, les palais, les hangards,
Les sciences, les sillons, les lettres et les arts ;
Souffle une âme, un esprit à tout ce qui végète ;
Fait mouvoir tous les bras dont le sien est la tête ;
Fonde, construit, soutient le multiple ressort
Des peuples qui, sans lui, descendraient dans la mort.

Que l'autorité tombe en une main débile,
L'ordre se change alors en discorde civile ;
Le point sommet s'affaisse et s'engloutit au fond
Du cratère béant que les instincts se font.
Plus de vie au commerce, aux champs, aux arts, aux sciences,
Aux lettres, au travail, aux cœurs, aux consciences ;
L'intérêt de chacun domine seul en tout ;
L'harmonie est brisée, et rien ne tient debout.

Parfois, lorsqu'il a mis son doigt sous ceux d'un homme,
Dieu se plaît à changer un empire en royaume,
Autant pour nous apprendre, à nous peuple, son droit
Que pour dire au pouvoir qu'il ait à marcher droit.
Tout pouvoir, qui voudra qu'on respecte sa cause,
Devra donc respecter tout doigt de Dieu ; s'il ose
Maudire ou bafouer un front, marqué par lui,
Qu'il ne s'y trompe pas : il s'ôte son appui.
Déconsidérant l'autre, il se déconsidère ;
Son prestige s'en va du mépris qu'il tolère ;
Et sous ses pieds l'abîme entr'ouvre ses flancs creux,
Le peuple y plongera rois, pères et neveux.
Telle est la loi ! Bourbon, pouvoir faible et fragile,
Crut que l'Empereur seul eut le pied fait d'argile ;
Il laissait avilir le lion maltraité,
Lui qui devait tomber faute d'autorité !

Cependant à côté de ce triste spectacle,
Tandis que l'étranger paradait au pinacle,

Près du lac de Constance, au lieu que vous savez,
Une mère, un enfant, de l'orage sauvés,
Entendant quelques fois bruire la rafale
Des sifflements, navrant l'oreille impériale,
Préparaient loin du bruit, sous l'œil du Trois-fois-Saint,
L'esprit d'autorité dont son front sera ceint.
Le prince, jeune encore à juger par les autres,
N'était plus un enfant en tout semblable aux nôtres ;
Ses premiers ans s'étaient bercés dans les revers,
Il avait vu de près la foudre et les éclairs.
Une âme grandit vite au sein des grands orages !
La sienne, s'inspirant déjà des grands courages,
Sondait avidement la haute antiquité,
Joyeuse d'y trouver gloire et moralité.
Plutarque défrayait cette âme chaude et fraîche ;
Chaque trait transperçait son cœur comme une flèche ;
Sa mère réchauffait ses élans ; et par fois
A la voix de Plutarque elle mêlait sa voix.
Chaque fait d'un héros fesait vibrer son âme ;
Chaque mot d'un grand sage y soufflait une flamme ;
Et je ne sais pas bien lequel mieux il aima
Thésée ou Romulus, Lycurgue ou bien Numa.
Solon, Publicola, Thémistocle, Camille,
Périclès, Scipion, Hector, Enée, Achille,
Milthiade, Caton, Alexandre, Annibal,
César, Pompée, Auguste, il s'en fit un fanal.

Et plus sage cent fois que ne fut Diogène,
Les visitant chacun, il leur causait sans gêne
Interrogeant ici, là trouvant la raison ;
C'est ainsi que son œil reculait l'horizon.
   Comme deux compagnons qu'un même attrait rassemble
Le prince et le soleil se réveillaient ensemble ;
L'un pour envelopper la terre de ses feux,
L'autre pour rayonner dans l'étude et les jeux.
Après avoir prié le roi de tous royaumes,
Sa première visite était chez les grands hommes,
Ardent, léger parfois, à l'esprit curieux,
Son cœur de leurs pensers se montrait studieux.
Chez Thésée on parlait dévoûment et courage ;
On causait république avec Platon le sage ;
Empire chez Auguste ; et chez Lycurgue loi ;
Liberté chez Moïse ou chez Abraham foi ;
Amour de la patrie avec Caton d'Utique ;
Cicéron l'orateur lui jasait politique ;
Annibal lui montrait son triangle sacré,
Alexandre sa courbe, et César son carré ;
Hésiode comptait les lois cosmogoniques,
Qu'il savait rattacher aux combats homériques ;
Socrate discourait de l'âme ; et le Sauveur
A la miséricorde initiait son cœur.
Jeune, il passait ainsi son tems chez le vieux monde ;
Sa mère en écartait toute vapeur immonde ;

Aussi son front croissait dans le rayonnement
Sans que son cœur y prît le moindre étonnement.
Germes féconds du beau, vous naissiez dans son âme ;
Étincelles de feu, vous prépariez sa flamme ;
Éclairs radieux, vous illuminiez ses jours ;
Lui, saura refléter, en actes, vos contours.

Nourri de ce festin substantiel des âges,
Le prince dédaignant, à l'exemple des sages,
Les plaisirs plus grossiers de la matière, y prit
Dans la sobriété terrestre un large esprit,
Sans que cette nature ardente et vigoureuse
Impétueuse, libre, active, aventureuse,
Perdît rien de sa force ou mieux de sa vigueur ;
Le corps veut qu'on le traite avec cette rigueur.
Son repas du matin était simple et modeste :
Du pain rassis, de l'eau, le plus souvent un reste
Du souper de la veille ; un sourire content
De la Reine, doux mets dont il avait autant
Qu'il en voulut goûter ; et que, dans son ivresse
De fils, il arrosait d'une sainte caresse.
Tel était son menu nourrissant et frugal ;
Auquel il ajoutait l'escrime et le cheval.

Le Prince ainsi conduit, jouait à qui perd gagne.
Courait-il au galop à travers la campagne,
C'était pour aviser de loin quelque vieux toit
Où son or pût graver la trace de son doigt.

Jamais un malheureux ne fit doubler sa course,
Si ce n'est pour aller lui remettre sa bourse.
N'en rencontrait-il point? ses pas semblaient perdus ;
Il rentrait, répétant ce beau mot de Titus :
« J'ai perdu ma journée, à demain ma revanche. »
Mais un jour vers midi, par un ciel de dimanche,
Escorté de Vincent, il chevauchait au trot...
Il lance tout à coup son cheval au galop...
Le piqueur, étourdi de cette abrupte audace,
Veut suivre ; mais il a déjà perdu la trace ;
Le Prince, ventre à terre, aussi prompt que le vent,
A, dans une minute, une lieue en avant !
Un char à fond de train descendait d'une cîme ;
De l'Appenzel, roulant mors-aux-dents vers l'abîme
Le Prince, de le voir, de se précipiter
Sur les traits des chevaux, et de les arrêter
Au moment où leurs pieds s'allongeaient sur le gouffre !
Recevoir mille et mille accueils, sans qu'il le souffre,
Lui coûte moins de temps, fût-ce pour remonter,
Que je n'en mets moi-même à vous le raconter.

     Le bruit de ce haut fait remua la contrée.
Cette action, son cœur la retint concentrée :
A peine si Vincent en put être témoin ;
Mais il l'a consignée en son âme avec soin.
A quelque temps de là, la Duchesse de Bade,
Ses filles et le Prince allaient en promenade

Sur les bords du Necker, à l'endroit où son eau
Tranche le cours du Rhin comme avec un couteau.
La conversation roulait, depuis une heure,
Pour savoir quelle époque aura passé meilleure
Du moyen-âge ou bien de ce moderne tems ;
Les avis partagés s'en montraient peu contents.
Le prince, sans vouloir lancer aucun outrage,
Comparait nos hauts faits avec l'autre courage ;
La princesse Marie, elle, invoquait en soi
La devise des Preux : Dieu, ma dame et mon roi.
Entre les discoureurs la lutte était égale.
En ce moment le doigt hardi de la rafale
Décrocha, sans façon, une fleur des cheveux
De Marie, et l'alla plonger dans le flot creux.
Autrefois, dit Marie, un Preux eût, pour sa dame,
Été ravir ma fleur au courroux de la lame ;
Mais de nos jours on parle ; et sans se déranger,
Dame ou fleur, on la laisse au moment du danger.
    Le mot n'était pas dit, qu'au milieu de cette onde
Courroucée, écumante, hivernale, profonde,
Le prince, corps à corps avait pris le courant,
Etreignant de ses bras vigoureux le torrent.
Le combat du jeune homme avec ce flot terrible
Glaça des assistants l'argument inflexible.
L'eau, se sentant pressée en mugissant plus fort,
Se tordait dans sa rage en jurant sur le bord…

Le Prince disparut dans l'élément sauvage...
Un cri de désespoir vint heurter le rivage :
Il se noie !... il n'est plus !... quand soudain, ô bonheur!
Il reparait, tenant en ses lèvres la fleur.
Agile, comme un daim qui gravit la colline,
Il la vient rapporter à sa belle cousine :
— La voilà, lui dit-il, avouez que vos preux
N'eussent pas mieux qu'un autre affronté le flot creux.
— Non... à travers le tems nous vantons un autre âge
Sans que du nôtre assez nous prisions le courage.

    Le Prince, tout trempé, pour se sécher, alla
Sous un chaume isolé, tapi non loin de là.
Dès qu'il foula le seuil de la pauvre cabane,
Absyde humiliée au regard du profane,
Son œil, encore jeune et déjà scrutateur,
Vit auprès du foyer les traits de l'Empereur.
Cette image infidèle et non moins vénérée,
Relique d'une gloire en ce toit enterrée,
Fit bientôt oublier au Prince qu'il eut froid.
Quelle douleur ne cède à l'homme fort qui croit !

La nuit de ce jour-là, nuit funèbre et profonde,
La mort allait frapper un des maîtres du monde,
L'arbitre qui vingt ans dût tenir en ses mains
Le destin de la France et celui des humains,
Long-Vood était plein de douleurs et de larmes ;

Pour les cœurs généreux les pleurs ont bien leurs charmes,
Surtout lorsque l'on touche au solennel moment
Où l'homme va de Dieu subir le jugement !
L'Empereur expirait, étendu sur sa couche ;
Un souffle rare et froid s'envolait de sa bouche ;
Ses fidèles amis, rangés près de son lit,
Attendaient le moment depuis longs jours prédit.
Tout-à-coup il se dresse en criant : Tête, armée !...
Sa tête retomba matière inanimée ;
Et son âme s'alla noyer dans l'infini,
Océan sur lequel Dieu n'a jamais fini.

A cette heure le prince, enlevé par le rêve,
Fut jeté rudement sur une aride grève,
Après avoir passé des lacs et des torrents,
Plus rapides cent fois que les rudes courants
Dont son bras exercé put triompher la veille ;
Et ce mot : il n'est plus ! déchira son oreille,
Tel au milieu du flot il l'avait entendu,
Tel ce mot de douleur soudain lui fut rendu.
Tout-à-coup Long-Wood s'entr'ouvrit à sa vue,
Des généraux en pleurs, une foule éperdue
Se tenant, de chagrin, la tête dans les mains,
Et courant, sans savoir, à travers les chemins...
Son cœur en fut navré ; lorsqu'un blanc météore
Sorte de pur rayon oublié par l'aurore,

Vint voltiger autour de lui, brillant, joyeux
Et triste cependant, comme l'étoile aux cieux.
Le jeune homme suivait son vol, quand de la voûte,
Vers laquelle cette âme alors prenait sa route,
Un grand déchirement se fit, et l'Empereur
Apparut à ses yeux sur son trône d'honneur.
Sous lui se dessinaient Auguste et Charlemagne,
Primant les potentats d'Asie et d'Allemagne :
Nabuchodonosor, Alexandre, Cyrus,
Gustave, Frédéric, Marc-Aurèle, Titus,
La pléiade des rois des diverses contrées,
Foules d'admirateurs, sous ses pieds concentrées,
S'empressant de courber leur front ceint du bandeau
Devant ce grand colosse arrivant du tombeau.
Sitôt qu'il eut reçu tous les royaux hommages,
L'Empereur descendit aux terrestres rivages;
Il vint vers son neveu, troublé dans son repos,
Et lui tint ce discours à peu près en ces mots :

    Tu vois ce que je suis au temple de la gloire,
Louis, ne perds jamais de ce jour la mémoire.
Les fronts les mieux sacrés s'inclinent devant moi,
Moi qui viens incliner ma douleur devant toi.
Tandis que le passé me respecte et m'estime,
Des rois, dans le présent, me frappent en victime ;
Ils insultent mon rang, ma gloire, mes succès ;
Je te dois l'abrégé de ces tristes excès :

Louis, ils ont nommé, tu ne pourras le croire :
Mes braves de Wagram, les brigands de la Loire !
Moi qui te parle, ils m'ont sali de plus d'un nom,
Ne me privant que d'un, le mien : Napoléon !
Je ne leur en veux pas ; dans leur aveugle rage,
Ils m'ont jeté captif sur un rocher sauvage ;
Pardonne-leur aussi ; Notre Seigneur en croix
Priait pour ses bourreaux, sois l'écho de sa voix.
Pourtant à ces pensers mon âme se déchire ;
Je plains, non mes tourments, mais je plains leur délire ;
Je plains surtout la France, en son égarement,
Condamnée à souffrir après moi mon tourment...
Quand ton heure viendra, Louis, aime la France,
Console les neveux de l'injuste ignorance
Dont leurs pères auront enveloppé mon jour ;
Les ingrats m'ont frappé, sois clément en retour.

Le jeune homme attendri sentit vibrer son âme,
Courant sur le clavier de l'immortelle gamme ;
Et sa réponse fut : — Je leur pardonnerai !
Mais revenez me voir quelques fois...

                               — Je viendrai ! ..

Aussitôt franchissant l'espace qui sépare
Le rêve du réel, intervalle bizarre,
L'empereur disparut dans l'azur étoilé.

Louis redescendit dans l'avenir voilé ;
Écoutant cependant, inquiet dans son rêve,
Si la même parole et saccadée et brève
Qu'il avait entendue encore cette fois,
Ne lui parlerait pas de retour... Cette voix
Hélas ! qui lui causait mystérieuse et sombre
Qu'il croyait d'un vivant était celle d'une ombre
Qui, du vaste Océan franchissant le reflux,
Quittait son dur rocher... L'Empereur n'était plus !...

TROISIÈME CHANT.

Nul ne peut être nommé heureux avant ses funérailles.
                                        (OVIDE.)

L'opinion gouverne le monde.   (PASCAL.)
    Il n'y a point de manie plus ridiculement inutile que
la sagesse de ces gens qui s'érigent en réformateurs.
                                        (ST-EVREMOND.)

    Il n'y a maintenant que deux classes en Europe : celle
qui demande des priviléges et celle qui les repousse.
                                        (NAPOLÉON).

Il ne faut pas trop gouverner.   (BENTHAM.)

Tout gouvernement a pour but le bien des gouvernés.
                                        (FÉNÉLON.)

Le lendemain du jour qu'il sut ainsi descendre,
Ses fidèles rendaient, à la terre, la cendre
De l'Empereur défunt ! crépuscule touchant
Du grand aigle incliné vers la nuit du couchant.
Tel l'astre, roi des cieux, lorsqu'il descend sous terre,
Veut que les océans protègent le mystère
De sa course aux bas lieux, tel ce roi des géants
Devait aussi s'éteindre au sein des océans.
Il fallait, à celui qui remua le monde,
Dans ce moment suprême, une absyde profonde,

Comme si le silence enfin dût couronner
Ce prestige dernier, qui vînt l'environner.
Vivant, pour contenir ses vastes rêveries,
L'Alhambra, le Kremlin, Schunbrun, les Tuileries
Paraisaient trop étroits à ce large cerveau ;
Mort, son corps tout entier tenait dans un caveau !
Quatre mètres carrés, recouverts d'une dalle,
Dans le fond d'un ravin, cuvette sépulcrale ;
Un saule y déployait un front triste et pleureur,
Tel est le dernier Louvre offert à l'Empereur.

A cette heure, passant vague pour les profanes,
Je crois après trente ans, entendre, hélas ! ses mânes
Tristes, se désoler en couvrant de pardon
Ceux qui l'avaient laissé dans un tel abandon ;
Palpiter et gémir moins de sa solitude
Que de ce dernier trait de notre ingratitude,
Flotter sur le rivage, errer dans le ravin,
Rêver le sol français qu'ils soupiraient en vain.

Ne vous lamentez pas, sous votre saule morne,
Dieu lui-même a creusé ce tombeau, comme borne,
Au sein des vastes mers, pour qu'aussi la douleur
Sur votre gloire mît un souvenir meilleur.
Louis XVI tomba sur l'échafaud de France,
Le peuple crut frapper en lui, l'indifférence,
Toi, géant, tu mourus sur un roc mensonger,
Sous l'homicide main du jaloux étranger.

Vrais martyrs, aux grands cœurs, différant l'un de l'autre
Que tu l'es de son fait, et que lui l'est du nôtre,
Vous aurez tous les deux contribué pour nous
Au grand avénement qui nous viendra de vous.
Un martyr dut fermer la vieille dynastie ;
Un martyr ouvrira celle de toi sortie ;
Au tombeau de Louis les lys redescendront ;
Mais de ta tombe à toi les aigles renaîtront ;
La France avait taché de sang 93,
Tu l'effaças au sang, toi, de 96 !...
Les princes t'ont laissé tomber, grand Empereur,
Le peuple te fera vivre en ton successeur,
Ainsi Dieu le dispose, ainsi fera la France ;
Ne gémissez donc plus, mânes, si la souffrance
Vous accable aujourd'hui, demain sera plus beau ;
Reposez, près de lui, veillant sur ce tombeau.

Cependant la nouvelle, aujourd'hui si rapide,
Même pour voyager sur l'élément liquide,
Devait mettre à franchir, sous voile de vaisseau,
Plusieurs mois, pour toucher ici, de son caveau.
Je ne sais toutefois quel pressentissement vague
Sur les côtes d'Europe amenait chaque vague ;
Mais de même que l'air frais prépare le vent,
Que lorsque naît l'orage, il folâtre devant,
Que le grain nous apporte une forte tempête.

De même, dans l'esprit, tout s'annonce et s'apprête ;
Et le premier point noir d'un clair pressentiment
N'est que l'avant-coureur d'un grand événement.

Le Prince plus qu'un autre et non moins que sa mère,
Était parfois atteint d'une douleur amère ;
Mais se ressouvenant du conseil précieux
De son oncle, il vivait d'autant plus studieux.
« Il faudra, pensait-il, qu'un jour je sois un homme,
Tel qu'en ont possédé Sparte, Athènes, et Rome ;
Puissant par la pensée, et riche par le cœur ;
Un homme tel que fut et tel qu'est l'Empereur.
Mais à jours différents, différent on doit être ;
Le temps où nous vivons, je le dois donc connaître,
Le voir et le sonder ; apporter tous mes soins
A graver, dans mon cœur, ses goûts et ses besoins ;
Car s'il possède un fond commun à sa nature,
L'homme, dans tous les temps, n'a pas la même allure ;
S'il tourne dans son 8, comme l'a dit Bacon,
Le trait diffère bien de Marat à Caton...
Il faut donc que je creuse, il faut que j'étudie
La révolution, et que je répudie
En elle ce qui sort du naturel humain,
Pour épouser ce qui, chez elle, est noble et sain.
La révolution ! c'est la philosophie
En action, manquant de base : hiérarchie !
Le cône social de la base au sommet

En passant par le centre, à son aplomb se met.
Le sommet est un point, la base est son multiple,
Le centre les relie en son unité triple ;
Le cône, sur le point posé, ne tiendrait pas :
C'est l'être social avec la tête en bas.
Appuyé sur son centre, il n'est plus droit, il penche
Soit en haut, soit en bas, ainsi qu'au tronc la branche ;
Sur sa base, il soutient le centre et le sommet :
Telle est la loi physique à qui tout se soumet.
N'en est-il point ainsi de la loi sociale ?
Sommet l'autorité, point-centre la morale ,
Point multiple travail, triple et ferme unité :
L'esprit, le cœur, le bras, voilà l'humanité !
Que demande le bras du cœur et de la tête ?
Calme, déchirement, azur serein, tempête ?
Problème difficile en ses calculs abstraits !
    Une voix lui dit bas à l'oreille : — La paix ! »
La paix dans le travail, dans la morale l'ordre ,
Le pouvoir dans la règle... A force de le tordre,
Peut-être arriverai-je à la solution
Du problème, agité par l'Homme-Nation.

    Lebas, son gouverneur, vint sur cette parole.
Le prince, gracieux, mais poursuivant son rôle :
« Trève pour aujourd'hui , dit-il, de l'Orient,
D'hellène, d'espagnol, d'anglais et d'allemand ,

De slavon, de latin, toutes langues comprises ;
Il me faut désormais de nouvelles surprises.
Vous m'analyserez, s'il vous plaît, c'est mon vœu,
Quelques hommes du temps que je connais trop peu :
Babeuf le démagogue, Owen le démocrate,
Je mettrai ces gens-là devant mon Isocrate ;
Malthus et St-Simon, le bonhomme Fourier,
Machiavel, du Prince éminent conseiller ;
Je veux les conférer tous les uns par les autres ;
Et s'ils ont des pensers, les rattacher aux nôtres.
—Prince, lui dit Lebas, c'était là mon projet ;
Il faut fondre sans peur, tous ces esprits d'un jet.
Ils se mirent tous deux à travailler ces hommes.
De leurs feuillets ouverts sortaient mille fantômes,
Qui drapés de haillons, qui vêtus de linceuls,
Qui de manteaux râpés à la corde ; les seuls,
Dont les dehors semblaient moins pauvres que les autres,
Groupaient tout autour d'eux quelques bruyants apôtres,
Qui traînaient à leur suite, ainsi que des tyrans,
Leurs adeptes de tous ordres et de tous rangs :
Foule compacte; sourde à toute voix plus sage,
N'entendant que les mots connus dans son langage.
Aveugle ! et ne pouvant en chemin faire un pas,
Sans que son pied ne mît quelque principe à bas !
C'était un noir chaos d'opinions, d'idées,
Les unes au front morne et les autres ridées,

Montant de leur abîme à la crête des monts,
Ainsi que dans l'enfer, on voit faire aux démons.
Les moins rageurs jouaient, en pêchant dans l'eau trouble.
L'esprit intelligent, que n'émeut ni ne trouble,
Devant les intérêts généraux nulle erreur,
Regarde tout cela ; sonde, et pense en ton cœur.

Tandis qu'ils dépouillaient ensemble l'inventaire
Des systèmes nommés le code humanitaire,
En France un voile blanc flotta sur un cercueil
Retombant sur le Prince en long crêpe de deuil.
Il sentit qu'il serait le chef de sa famille ;
Mais avant tout, chez lui, le pur sentiment brille ;
Sa mère lui restait, sa mère était en pleurs,
Ses larmes vont tomber fraîches sur ses douleurs.
—Pleurons puisqu'il n'est plus, pleurons, pleurons ensemble
Non sur l'affreux exil qui de loin nous rassemble ;
Mais sur l'ingratitude et sur la cruauté
Des peuples et des rois, qui nous l'avaient ôté.
Maintenant qu'il a pris son vol en la lumière,
Maintenant que son corps repose en la poussière,
Son âme nous pourra visiter quelques fois,
Et nous rendre contents au souffle de sa voix.
Si vous saviez combien j'aime ce beau génie !
En lisant les héros, c'est lui que j'étudie ;
Il me les fera voir au grand jour désormais,

Tous sortiront ainsi de celui que j'aimais.....
Comme un saule, penché sur un ruisseau limpide,
Laisse flotter sa feuille à la surface humide,
Ainsi la Reine Hortense, âme pleine de fleurs,
A son tour effeuillait ses regrets sur ces pleurs.

Mais loin de désarmer les rois contre l'empire,
La mort de l'Empereur réveilla leur délire.
Tous ceux qui lui tenaient, soit de loin, soit de près.
Semblèrent un obstacle au maintien de la paix,
Les agents principaux de la Sainte-Alliance,
Dans leur ombre, voyaient motif à défiance ;
Comment n'auraient-ils pas, dans leur mortel effroi,
Redouté les amis de l'Empereur et Roi ?
Sa famille surtout, suscitait plus de crainte,
Proscrite, dispersée en d'obscures enceintes,
Errait à l'aventure en pays étrangers ;
Comme après le naufrage on voit les passagers
Poussés sur le radeau, sans guide et sans boussole,
Des récifs du midi sur les brisans du pôle,
Ils n'avaient qu'une auberge, où reposer leur sort ;
On les craignait ! pourtant l'Empereur était mort.
Mais l'instinct de la peur l'est aussi d'une faute.
Nous voudrions du calme, et souvent Dieu nous l'ôte ;
Pour troubler notre esprit il nous tend le miroir ;
Nous reculons confus rien que de nous y voir !

Des agents alliés telle fut la misère :
Chacun invita l'autre à chasser de sa terre
Les parents du Martyr, déplorables débris !
L'injuste signal vint, on le sait, de Paris.

    Le premier coup tomba près du lac de Constance ;
La première victime en fut la reine Hortense.
Elle ! dont l'Empereur de Russie et le roi,
Triomphant de la France, avaient subi la loi ;
Elle ! la femme noble en toute sa personne ;
Elle qui de l'exil tint si bien la couronne !
Fille d'impératrice et mère d'Empereur,
Reine par ses talents, reine aussi par le cœur,
Éveilla la première, au fond de sa retraite,
La rude attention que la haine avait faite ;
Le Grand-Duc s'excusa, par son officier Frank,
Qui, de sa part, lui vint donner cet ordre franc :
— Au nom du Duc mon maître au grand duché de Bade :
Son Altesse gémit de vous savoir nomade,
Madame ; mais il doit vous prier aujourd'hui
De quitter ses états... Ne l'accusez pas, lui...
N'écoutant que son cœur il eût gardé la reine ;
Mais écoutant l'Europe, il la somme, à grand'peine,
De quitter sur le champ le grand Duché...

                               Son air,
Son geste, sa parole, en lui rien n'était clair.

Embarras ou secret contentement, franchise
Ou ruse, un faix pesait sur cette tête grise.
La reine regardait son fils, dont la rougeur
Révélait le couroux qui montait de son cœur.
Le prince, sans jeter une seule parole,
Disparut ; il allait avoir le meilleur rôle ;
Hortense, après un court moment d'anxiété,
Se dressant dans sa force et dans sa dignité :
— Recevez mes adieux, pour le Grand-Duc de Bade ;
Vous le voyez, Monsieur, je suis faible, malade,
Je partirai pourtant… La reine ne veut pas
Contre toute l'Europe engager vos états,
Un empire, plus grand que ne sont vos domaines,
Est tombé, s'affaissant sous l'union des haines ;
Et je ne voudrais pas que, pour moi, votre État
S'armât pour le malheur ou même discutât.
    Le prince, sur ce mot, reparut calme et digne ;
Il portait les habits du soldat pour insigne :
Fusil, giberne, sabre, en coiffure un schakos ;
Dans une main un sac ; le jetant sur son dos :
— Monsieur, je pars au camp que la Suisse organise.
Si c'est moi que l'on craint si jeune, qu'on le dise ;
Mais ma mère ! une femme, une malade… Quoi !
Ferait-elle donc peur ? Dites-lui que c'est moi !
Mais non ; dites plutôt, dites lui que c'est elle…
Elle souffrirait trop qu'on la crût infidèle

A l'illustre défunt qui vous fit peur à tous ;
Ma mère et moi, monsieur, l'aimerons malgré vous.
Au camp, je vais entendre un écho de ses armes ;
Au camp j'échaufferai les soldats par mes larmes ;
Au camp j'oublierai tout ! Le grand Duc et le Roi
De France ; mais la France ? Elle y campe avec moi !
Je vous l'ai dit : Je pars ! affligez cette Reine ;
Payez-lui ses malheurs de votre auguste haine ;
Fille d'adoption du puissant Empereur,
Je comprends qu'elle ait pu vous causer quelque peur.
Vous avez peur... Oh ! oui ; c'est peu que de le dire !
N'est-ce pas juste enfin ? Lorsque je vois l'Empire,
Colosse européen et qui dominait tout,
Réduit dans une tombe et dispersé partout !
D'autres que vous diraient, en songeant au grand règne,
Le grand règne est détruit, que faut-il qu'on en craigne ?
Le Lion terrassé dort, et du froid sommeil ;
Son fils ignore qu'il naquit au grand soleil ;
Sa femme a renié cet enfant d'un tel père ;
La France oublie aussi qu'elle en était la mère ;
Sa famille proscrite, errante, est sans soutien ;
Que craindrions-nous donc quand nous ne craignons rien ?
La France, à l'étranger est en tous points ouverte ;
Son âme de l'amour du grand homme est déserte ;
Nous avons eu Paris, démantelé les forts
Qui du Rhin inquiet crénelaient tous les bords :

Bourbon règne pour nous, aux rives de la Seine !...
Mais je comprends ; oh ! oui, dans Constance une Reine
Malade, infortunée, aime encor l'Empereur,
Son enfant l'aime aussi... Donc, vous avez tous peur !
Rassurez-vous ; l'enfant quitte aujourd'hui sa mère ;
Il l'abandonne seule à sa douleur amère ;
Rois puissants de l'Europe, avez-vous toujours peur ?
Alors détruisez donc l'ombre de l'Empereur !...
Il dit ; et se jetant dans les bras de sa mère,
Que plus que lui frappait cette douleur amère,
Il la serra trois fois sur son cœur et partit...
Un cri de désespoir sur le seuil retentit.
Frank l'envoyé s'en fut.... Hortense à sa fenêtre
Interroge de loin l'espace et le pénètre ;
Suit les pas de son fils, à travers les contours
Des sentiers sinueux pleins de mille détours,
Jusqu'à ce que son œil, égaré dans l'espace,
N'aperçût plus de lui la fugitive trace....
Et le représentant de France fut content...
Bourbon, mon cœur pour toi n'en voudrait pas autant...

    Lebas suivit le prince.... A sa douleur livrée,
La pauvre mère en pleurs, resta comme navrée ;
Son œil erra pensif sur le lac jusqu'au soir.
Il part !... Oh ! si j'allais ne jamais le revoir !
Si jeune, il est si mâle ! Et des larmes amères
Coulaient, assombrissant encore ses chimères.

La nuit qui s'avançait lui paraissait sans fin ;
Elle ne comptait plus saluer le matin ;
Faible et l'âme souffrante et la tête brisée,
La vie était pour elle une affreuse risée ;
La mort seule, la mort lui semblait un attrait,
Et déjà, dans son sein, elle en portait le trait.
— Oh ! si je mourais donc cette nuit, disait-elle !
Si Dieu brisait le seuil de ma prison mortelle,
Qu'aurais-je à regretter ici bas ? Les grandeurs ?
Mais elles m'ont plongée en un torrent de pleurs !
Le trône ? Mais la main rude de la ruine
Changea mon diadème en couronne d'épine !...
Que me reste-t-il donc en mes jours étouffants ?
Il me reste, ô mon Dieu ! ton ordre ; et mes enfants !
Mes enfants... suis-je donc une mauvaise mère
Que je me laisse aller à la tristesse amère ?
Ne dois-je pas pour eux souffrir et m'immoler ;
Et tromper mon destin pour les en consoler ?
Mon Dieu ! de mille coups frappe encore ma tête ;
Fais gronder de nouveau le vent de la tempête ;
Je supporterai tout, pour éclairer leurs pas
Au terrestre sentier qui ne m'appartient pas...
Qu'une mère a d'attraits en souffrant pour ses anges !
Siècle vil, couvre-moi du bourbier de tes fanges...
Mes enfants ont parlé dans mon cœur, ô mon Dieu !
Pleurer pour eux et puis pleurer ; voilà mon vœu.

Si plutôt je portais mon sort avec courage !

Si je dissimulais de mon mieux son outrage ?

Il est au bord du lac de vieux murs mal bâtis,

D'où l'œil peut se mirer aux glaciers du Cintis.

Au couchant Mannuback, sa croix, son presbytère

Laissent dans le soleil, jouer leur flèche austère ;

Le gothique château Burgrave de Salstein,

Que des arbres massifs étreignent dans leur sein,

Comme pour regretter que leurs modernes maîtres

Laissent abandonné ce nid de leurs ancêtres,

Logeant leur âme au ciel pour regarder dans l'eau

Forment de ce côté le plus charmant tableau.

Là l'île de Raickman, son joli lac limpide,

Au poli de son front n'ayant pas une ride ;

Et de l'autre côté, plongeant au flanc des eaux

Des golfes couronnés d'osiers et de roseaux ;

Enfin, près du manoir, le souriant village

D'Imatinguen, tranchant avec l'aspect sauvage

De l'habitation où se pourraient asseoir

Les pauvres exilés, qui rêvent de l'avoir.

C'est là, sous ce vieux toit, qu'avant mon agonie

Je m'en irai fonder ma mince colonie,

Contente, si je puis, pour embellir mon temps,

Y faire des heureux aux visages contents...

Ce projet raffermit cette âme exténuée ;

Elle s'y cramponna par l'espoir remuée.

D'y goûter en repos les douceurs du foyer,
Elle déja meurtrie et qu'on voulait broyer.
Elle sonna ; Vincent parut ; alors la reine :
—J'ai fait vœu d'acquérir, dit-elle, le domaine
D'Arénemberg ; il est en Turgovie… Or vas !
Sans discuter le prix, tu me l'acheteras ;
J'ai dit, cours, et reviens ; les heures marchent lentes
Quand le cœur en attend des heures consolantes.
Le fidèle Vincent salua, descendit,
Fit seller un cheval, le meilleur ; et partit.

L'horizon s'enflammait d'une ligne rougeâtre
Au levant, sous les feux du soleil, ce grand âtre
Dont l'éclat rayonnant démarque les saisons,
Colorant les épis, les fleurs et les toisons.
Le Prince par Zurick, par Zug et par Lucerne
Poussant, avant le jour, dans le canton de Berne,
Son étape, avisa Thun, près des bords du lac
De ce nom ; c'était là que la Suisse au bivac
Devait ouvrir pour lui sa porte hospitalière.
Une larme de joie inonda sa paupière ;
Et se laissant aller à ses épanchements,
Le Prince vint s'asseoir près des retranchements.
Le camp se déployait par ses nombreuses tentes
Sous la protection des montagnes distantes,
Les troupes en tenue attendaient le signal :

On allait manœuvrer devant le général.

Les tambours ont battu ; sous la voix des trompettes

Le même cri jaillit hors des tentes muettes ;

Chaque esquade s'ébranle et vient prendre son rang ;

Se forme en bataillon s'alignant flanc sur flanc.

L'ensemble se détache en deux grands corps d'armée ;

L'une tient au midi, l'autre au nord est formée.

La première s'agence en triangle barré ;

La seconde s'épaule à son centre en carré,

Derrière elle le lac du Thun étend ses rives.

La bataille commence en escarmouches vives.

L'un des rivaux soit R. avance, à l'échiquier,

Contre soit N. et marche en avant le premier.

R. est plus fort en nombre, N. a plus de tactique.

N. en ouvrant son front se serre en double oblique,

Démasque cent canons qui crachent à la fois

La mitraille sortant de ses tonnantes voix.

R. à cette décharge a plié sur son centre ;

N. a lancé déjà de son carré, son antre,

Cinq escadrons légers qui, le sabre à la main,

Veulent au milieu d'R. se frayer un chemin.

R. a vu le péril ; en courbe il se rallie

Grouppant, derrière lui, toute l'artillerie,

Tandis que, déployant ses ailes en croissant

Jusques au bord du lac, il marche en se massant.

N. a vu qu'il fallait sinon céder au nombre

Du moins vendre un bon prix la victoire qui sombre ;
Il jette sur le lac deux ponts faits de bateaux,
S'ouvre sur les trois flancs, d'où sortent à grands flots
Des tourbillons de feu de plomb et de fumée ;
Qui vont soufflant la mort aux rangs de l'autre armée.
Mais R. a plus de monde ; à ceux qu'il a perdus
D'autres rangs, plus nombreux et tout frais, sont rendus.
Plus il est décimé, plus il semble renaître ;
N. attaqué résiste ; il pourrait se soumettre ;
Mais sonnant la chamade, il a franchi le lac
Et devant l'ennemi dresse là son bivac.

    Le signal est donné ; toute hostilité cesse ;
Tout à l'heure ennemis, aux deux camps on s'empresse
D'entrefraterniser sur l'un et l'autre bord ;
Dans tout ce grand carnage on ne fit pas un mort.

    Du haut d'un mamelon couronné de verdure,
Du terrestre ornement la céleste parure,
Le Prince avait suivi d'un regard complaisant
Le triangle léger et le carré pesant.
Sa mémoire abreuvée aux sources du génie
Avait jugé, d'en haut, chaque péripétie
De l'échiquier dressé là devant son regard
Et la réflexion lui montrait chaque écart.
Il repassait rêveur les scènes du spectacle,
Que son œil avait pu conférer sans obstacle.

Quand par ce simple mot il se les dessina :

« Le passage, dit-il, de la Bérésina !...

« Les Russes d'un côté, Napoléon de l'autre ;

« Les ennemis ici, sur l'autre bord les nôtres ;

« Les nôtres ont planté leurs tentes... c'est cela ;

« Il faut aller vers eux, car je dois être là !.. »

Il voulut se lever, quand du lac la surface

Lui parut charier de lourds monceaux de glace,

Qui, de leurs bras soudés, entraînant les bateaux

Fesaient couler, à fond, fantassins et chevaux.

Napoléon alors, c'était son privilège,

Vint près de lui s'asseoir les habits blancs de neige :

— Jeune soldat, dit-il, improvisé d'hier,

Regarde moi ! voyons ; car de toi je suis fier.

J'étais là quand prenant envers Frank ma défense,

Tu crus que t'offenser c'était me faire offense.

Agis toujours ainsi ; je t'en saurai bon gré ;

Ma parole est amie, or donc je te dirai :

C'est dans les grands chagrins que les grands cœurs se forment

Les heureux pensent vivre ici bas ; ils y dorment ;

Ils dorment! d'un sommeil d'autant plus accablant

Qu'ils savent mieux dormir, sans en faire semblant.

Pour que le minerai se purge de la glaise,

Il faut que tous les deux passent dans la fournaise.

Je te trouve soldat volontaire ; c'est bien ;

L'élève de Brienne est ce que tu sais bien...

Fais comme lui, jeune homme ; et comme lui de même
Tu seras.... A ces mots, prenant le diadême,
Éclipsé, sur son front, par son petit chapeau,
L'Empereur le lui mit sur le sien, noble et beau.
Le jeune homme, à ces mots, mit la main à sa tête.

A ce moment, parut près de lui, sur la crète
Du mamelon, le chef de ce camp fédéral ;
Lui cherchait l'Empereur, il vit le général.
Celui-ci, regardant le jeune volontaire :
— Que faites-vous ici pensif et solitaire ?
— Je me rendais au camp, Général.

                            Votre nom ?
—Je ne sais si...

            —Parlez !

                —Louis Napoléon.
— Le neveu du grand homme ?

                        Aussitôt de sa tête
Retirant son chapeau ; — Du haut de cette crète,
Il venait présider au défilé d'honneur...
— Vous serez près de moi, Neveu de l'Empereur.

Déjà pour défiler, par colonnes en masse,
Chaque division se distance et s'entasse,
Ainsi qu'une forêt aux arbres de sapin
Couverte dans l'hiver des givres du matin.

Quand le premier rayon s'épanouit sur elle,
De mille éclairs brillants resplendit et ruisselle ;
Ou comme ces palais de diamants et d'or,
Que l'Orient créait, et qu'il engendre encor,
S'enflamment au premier frisson de la lumière,
Ainsi resplendissait l'armée à sa manière.
Chaque fusil jetait un reflet chatoyant,
Chaque casque ou cuirasse un éclair flamboyant.
Le prince regardait, presque d'un air d'envie,
Ces hommes, ces chevaux, ces armes, cette vie ;
Et pourtant ce jour-là soldats et généraux,
Bannières et guidons, enseignes et drapeaux,
Et Suisse, devant lui défilaient la revue,
Le prince ne croyait qu'à grand'peine sa vue ;
Et pourtant il sentait qu'il eût marché dispos
Le fusil sur l'épaule et le sac à son dos.
Quand le dernier affut passa, l'œil brillant comme
L'éclair : Mon général, voyez ; il manque un homme,
Dit le Prince, ne puis-je alors le remplacer ?
— Soit !
     Dans l'artillerie on dut donc le classer.
Cette arme convenait à ses fortes études ;
Du soldat il avait déjà les habitudes ;
Infatiguable, sobre, attentif, matinal,
Il devait être au camp artilleur sans égal.
A peine eut-on dit Oui ; qu'il était à sa pièce,

Attelé comme un vieux canonnier à la lesse,
Prenant déjà la pose, et l'allure et le pas :
On eût dit qu'un canon l'eût bercé dans ses bras.

    Au camp, la vie est rude : On mange à la gamelle,
On couche sur la dure, on veille en sentinelle
La nuit sur un glacis ; le jour, la pioche en main,
On construit un ouvrage, et l'on mine un terrain ;
De la bêche au compas à chaque heure l'on passe ;
Le temps, dans ces travaux, semble manquer d'espace ;
Et, cependant, le prince en trouvait pour le tir,
Pour l'équitation ; travail était plaisir
Pour lui ; plus que tout autre il narguait la fatigue ;
De lui, non-seulement, il se montrait prodigue,
Mais il transformait même, en bienfaits, son argent ;
Préférant, pour donner, le pauvre intelligent.

    La reine vint le voir ; il était de joie ivre.
Du doigt montrant le camp : — Voilà mon nouveau livre,
Lui dit-il ; et je puise à ses divers feuillets
Une nouvelle vie et de nouveaux reflets.
Aux palais d'autrefois je préfère la tente ;
Ici le cœur grandit, et l'âme vit contente !
Tenez ! mère, malgré le sort et sa rigueur,
Un homme toujours est maître de son bonheur.
— Oui, mon fils ; cœur ouvert, conscience tranquille,
Aux autres indulgent, et pour soi difficile ;

Dévoué, sur le bien que l'on donne ; discret !
Du bonheur ici bas tel est le grand secret.
— Vous dites bien ; la paix c'est le bonheur, ma mère ;
Et pourtant, ici bas, je vois partout la guerre :
La force et le bon droit sont en présence, guerre ;
L'innocence combat les mauvais instincts, guerre ;
Le vice se raidit contre la vertu, guerre ;
L'égoïsme s'ébat sur le dévouement, guerre ,
Le dévouement s'attaque à l'égoïsme, guerre ;
Le crime aime à frapper la société, guerre ;
L'honnête homme sévit contre le crime, guerre ;
En lettres, en commerce on rivalise, guerre ;
Elle-même la paix s'arme contre la guerre ;
Et la guerre à son tour attaque la paix, guerre ;
Guerre, guerre partout ! l'homme seul a la paix
Qui se peut arracher à ses propres excès !
Pour atteindre à ce but il faut aimer son âme ;
Il se faut prémunir de toute idée infâme ;
Il faut que l'on arrive à l'estime de soi ;
L'étude et le travail voila toute la foi !
La foi dans le travail nous fait aider le monde ;
Et la foi, dans l'étude active, le féconde.
Que faut-il autre chose, aux yeux de l'Éternel,
Pour arriver un jour à mériter le ciel ?
   Ainsi le philosophe élucidait le prince.
En vain contre ses faits l'envie en ses dents grince,

L'esprit du mal rugit; mais l'honnête homme voit
Et s'incline, devant l'élu du peuple, et croit.

Ce jour, le général donnait les récompenses.
Le Prince, le premier, fédérales dispenses,
Fut proclamé capable entre les plus instruits;
Ses rivaux de ce choix ne furent pas surpris;
Et chacun s'éloignant se disait, sans malice :
Le vrai représentant de la patrie, en Suisse,
N'est pas de Talleyrand, c'est ce jeune homme expert
Et lui modestement gagnait Arenembert.
Ce n'était plus ce vieux manoir morne et sans vie,
Attendant pour revivre une âme qui s'y lie,
Sous la main de la reine Hortense, ses vieux murs
Se profilaient au loin moins noirs et moins obscurs;
Les arbres avaient eu l'élégante toilette
Qu'un jardinier de goût soigne à coup de serpette;
Et ce qui dut paraître à tout regard meilleur,
C'était surtout l'aspect frais de l'intérieur.
Quelques meubles de Boule et quelques uns de rose,
En place, respiraient l'intelligente pose
Que sait leur assigner un esprit délicat;
En regardant un homme on préjuge l'état.
Comme ils sonnaient au seuil, une pauvre bohème,
Décrépite, voûtée, à la figure blême,
Se courbant au bâton son unique soutien,

Se signa devant eux, sans leur demander rien.
Le Prince prit sa bourse et la lui donna grosse.
La vieille :— Me voici sur le bord de la fosse,
Que le bon Dieu vous donne encore de longs ans ;
Il garde l'avenir aux cœurs compatissants ;
Tenez ; vous voyez bien ces toits et cette enceinte,
Eh bien ! Dieu les avait marqués de son empreinte....
— Quand cela, s'il vous plaît ?
                            En un tems, St. Rembert
Possédait ce manoir, de ses bienfaits couvert.
Alors Anne sa nièce en hérita ; son âme
Y nourrit le foyer d'avunculaire flamme ;
Elle était bonne, juste, elle donnait ; et Dieu
Entourait de fortune et de grâce ce lieu.
Depuis que les neveux vendirent ce domaine,
On y vit s'installer l'avarice hautaine ;
Eh bien, vingt possesseurs, qui s'y sont succédés,
De riches qu'ils étaient sont morts dépossédés.
Pourquoi ? C'est qu'ils n'ont pas secouru la misère ;
Qu'ils ne voulaient pas voir un pauvre sur leur terre ;
Qu'ils traitaient l'ouvrier, vivant de son travail,
Moins bien que le fermier ne traite son bétail.
On dit qu'il est vendu ; si vous en êtes maître,
Rappelez-vous les mots de la vieille ; et peut-être
Tous les revers, tombés sur vos prédécesseurs,
Retomberont sur vous en biens consolateurs ;

Car vous m'avez donné beaucoup ; donnez encore,
Non pas à moi ; mais ceux, que le malheur dévore,
Secourez-les autant que Dieu le permettra ;
Donnez, car au centuple il vous le remettra.
« Ça, voyons; prêtez-moi votre main, bon jeune homme.
L'ayant prise : J'y vois un illustre fantôme...
Quel est-il ? et pourtant, marchez droit, sans terreur ;
Je vous le dis : un jour vous serez Empereur...
Mais il faudra passer par de rudes orages ;
Vous serez ballotté de prisons en rivages,
Jusqu'au jour où le temps vous sera plus serein.
Marchez-y sans broncher ; marchez, ne craignez rien. »
    A ce mot, un grand vent souleva la poussière
De la route. — Êtes vous prophétesse, ou sorcière ?
    La Bohême s'en fut ; le Prince dans son cœur,
Mit en écrit, ce mot : Vous serez Empereur.
La mère, sans y croire autrement, dans son âme
Grava l'expression de cette pauvre femme ;
Et la Reine et son fils entrèrent au manoir ;
Le vent cessa ; le ciel resta pur jusqu'au soir.

    Quand ceci se passait, au centre des Espagnes,
Une très jeune enfant, délaissant ses compagnes,
Épelait, dans un coin de son château ducal,
Les hauts faits glorieux du règne impérial.
Son père, l'un des grands, par Grenade et Castille,

Lui-même commentait ses fastes à sa fille,
Et préparait son âme à recevoir plus tard
Un titre que l'on croit qu'elle tient du hasard.
La rose et blonde enfant, au cœur chevaleresque,
A l'esprit déjà prompt comme un coursier mauresque,
Frissonnait de plaisir et quelquefois de peur
En suivant le cheval bouillant de l'Empereur.
Elle se le peignait, comme aux contes des fées,
Faisant sortir de terre en tous lieux des trophées ;
Enjambant chaque trône et domptant sous sa main
L'indomptable fureur du grand dragon humain.
Elle le voyait calme, assis sur sa monture,
Franchissant d'un seul bond Léon, Estramadure ;
Passant comme le vent du Tage sur le Rhin ;
Courant d'un même trait de Madrid au Kremlin.
L'imagination vive, chaude, espagnole,
De cette jeune enfant ajoutait à ce rôle
Le prestige enchanté que décuple dix fois
Le merveilleux attrait d'un mirage à son choix.

Un soir, promenant seule avec sa gouvernante,
Un pauvre vieillard pâle, à la tête inclinante,
En priant se signa devant la blonde enfant ;
Elle prit un peu d'or, et d'un air triomphant :
« Tenez, priez pour moi le bon Dieu, pour qu'il m'aime. »
Il s'inclina :

        — Voyons, dit-il, sur mon barême

Ce que Dieu vous rendra pour cet élan du cœur ?
Votre main ? Vous serez femme d'un Empereur.

L'enfant pâlit ; son front, couronné par l'aumône,
Devint, par ce vieillard, consacré pour un trône :
Le pauvre disparut ; une minute après
L'enfant ne songeait plus à son futur succès.

Mais quittons ces pensers et ce riant spectacle ;
Je sens autour de moi déborder la débâcle,
Et de tous les côtés mugir les ouragans
Qui montent des bas fonds aux sommets élégants ;
Ou plutôt qui, soufflant du cœur des hautes têtes,
Descendent chez le peuple en bruyantes tempêtes,
Comme pour rappeler incessamment à tous
Que Dieu sait nous meurtrir avec nos propres coups.

Charles X siégeait au trône de ses pères.
Faible roi ! ressemblant au premier de ses frères
Par la bonté du cœur, et par l'entêtement
Au second, dont l'esprit fut le seul vêtement :
Reflets vieillis tous trois de la cour de Versailles ;
Pour la France en révolte ils n'étaient pas de taille !
Et Charles X surtout, le plus royal des trois,
Dans sa royauté creuse engloutira les rois.
Ses conseillers, imbus d'orgueilleuses rancunes,
Tendaient aveuglement à combler les lacunes

Que leurs fautes avaient mises entre deux temps,
Des termes du possible également distants.
Quand un peuple a passé par de grandes tourmentes ,
Qu'il se complût, en soi, dans des erreurs charmantes ,
Quels que soient le mensonge et les férocités ,
Dieu permet qu'il s'y trouve au fond des vérités.
Dieu n'est-il pas partout sur terre où l'homme marche !
Dans l'Éden près d'Adam , avec Noé dans l'arche ,
Avec Jacob au haut de l'échelle du ciel ,
Dans la fosse aux lions réconfortant Daniel ?
Colonne de feu, c'est lui qui guide les âges ,
Comme brillante étoile, il a conduit les mages
En Bethléem au pied du berceau de son fils ,
Comme à celui du Nil, la vierge de Memphis....
Douter du temps présent, c'est douter de Dieu même :
Dieu ne pardonne pas qu'un doute le blasphême !
Tout naît et se transforme et meurt, excepté lui ;
Nous n'avons ici bas qu'un jour pour point d'appui.
Vouloir que le passé de nos aïeux renaisse ,
Prétendre que vers nous l'avenir lui s'abaisse ,
C'est s'envoler trop haut, ou c'est plonger trop bas !
C'est tenter l'Éternel, Dieu ne le permet pas.
Du vieux roi Charles X ce fut la grave faute.
Je pourrais emprunter de Térence et de Plaute
Le vers critique pour égayer nos neveux ;
Mais je ne sais pas rire auprès des malheureux.

J'aime mieux sur leur sort épancher quelques larmes ;
Car la France a déjà l'œil fixé sur ses armes ;
Et les premiers bruits sourds de sourds frémissements
Présagent au pays de grands affaissements.

De Polignac tenait le portefeuille rouge....
Plein de projets, il croit que sous lui rien ne bouge ;
Il l'ouvre ; en fait sortir, sans actualité,
Des conceptions qui manquent d'autorité.
L'ancien régime seul complaît à ce ministre ;
Tout ce qui n'est pas ça lui semble être sinistre ;
Il croit qu'il va pouvoir ressusciter des tems
Sur lesquels a passé l'esprit de quarante ans.
Si pleins qu'ils aient été de sang et de souillures ;
Si contraires qu'ils soient aux anciennes allures,
Un homme, un grand génie en tria, de sa main,
Les germes qui tenaient au naturel humain.
Vingt ans son bras de fer avait serré la bride
Ferme, aux mauvais instincts du peuple régicide ;
Mais l'autre peuple ! l'autre, aimant l'autorité,
Qu'il avait assoupli pour vivre en dignité,
Ce peuple qu'on voulait, frénétique délire !
Marquer d'un sceau honteux, ce peuple de l'empire
Voyant qu'on le prenait, pour l'ancien meurtrier
De Louis XVI, eut bien droit de se récrier.

La cour n'écoutant rien, dans sa haine ennemie,
De ce qui n'était pas la vieille monarchie,

Courait d'un train de poste à l'abîme béant
Dans lequel elle avait insulté le géant.
Les chambres se cabraient contre chaque mesure
Et payaient Charles X de blâme avec usure ;
Lorsque le Moniteur un matin les cassa.
La révolution de juillet commença !

SECOND LIVRE.

L'ÈRE DE 1830.

אוד   יהי   אלהים   יאמד   ר

aor   ici   Eloïm iomer oua

Lumière soyez esprits il dit et

(GENÈSE.)

Et il dit : esprits, soyez lumière.

QUATRIÈME CHANT.

Pour qu'il y eût un peuple libre, il faudrait que les gouvernés
fussent des sages et que les gouvernants fussent des Dieux.
(NAPOLÉON).

Il vaut mieux être heureux qu'être roi.   (GOMÈS.)

L'état naturel n'est pas d'être roi ; mais d'être homme.
(JOSEPH II.)

Essuyer les larmes est le plus beau devoir des rois. (KOTSEBUE.)

J'ai toujours le Seigneur devant moi ; il est à ma droite afin
que je ne sois point ébranlé.   (LE ROI DAVID.)

Mieux vaut s'exposer à hospitaliser le diable, que de fermer
sa porte aux malheureux.   (PROV. FRANÇAIS.)

L'aigle avait triomphé dans la grande bataille
Des trois jours de Paris ; malgré plomb et mitraille
Le souffle populaire avait, au nom des lois,
Balayé le foyer de soixante-dix rois.
Rien ne restait debout qu'un trône dans la rue ;
Qu'une famille encore une fois disparue ;
Qu'un peuple décimé ; que des défections ;
Que des calculs secrets et des ambitions.
Je me trompe ! la France était debout encore ;
Elle avait arboré le drapeau tricolore ;

Mais l'emblême manquant aux trois nobles couleurs,
Elle se sentait morte en sentant ses grandeurs.
Un fait la distrayait : nul homme en sa mémoire
N'avait au souvenir si formidable gloire ;
Et nul n'avait jamais rencontré dans Paris
Plus de fronts triomphants, ni plus nombreux débris.
L'homme ainsi que l'enfant s'ébat dans les ruines.
C'étaient de grands amas de fiacres, de berlines,
De meubles, d'omnibus, de pavés entassés,
Aux arbres démolis fortement enchâssés ;
Chacun, ayant voulu dresser sa barricade,
Allait, dans ce volcan, faire sa promenade ;
Et les plus beaux endroits, au dire des regards,
Etaient ceux où le sol semblait le plus épars.
Il n'est pas jusqu'au duc d'Orléans, ô cynisme !
Qui ne fraternisât avec ce cataclysme ;
Mais un penchant natif l'y devait enlacer :
Le trône était à terre ; il l'y vint ramasser.
Lorsqu'il n'a plus de chef un peuple sent son vide ;
Lui dont la rude main abat parfois son guide,
Aussitôt qu'il en manque alors se voyant nu,
Il donne le manteau royal au plus connu.
La loi hiérarchique est la loi de nature.
La France à d'Orléans s'offrit donc en pâture,
Puisqu'à défaut de l'aigle encore dans l'exil,
Il lui montra du coq gaulois le fier profil.

Le pays, cependant avait, triple symbole,
L'aigle de l'Empereur, qui jouait le grand rôle ;
Le bonnet phrygien, rêve des jeunes gens ;
Le coq gaulois, enfin, qu'invoquait d'Orléans.
Ce dernier l'emporta, grâce à l'intrigue adroite
De Dupin l'avocat, dont la langue miroite ;
De Perrier, dont la main avait pour sceptre, un sac ;
De Guizot, qui mesure un siècle ric-à-rac ;
De Molé, qui se pose en puissant diplomate ;
De Thiers, qui se raccroche à tout, pourvu qu'il gratte ;
De Barthe, de Persil, de deux cents députés.
Les deux autres drapeaux languirent rebutés.

La nouvelle en parvint de tous points en Europe,
Au palais somptueux comme à la pauvre échoppe ;
Chacun envisagea ce grave événement,
Selon sa préférence ou son ressentiment.

Il tombe, disait l'un, il est couché par terre,
Le drapeau de la paix, qui conjura la guerre !
Dieu n'a pu demander que les fleurons aux lys
Disparussent si vite au blason de la France.
L'étendart aux couleurs bleue et blanche et garance
Flotte pourtant sur nous ! que deviendront nos fils ?

Le fils du régicide a pollué ce trône.
La révolution, qui jadis fut sa zone.

Le trouve encor parjure une seconde fois :
Son père avait frappé Louis d'un coup profane ;
Lui donne à son cousin le coup de pied de l'âne ;
Tous deux ont dépecé le trône saint des rois.

L'un l'aura fait crouler, et l'autre le relève ;
Le démon, présidant à l'un et l'autre rêve,
Traitera le second comme il fit du premier.
Le couteau, qui trancha la tête à Louis XVI,
Décolla d'Orléans après quatre-vingt-treize ;
Philippe, dans l'exil expia son métier.

Un autre s'écriait : Peuple, l'on t'escamotte !
On a changé tes fers en une autre menotte ;
        Brise-les, une bonne fois.
Majeur, tu ne dois plus endurer de tutelle ;
Il est temps que, broyant la royauté nouvelle,
        Tu rentres enfin dans tes droits.

Que te veut ce Bourbon ? C'est un nouveau Saturne.
Si du moins tu l'avais fait sortir de ton urne,
        Pour le couronner, passe ; mais
On te le fait subir ! en bravant ta puissance.....
Qu'importe *parce que*, ou bien *quoique* sa naissance ?
        Te voilà bridé désormais !

Si l'autre, de son poids, fatiguait la patrie,
Il dut à l'étranger tout ! une coterie
     A fait de celui-ci le roi.
On se sert de ton bras pour renverser un homme ;
S'agit-il d'ériger ta victoire en royaume ?
     On se passe aisément de toi.

Un troisième chantait : qu'on détruise ou qu'on fonde,
L'aigle un jour étendra ses ailes sur le monde,
L'Empereur l'a promis et l'Empereur tiendra.
Son serment est sacré, sa parole est certaine ;
S'il nous laisse aujourd'hui la moitié de la chaîne,
Il démolira l'autre au jour qu'il reviendra.

Ne doutons pas, enfants de Marengo, d'Arcole ;
Nous qui l'avons suivi de l'équateur au pôle,
Nous savons que jamais il ne nous a menti.
Confiance ! malgré que l'on nous leurre encore,
Ils ont dû relever le drapeau tricolore;
Pour en couvrir un roi qu'on n'a pas consenti.

Serrons nos rangs ; formons en secret nos phalanges,
On nous traite en enfants, acceptons donc les langes
Jusqu'au moment où Dieu fera tomber de haut
Ce monarque taré par sa double origine ;
Et qui, croyant au sol français prendre racine,

Dut un pas à la ruse et l'autre à l'échafaud.

Et tous à l'unisson : Dieu vengera la France,
Mes amis, nourrissons cette sainte espérance ;
A ce Français déchu crions honte et malheur !...
Le père avait voté la mort de Louis XVI,
Le fils dans ses calculs compta 1813,
Tous deux, par égoïsme, agissaient d'un seul cœur.

A l'heure où ces trois cris sortaient de la poitrine
Des trois partis déchus, prophétie intestine,
Louis-Napoléon, qu'un secret sentiment
Porte pour la patrie à quelque dévoûment,
Sans que rien n'annonçât encore la nouvelle
Du grand avènement de la France nouvelle,
Entend d'Arenembert la détonation
Que vient de proférer la grande nation.
Il regarde ; et de loin il voit au front des nues
L'arc-en-ciel lumineux des trois couleurs connues ;
Son cœur bondit ; il croit qu'il est de son devoir
De servir son pays, fût-ce sans autre espoir.
Il part ; il est parti ; son âme toute entière
Apparaît à ses yeux en passant la frontière ;
Il débarque à Paris, et son premier souci
C'est d'aller chez le roi lui dire : Me voici.
Volontaire, je viens servir dans vos armées ;

J'ai vu d'Arenembert nos trois couleurs aimées ;

Je ne demande encor, Sire, qu'un fourniment ;

Je dois fidélité ? Je vous en fais serment.

Avant tout je me dois tout entier à la France.

S'il est vers l'Empereur plus d'un cœur qui s'élance,

Ils vous saluront tous, comme moi son neveu,

Sans que son âme à lui me jette un désaveu ;

Car la France avant tout ! la France avant l'empire,

La France avant quiconque et même avant vous, Sire !

Mon oncle a pratiqué ce précepte avant moi ;

Voilà comment je m'offre au service du roi.

— Je ne refuse pas, Monsieur, vos bons offices ;

Mais sans les accepter j'en reçois ces prémices ;

La France ! Oui, oui, la France... Oui... c'est aussi ma loi,

Nous sommes bien d'accord et l'Empereur et moi.

Le vieux renard était leste à la paraphrase :

« Pardon pour le moment, il faut que je me rase, »

Dit-il en se levant, heureux de faire voir

Comment envers la France on remplit son devoir :

« Je m'en vais présider mon conseil des ministres. »

Ce sans façon de mots était des mots sinistres.

Le prince le comprit et blessé dans son cœur :

« Est-ce là donc un roi ? dit-il d'un ton moqueur.

Le prince soucieux laissa ces railleries

En se laissant glisser sur mille rêveries,

Triste de l'accueil qu'il venait de recevoir,

Mais heureux d'avoir su remplir ce lourd devoir.

Au moment où le prince, au nouveau roi de France,
Venait de s'expliquer fort de sa conscience,
Sa mère, comme lui, sans rien du train princier,
Donnait une audience à Casimir Perrier.
C'était rue de la Paix, à l'hôtel de Hollande.
— Ma présence est ici séjour de contrebande.
Je le sais ; vous pourriez m'incarcérer ici :
Ce serait juste au fond.

               Juste ? non ; légal..., oui.
— Mais j'ai dû traverser avec mon fils la France ;
Je n'avais point conçu d'y rester l'espérance ;
Je voulais voir le roi ; lui dire : Me voilà !
J'escorte mon enfant ; je n'attends que cela.
Mon fils a le cœur droit : c'est un Français, j'en jure !
Neveu de l'Empereur, il en a la nature ;
Il ne tentera rien qui ne soit franc, loyal ;
Il oublîrait qu'il est même de sang royal.
La preuve, je pourrais, Monsieur, vous la remettre.
—Une preuve ? Ah !

       —Oui ; c'est...

              —Qu'est-ce donc ?

                  —Cette lettre.

Casimir Perrier lut :

        — Être simple soldat.
—On ne déroge pas en bien servant l'état.

—Le temps n'est pas venu, je le crains ; mais j'espère
Que la France vous garde un foyer tutélaire.
Il ne dépendra pas de nous que l'Empereur,
Par sa famille, soit longtems dans le malheur.
Au reste le Roi veut vous recevoir, Madame.
Vous l'en avez prié ; c'est lui qui vous réclame ;
Venez donc.

       —Il se peut ? remerciez le Roi ;
Sans doute vous devez le revoir avant moi.

   Perrier incontinent quitta la reine Hortense.
La proscrite eut au cœur nn rayon d'espérance
Et sans rien calculer, c'est le plus sûr moyen,
Elle se présenta chez le Roi-citoyen.
Dès que Louis-Philippe aperçut l'exilée :
— Soyez la bien venue, ô Reine désolée.
Comme vous, j'ai connu l'exil et le malheur ;
Mais je vous garde un vif sentiment dans le cœur.
N'est-ce pas, en effet, grâce à votre influence,
Que ma mère et ma sœur purent rester en France
Durant mil huit cent quinze ? et si j'étais tout seul,
J'éloignerais de vous l'exil, ce lourd linceuil ;
Mais mes ministres…

       —Oh ! ce mot m'a réjouie.
Il est si doux au cœur de revoir sa patrie ;
De prendre l'air natal ; d'aller prier aux lieux
Où dorment du repos les cendres des aïeux ;

D'entendre le matin assise, à sa fenêtre,

Les mille voix que Dieu nous y fesait connaître ;

De rencontrer partout des visages qu'on sait,

Comme au tems où la vie heureuse s'y passait ;

De trouver, sous sa main, quelque sainte infortune

A qui l'on puisse tendre une main sans rancune...

Cela m'est difficile ; on doit bien y songer !

Nous surtout qui tenons l'exil de l'étranger.

Mais me permettrez-vous enfin de vous le dire,

Sans amertume et sans le moindre fiel ; oui, Sire,

Je ne comprends pas bien, Reine en des temps meilleurs,

Que les persécutés et les persécuteurs,

Enveloppés ensemble en la même mesure,

Partagent de l'exil la même flétrissure.

Les Bourbons qui nous ont proscrits sont exilés ;

Leur exil ne nous a-t-il donc pas rappelés ?

C'est bien là cependant la logique des choses ;

Eux et nous ne pouvons marcher aux mêmes clauses.

— Non ! le bon droit réclame impérieusement

Qu'on dédouble la loi d'un tel bannissement.

C'est mon intention formelle ; sous mon règne

Je ne veux point d'exil ; le vôtre à mon cœur saigne.

Je me rappelle tout ce qu'aussi j'ai souffert.

Là, l'azur le plus clair est un ciel bien couvert !

Quoiqu'on soit philosophe... il m'a fallu pour vivre

Me faire professeur.... j'étais un triste livre !...

Chacun de mes feuillets contenait un ennui ;
Je me souviens de tous mes chagrins aujourd'hui.
Je les ferai cesser en effaçant les vôtres ;
Je ne veux point tenir mon exemple des autres ;
Et pour vous le prouver : vos affaires vont mal,
Donnez-moi, sur ce chef, votre petit journal ;
Je conduis, pour ma part, assez bien une affaire ;
Je m'offre ; acceptez-moi pour votre mandataire.
— Oh ! sire, moins pour nous que pour la nation,
Je verrai de grand cœur la réparation.

L'entretien finit là. Pour alléger la peine
D'une Reine, le Roi lui présenta la Reine
Et sa sœur. Toutes deux riches d'âme et de cœur,
Joyau presque égaré sur le front du bonheur.
Mais ces trois âmes là pouvaient se bien comprendre.
Dire ce qui se dit je ne pourrais le rendre ;
Trois femmes en causant ainsi, dans le secret,
Échangent de ces mots qu'aucun homme ne sait.
   Tandis que tout venait ranimer l'espérance
De la Reine, son fils brisé par la souffrance
Était rentré ; la fièvre, en ses accès ardents
Remuant tout son corps, fesait claquer ses dents.
Hortense le trouva parlant dans le délire ;
Royauté de juillet, peuples aux fers, Empire...
Ces mots, en s'alternant sans ordre, sur sa voix,

Pesaient sur sa poitrine ainsi qu'eût fait un poids.

Sa mère en le voyant : « Toujours une souffrance

Me viendra-t-elle donc détruire une espérance ?

O mon Dieu, pour ce fils j'espérais tant du roi ;

Faut-il qu'en ce moment j'en désespère, moi ?

C'est une fièvre chaude ! en vain mon cœur de mère

Prétendrait s'étourdir !... O mon Dieu, ta colère

Poursuivra-t-elle ainsi celle qui du passé

Ne garde que son cœur sur ce fils délaissé ?

Nous le réchapperons, n'est-ce pas ?

                                    A cette heure

La respiration du Prince fut meilleure.

Il ouvrit ses grands yeux ;

                              — Me voici près de toi,

Louis, bonne nouvelle !.. enfin j'ai vu le Roi.

—Aussi moi je l'ai vu : j'ai vu le Roi, ma mère ;

Hélas ! je voudrais être à mille pieds sous terre.

J'ai vu le roi, ma mère..

                           — Et je quitte à l'instant

Le château.

                  — Ce matin j'en avais fait autant.

—Se peut-il ?

                — Oui.

                  — Comment ?

                      —Moi sans autre artifice

J'allai me proposer pour prendre du service

— Eh bien ?

—Il est meilleur renard que citoyen.

Vous aviez bien raison ; pour lui tout est moyen.

Il ne sait rien comprendre aux intentions grandes.

Voüs verrez !

       —Il m'a dit des choses...

                      — Contrebandes !...

Vous verrez !

       Et des pleurs roulèrent dans ses yeux ;

Ainsi font en passant les nuages aux cieux.

Ils disaient ; Casimir Perrier, premier ministre

Dans les calculs blafards de cet homme sinistre,

Se présentant, sitôt fut introduit ; soudain :

— A notre grand regret vous partirez demain,

Madame.

      — Mais le roi, reprit soudain la reine...

— Le roi vous fait partir ; c'est à sa grande peine...

Le grand chancelier Barthe, enfin ajouta-t-il,

Invoque contre vous la dure loi d'exil.

— Nous sommes au cinq mai, demain hors de la France,

Monsieur, j'irai cacher mon fils et ma souffrance.

Perrier se retira, non sans laisser des mots

De consolation, véritables ou faux.

— Du courage, ma mère, il en faut ! dit le Prince,

Puisque du sol natal cette loi nous évince ;

Dieu, qui prime la loi, nous mettra dans le cœur

                          8

Assez de force pour porter cette douleur.

La reine disposa tout pour suivre cet ordre.
La fièvre ne cessait sur le Prince de mordre ;
Mais un sommeil profond l'ayant bercé la nuit,
Sa mère vint s'asseoir à son chevet, sans bruit.
Discrète, et calculant, par cette haleine chère,
Chaque pulsation que dût donner l'artère ;
Elle se dit :
        Le pouls n'est pas intermittent.
Il va mieux, laissons-le reposer un instant ;
La douce reine, à peine avait cessé de dire,
Que le Prince exprimait un gracieux sourire,
Une larme de joie alors jaillit du cœur
De la garde-malade, heureuse en son malheur.
Plus la chair de l'homme est par le mal abattue,
Plus, ce semble, l'esprit est doué de claire vue ;
Aussi le Prince vit surgir de son duvet
L'empereur, qui se vint asseoir à son chevet,
Il portait seulement sa redingote grise :
« Je serai près de toi, Louis, en chaque crise ;
Partout où tu seras dans un péril, j'irai ;
Suis ponctuellement ce que je te dirai.
Le danger d'aujourd'hui, n'est pas pour ta personne,
Ce que l'on craint surtout, c'est moi, par ma couronne,
Je la tenais du peuple ; et voilà la raison
Pour laquelle on sévit, même contre mon nom.

Mais le roi citoyen, c'est ainsi qu'on le nomme,
Prouve par ton exil la faiblesse de l'homme ;
Il sent qu'un tour de main n'est pas l'élection ;
Et que Paris d'hier n'est pas la nation.
L'auréole, d'ailleurs, de l'infortune est vive ;
Tout front en la portant, grandit en perspective :
Pour dominer un siècle, il faut ce triple appas ;
Le prestige du nom, des vertus et du bras.
D'Orléans porte un nom qui va mal à la France,
Avec le royalisme, il n'a plus d'alliance ;
Le républicanisme en lui voit un Bourbon ;
Le peuple n'en sait qu'un de grand : Napoléon.
Des talents ! il en a si l'on compte l'adresse ;
Quant au bras, notre exil prouve assez sa détresse.
Vois plutôt ! ce roi règne et ne gouverne pas ;
Le pays sait donc bien le peu que vaut son bras.
Il s'est privé du seul éclat qui l'eût fait vivre ;
Mon nom ! Mais son vain titre à son insu l'enivre,
Dieu te garde plus tard ce qui lui manque à lui :
La consécration de la foi pour appui,
Mais en portant mon nom, il faut t'en rendre digne ;
En tout ce que j'ai fait il faut suivre ma ligne :
Épurer au creuset de l'étude ton cœur ;
D'un regard bienveillant, consoler le malheur ;
Tendre à tout exilé ta droite secourable ;
L'abriter sous ton toit et l'asseoir à ta table ;

Donner une leçon de haute charité
A ceux qui contre nous prêchent sévérité.
Je te laisse...
              A ces mots une foule innombrable
D'hommes de tous métiers, phalange formidable.
Se pressa devant lui, chacun tenant, en main,
Un carré de papier qu'ils jetèrent ; soudain,
Ainsi qu'aux jours d'hiver quand la nue onduleuse
Tombe, crève et voltige en neige floconneuse
Dont le vent fait tourner en tourbillons joyeux
Les milliers de points blancs qui tombent dans les yeux,
Ainsi, dans ce moment ces papiers folâtrèrent
Epars ; du ciel au sol, du sol au ciel tournèrent,
Jusqu'à ce qu'enfin tous, et morceau par morceau,
Vinssent se concentrer dans un même monceau.
Et sur le total fait de ces milliers de mille
L'œil le moins scrutateur, pour peu qu'il fût docile,
Eût pu lire ou du moins épeler un grand nom ;
Le sien mieux exercé voyait : Napoléon !
   Le Prince s'éveilla. l'aube naissait à peine ;
Il trouva près de lui sa mère ; alors la reine,
Toute à l'affection de son cœur, l'embrassa ;
Et sur son cœur de fils le Prince l'enlaça.
—Ah ! mère, nous partons, dans mon âme tout chante.
   Du filial amour expression touchante !..
— Comme te voila gai !

                — Je vais mieux. Nous serons
Plus contents tous les deux quand nous traverserons
Le détroit ; car ici je crains pour vous, ma mère.
Je ne dis pas adieu pourtant à cette terre ;
J'y reviendrai, plus tard ; avec vous, n'est-ce pas ?
Allons ! mère, partons... La poste est-elle en bas ?

    Dix jours après, le Prince et sa mère, dans Londre
Promenaient tous les deux ; c'était là bien répondre !..
Mais, encore soumis à la loi des suspects,
Ils étaient entourés d'émissaires abjects,
Qui fesaient miroiter, cauteleuse influence,
A ses yeux un retour immédiat en France ;
Mais lui : « J'ai demandé tout récemment au roi
Qu'il me prît au service ; il ne veut pas de moi.
Qu'attendez-vous? que j'aille, étourdîment jeune homme,
Porter ambitieux ma main sur ce royaume ?
Vous vous trompez, messieurs, ou vous n'entendez rien
A ce qui se fait mal, à ce qui se fait bien.
Vous me dites : Ce roi n'est pas ; on le tolère !
Le peuple, en le voyant, rugit avec colère !
Mais le peuple m'a-t-il nommé ? pas plus que lui...
Que puis-je donc aller réclamer aujourd'hui ?
Ah ! que le peuple un jour, dans sa volonté libre,
M'élise ! et l'on verra si pour lui mon cœur vibre ;
On verra si je suis comme était l'Empereur :

Expansif au talent, secourable au malheur.
Jusque-là je dois donc laisser faire à la France,
Souffre-t-elle ? l'exil m'unit à sa souffrance ;
Est-elle heureuse ? moi je n'entends ni troubler
Son repos par mon chef, ni la faire trembler.

    Ainsi proscrit de France, en butte en Angleterre
Aux perfides conseils des perfides, sa mère,
Ange placé par Dieu pour veiller sur son sort,
L'éloigna de ces lieux, moins calme mais plus fort.
Les voici parias après mil huit cent trente
Comme en 1815 avec la vie errante,
Cherchant partout le calme et ne le trouvant pas ;
Et toujours rejetés d'empires en états.
En quelqu'endroit qu'il vînt un fantôme livide
Se posait devant lui, triste ; c'était le vide !
Vide que l'on faisait autour de son ennui ;
Vide que par prudence il savait doubler, lui !

    Tandis qu'on pourchassait de rivage en contrée
L'empire à qui chacun refusait droit d'entrée ;
En France, les amis du grand homme sondaient
Les esprits et tout haut dans leur âme grondaient.
La Pologne venait de tomber lourde et vite,
Sous les ongles crochus de l'aigle moscovite,
Juste au même moment où le roi des Français
Annonçait pour ce peuple un glorieux succès.

Involontairement la France en sa mémoire
Évoqua sur ce fait l'impériale histoire,
Et traduisit bientôt ses mécontentements
Par l'émeute bruyante aux lourds rassemblements.
Ceux de la vieille armée allaient dans chaque groupe
Présentant ce nouveau déshonneur à la loupe,
Pleurant de voir la France ainsi subir l'affront
Que le sabre du czar appliquait à son front.
Mais si sur son honneur la France est chatouilleuse,
Son premier feu tombé, la France est oublieuse ;
La Pologne n'était plus qu'un vaste cercueil,
La France n'en porta que peu de jours le deuil.
Contre un fait accompli rarement on s'y cambre ;
Puis Casimir Perrier se chargea de la chambre ;
Le reste s'éteignit dans la rue, et ce feu
Si turbulent d'abord s'amortit avant peu.
   Toutefois à cet acte on tâcha de répondre,
Les ministres longtemps furent à s'y morfondre,
Lorsque Louis-Philippe, adroit spéculateur :
« Il faut sur son trophée ériger l'Empereur,
Dit-il, par ce héros debout sur la colonne,
Outre le beau relief qu'en aura ma couronne,
Nous relions à nous tout un parti, qui sent
Que le grand capitaine est de nos murs absent.
   Un bravo favorable accueillit cette idée.
« Puis comment croira-t-on la France intimidée, »

Poursuivit-il, alors qu'on aura mis chez nous,
Le géant d'Austerlitz qui les écrasa tous.

La question était par ce seul mot tranchée,
D'un calcul dynastique elle était entachée ;
Qu'importe ! lorsque Dieu n'a pas voix dans un plaid,
Son dessein tôt ou tard en prend ce qui lui plaît.

Salut ! bronze du grand Alexandre moderne !
Permets que devant toi ma muse se prosterne,
Elle qui, l'œil fermé sur le soleil levant,
Dans les ombres du soir l'ouvre le plus souvent.
Pour moi ton crépuscule est une vive aurore.
L'Europe t'avait pris pour un vain météore
Qu'elle voulut éteindre aux feux de l'Équateur;
Te voila dans Paris, toi son grand protecteur !
La France recevait un soufflet sur les joues ;
Ce contre coup du Czar, c'est toi qui le déjoues ;
O destin inoui ! qu'on ait recours à toi
Sitôt que d'un affront il faut laver ce Roi !
De ton vivant tu sus, magnifique assistance,
Faire écouter ton peuple et respecter la France ;
Couché dans le cercueil, c'est toi, nouveau César,
Qui plonges au fourreau le sabre lourd du czar.
L'étranger, d'aussi loin qu'il aperçoit ton ombre,
Incline son orgueil et son front devient sombre,
Lui qui ne put sans peur, devant la majesté

Du tien, supporter même un éclair diffracté.
Reste là, bronze, reste, épouvantail magique
Des trônes; et du peuple avénement logique ;
Reste ! la France un jour aura recours à toi
Quand un sauve-qui-peut l'aura mise en émoi.

Le bronze était debout, sur la haute spirale
Déroulant à ses flancs la marche triomphale
De la France, au milieu de cent peuples surpris,
Et dont ce bronze seul contenait tout le prix.
Chacun, joyeux et fier au pied de la colonne,
Vint offrir le tribut de son âme en couronne;
Mais celle qu'on sentait sous le petit chapeau,
Ralliant tous les cœurs, en devint le drapeau.
La Pologne un moment à la France liée,
Pour l'aigle de Wagram fut bientôt oubliée ;
Et laissant au passé ce qu'il doit contenir
Plus d'un regard s'alla fixer sur l'avenir :
L'exil de la famille impériale. L'âme
De l'Empereur, brillant ici comme une flamme
A tous les yeux, tombait de ce sommet d'honneur,
Sur le front d'Orléans en sarcasme moqueur.
L'un, le banni, rendait son prestige à la France;
L'autre, le bannisseur, ôtait toute espérance
Aux neveux comme au fils du géant encensé ;
Ce contraste frappa l'esprit le moins sensé.

Car il est des moments que Dieu de loin prépare
Dans son conseil, où tout esprit d'homme s'égare ;
La mort allait servir en ce jour son dessein,
Et faire d'un grand père un royal assassin.
Qu'il l'ait été, qu'importe ! Il est de ces croyances,
Sur terre, que le ciel couve en ses prévoyances ;
Or, François II d'Autriche en porta le reflux...
Comment ? C'est que le Roi de Rome n'était plus.

Noble front, éclipsé dans le tudesque Louvre,
Un mur, plus noir que ceux de ta prison, te couvre ;
Ce mur, que l'on baptise en le nommant caveaux,
Fit suite aux salons d'or qui furent tes cachots.
Tous deux également t'auront été funèbres ;
Tous deux, par tes malheurs, doivent rester célèbres ;
De la célébrité triste, que les méfaits
Jettent sur ton aïeul maternel comme un faix !
Dors-y du moins en paix, puisqu'ils sont ton seul trône,
Toi qui pouvais avoir l'Europe pour couronne,
Si le souffle du Nord n'eût point passé fatal
Sur le front qui t'aurait servi de piédestal...

Louis-Philippe vit dans cette mort, qui saigne
Dans plus d'un cœur encore, un succès pour son règne.
Dieu, lui, n'en pensait point ainsi, malgré le Roi ;
La France entrevit bien quelque chose : mais quoi ?...

Je vais vous l'expliquer : la nation française
Ne pouvait pas vouloir de la tudesque glaise.
Il lui fallait un sang entièrement français
Pour prétendre à régler son destin désormais.
Le Roi de Rome était fils d'une autrichienne,
Qui trahit l'Empereur en laissant faire à Vienne ;
Et le peuple eût senti, dans son instinct changé,
Quelque répulsion pour ce sang mélangé.
Il ne pouvait vouloir qu'une autre dynastie,
Que la sienne à lui-même, enchevêtrât sa vie ;
Il lui fallait qu'il pût distiller, dans son cœur,
Le sang d'une française à son sang-Empereur.
Ce sang, il existait en chair, en os, en âme ;
Sang d'un homme de bien et d'une noble femme ;
Sang pris d'un Bonaparte et d'une Beauharnais,
Sang qui put seul vibrer sur le sang du français.
Dieu le vit ; il laissa la mort faire son œuvre ;
Frappa d'aveuglement l'œil du royal manœuvre ;
Si bien que tout regard attentif se tournait
Vers Arenembert où son élu séjournait.

    Lui, le prédestiné du ciel et de la terre,
Y dépensait ses jours, studieux, solitaire,
Comme en la Thébaïde autrefois St. Bruno,
Reliant les esprits de son âme *in uno*.
C'est là que dans l'étude active, autre prière,
Il sondait du passé la douteuse lumière,

Et tirait du présent, qui la doit contenir,
La règle qui devait aligner l'avenir.
De sa tête un matin deux longs éclairs jaillirent ;
Les rois, en les voyant, d'étonnement faillirent ;
L'un science du canon, l'autre ordre social ;
Double reflet sacrant le front impérial !
On s'émut ! lui, plus fort de cette double palme,
Devant l'émotion pavide, reste calme ;
Attend ; et n'a plus d'autre attraction au cœur
Que d'aller épancher son flux sur le malheur.
Il voit de tous côtés menés, comme une plèbe,
Les peuples, s'agitant dans une rude glèbe,
Se lever et tomber, après de vains efforts,
La bouche ensanglantée et noire sous le mors ;
Les nobles cœurs, vibrant au saint nom de patrie,
Proscrits et mendiant sur l'Europe flétrie ,
Il les suit du regard ; et se met en chemin
Pour abréger leur route en leur tendant la main.
    Un jour, près de Constance, un fils de Varsovie
Se présente, traînant sa souffreteuse vie ;
Il est jeune ; sa tête est inclinée au sol ;
Son œil, fixe au cerveau, semble prendre son vol ;
Il trace avec ses pieds un sillon sur sa route ;
Son âge intéressant à son malheur ajoute.
Napoléon-Louis le voit, lui parle :— Hélas !
Si jeune et si souffrant où portez-vous vos pas ?

—En France, cette terre est sœur de la Pologne,
Et je suis Polonais ; si là-bas on nous rogne
Les ongles et le cœur, en France...
                                        —Croyez-moi,
N'allez pas plus avant, et gardez votre foi.
Proscrit, un exilé peut avec vous s'entendre ;
C'est chez moi, saint martyr, que vous devez descendre ;
Là vous rencontrerez sympathie et douleur.
—Comment vous nomme-t-on ?
                                        Neveu de l'Empereur.
— Napoléon Louis ! Oh ! combien tous mes frères
Et moi ! n'avons-nous pas gémi de vos misères !...
O neveu du grand homme, et par nous pressenti,
Nos steppes ont souvent de ce nom retenti.
La liberté n'est donc qu'une ombre mensongère,
Pour que je vous rencontre en la terre étrangère ?
Je vous croyais en France et je vous trouve ici !
—Comme sur la Vistule on nous exile aussi,
Je rends grâces au ciel qui du moins nous fait vivre,
Pour ouvrir nos deux cœurs, feuillets du même livre,
Livre de la patrie !
                                        —Oh ! oui, livre fermé
Sur mes yeux ; et pourtant je l'ai toujours aimé...
—Venez, vous êtes las, un peu de solitude
Convient à votre corps brisé de lassitude ;
Et puis ma mère est là qui vous traitera bien ;

Entre nous deux je sens qu'il existe un lien.

   Stanislas hésitait; le Prince en sa calèche

L'ayant assis, la fit voler comme une flèche.

Tel on vit autrefois à la course des chars

Les rivaux disputer les prix et les regards.

Après quelques élans de cette course allègre,

La porte sur ses gonds criait de sa voix aigre ;

La reine vit entrer le prince et vint vers lui.

— Ma mère, j'ai gagné ma journée aujourd'hui ;

Ce jeune homme est proscrit; il vient de la Vistule.

— L'horizon du foyer devant vos yeux recule,

Dit la reine, soyez le bien venu chez nous.

Les hommes malheureux sont frères, voyez-vous !

Sans doute que là-bas vous avez une mère ;

Elle pleure à son fils...

              —Oh! oui.

                   — Votre misère

Plus que la nôtre est grande... oh ! je m'efforcerai

De remplacer pour vous ce cœur ; j'y parviendrai,

Non pas sans peine ; un fils auprès d'une autre femme

Sent malgré tout, qu'il n'a que la moitié d'une âme.

Celle que je vous offre est libre par celui

De mes enfants aimés qui me manque aujourd'hui ;

Remplacez, s'il se peut, près de mon fils son frère,

Vous trouverez ainsi votre seconde mère ;

Le voulez-vous ?

—O cœur royalement doté !

Le mal d'isolement, vous me l'avez ôté.

Que la droite de Dieu couvre cette demeure !

Que son esprit vous garde à votre dernière heure !

   Et, dans un pleur touchant, sa voix disait :

                          Seigneur,

Cette Reine est un ange, et son fils un bon cœur !...

   De ce moment, son sort fut moitié moins contraire.

A quelque temps de là, le jour anniversaire,

Fête de l'Empereur, se levait, pour ce lieu,

Depuis longs jours marqué par la droite de Dieu.

Cette solennité, toute nationale,

Quoiqu'intime, semblable au parfum qui s'exhale

Du calice des fleurs aux endroits écartés,

Rassemblait un petit nombre d'amis comptés.

Le couvert eut, ce jour, dix H couronnées,

Des meilleurs mets du cœur toutes assaisonnées ;

Car vous n'attendez pas qu'au fumet retenu,

Je vous esquisse ici l'ensemble du menu.

La Reine, un vieux soldat fier de sa cicatrice,

Le colonel Dufour près d'une ambassadrice,

Un inconnu, le prince, ici l'ambassadeur,

Une dame, un jeune homme à la maigre pâleur :

C'était le Polonais, un fils de Lombardie,

A l'œil étincelant, à la tête hardie.

On causa sans façon ; lorsque vint le dessert,
Parquin le balafré, devenu plus disert,
Se prit à célébrer Paris-mil huit cent trente.
— Vive au peuple français ! dit d'une voix stridente
Le malade resté jusque là pâle et froid.
— Oui ; celui qui battit pour la cause du droit ;
Reprit l'italien.
                         Ne croyez pas qu'il change !
Cria le balafré.
                         Il n'a que pris le change ;
Dit le Prince, en donnant à sa voix moins d'éclat,
Il n'a pas bien compris, mais il n'est pas ingrat.
— Sans doute, fit la reine, et d'ailleurs en ce monde
Sait-on qui démolit et sait-on mieux qui fonde ?
L'Empereur le disait : dans tout événement
Le hasard est beaucoup ; et c'est mon sentiment.
Tout n'est pas au plus mal ; Louis-Philippe, en homme
Profondément adroit, a fait pour son royaume
Un acte, qui lui vaut presque une ovation :
Il a fait accepter la révolution
Par les cours de l'Europe ! et c'est bien quelque chose.
     Parquin levant son verre en prenant une pose,
Comme un homme agité par un souffle puissant,
Interpella soudain le Prince en lui disant :
     Jusques à quand enfin serons-nous dans l'attente ?
Sire ! on vous a donc dit : la patrie est contente ;

Restez dans le repos ; frappez-vous d'abandon !
A qui dirait cela moi je dirais : Pardon !
Annibal à Capoue a forfait à Carthage
Napoléon III, lui, forfait à l'héritage
Du grand homme, s'il reste insensible aux efforts
Que le monde a pour lui faits dans de saints transports.
Ici que faites-vous, héritier de l'empire?
Oh ! je sais, comme vous, ce que vous m'allez dire :
Vous travaillez ! mais nous ? nous sommes inactifs ;
Jadis avec lui grands, pour le moment chétifs.
Le travail de la plume est fatigant, j'avoue ;
Prenez garde qu'il soit la moderne Capoue !
C'est l'épée à la main que j'ai vu l'Empereur
Dicter dans quatre cours ses décrets en vainqueur.
La France vous réclame aujourd'hui, par moi : sire,
Levez-vous ! levez-vous, héritier de l'empire.
— Permettez, commandant, dit la reine à son tour :
La France dort en paix ; prouvons-lui notre amour
Non point en promenant sur ses terres le glaive ;
Il se brise souvent dans la main qui le lève.
Expions, Dieu le veut, nos triomphes passés ;
Souffrons patiemment l'exil ; c'est bien assez.
    Le champagne parut ; le balafré de dire :
— A la honte du peuple ! il a livré l'empire.
— A l'Empereur, messieurs ! dit la reine.

A ces mots :

— Napoléon-Louis, goûtez cet à propos !
Cria le commandant, votre mère l'ordonne
Quel jour vous rendons-nous, Sire, votre couronne ?
—Commandant, commandant, vous parlez au présent,
Je parlais du passé...

      —Soit, mais s'il est absent ?
Il l'est, puisque le trône est dans des mains profanes.
—Ils sont plus malheureux que nous dans nos savanes,
Tous ces heureux du jour ; les martyrs ont leur prix !
La France entre eux et nous juge ; ils y seront pris.
C'est par l'élection que Napoléon brille !
Voilà pourquoi du sol on exclut sa famille ;
Mais le pays nous aime.

      —Oh ! oui, Madame !

         —Alors
Malgré notre fortune absente, soyons forts.
— Commandant, commandant ! je crois à vos paroles,
Dit le prince, et pourtant vous confondez deux rôles :
Le mien est de porter noblement le malheur ;
Aux aigles appartient en tout temps tout honneur.
Lorsqu'il en sera l'heure, à ceux vivant des seigles,
J'irai, vous mon second, leur faire voir nos aigles.
Les aigles ! voilà tout ce qui me soit permis...
— Qu'elles nous montrent donc un second Austerlitz.
 Le ciel était splendide et déjà le mystère
De ses voiles laqués enveloppait la terre.

Seulement au couchant, un long réseau de feu

Saluait l'horizon d'un fraternel adieu.

La reine conduisit son monde à l'avenue,

D'où, sur Imatinghen, se promène la vue.

Chacun s'extasiait sur ce riche tableau,

Quand surgit du couchant un incident nouveau :

Un nuage isolé se groupa dans l'espace,

Ainsi qu'un rocher d'or immobile à sa place ;

Ses formes variaient lentement, lorsqu'enfin

Sur son sommet, formé par un rayon sans fin,

On vit se dessiner une énorme stature,

Ayant de l'Empereur le galbe et la figure ;

Il semblait assis là dormant les bras croisés,

Et tenant en sa main quelques écrits froissés ;

Les hôtes de la reine en furent dans l'extase.

Parquin plus qu'aucun autre admira cette phase

De l'incident : — Tenez, c'était l'un de ses lits ;

C'est ainsi qu'il dormait la veille d'Austerlitz !...

    Le prince lui pressa la main... La nuit entière

Ce tableau miroita brumeux sur sa paupière :

« Il est là, dans sa gloire et je suis dans l'exil ;

Des choses d'ici-bas, c'est le changeant profil. »

    Et puis il repassa dans sa pensée ardente

Du commandant Parquin l'apostrophe stridente,

Que peut-être aujourd'hui, d'un ton non moins disert,

Répète en frissonnant, l'écho d'Arenemberg !...

CINQUIÈME CHANT.

Qu'augurer et que faire ? Est-ce l'heure attendue ;
La nation est-elle à la France rendue ;
Ou l'étranger encore occupe-t-il le sol
Vers lequel l'aigle enfin veut diriger mon vol ?
Que vais-je être ? Complot ! Ce rôle est misérable ;
Prétendant ? Celui-ci serait plus favorable ;
Et cependant, malgré l'acte additionnel,
Qui me confère un droit constitutionnel,
Basé sur des millions de votes, je l'avoue,
Ce n'est pas pour si peu que la France se joue.

Pour agiter un peuple il faut d'autres raisons
Que d'individuels et lointains horizons.
L'Empereur et son fils ne sont plus ; la couronne
Impériale est-elle échue à ma personne ?
Oui, par droit successif ; mais le pays veut-il
De mon droit sur le trône, ou de moi dans l'exil ?
Car enfin si ce droit, ayant pour base un vote,
Je m'en fais une épée, à mon tour j'escamote
La libre expression du présent, effacé
Sous la volonté libre et morte du passé.
Je me rattache alors au droit héréditaire,
Et rendant du passé le présent tributaire
J'agirais comme ont fait l'étranger et Bourbon,
Moi qui veux délier la grande nation !
Je n'invoquerai point de droits envers la France !
La France a seule droit à toute préférence.
Seulement elle peut, je dis plus : elle doit
S'exprimer aujourd'hui librement sur son droit !
Droit de tout peuple libre et de tout peuple esclave ;
Droit qu'exerce l'Eglise au sein de son conclave ;
Droit que mil huit cent quatre et que 89
Ont exprimé tous deux, l'un époux, l'autre veuf ;
Droit que ne prescrit point un pacte de famille ;
Droit qui, sur l'horizon des événements brille
Comme un phare allumé pour guider le vaisseau
Des états ballottés au caprice de l'eau.

Mon but n'est plus douteux : interroger la France,

Lui demander sur qui frappe sa préférence,

Lui faire flairer l'aigle auprès du coq gaulois,

Lui dire qu'il est temps qu'elle fixe son choix,

L'entendre et l'écouter, au gré de sa parole

Dans son intérêt seul prendre, pour elle, un rôle,

Lui rendre son empire ou reprendre l'exil

Sans pourtant qu'il s'en suive un seul coup de fusil.

     Ainsi chantait le Prince, à son plan charitable.

Il avait devant lui, défaites sur la table,

Des lettres par monceaux qu'il recevait de ceux

Qui de loin acclamaient l'empire de leur vœux.

« On m'appelle ; on m'attend ; peut-être on me provoque

Pour me faire tomber sous le nom qu'on invoque,

Pour changer mon exil en quelque âpre prison,

Ou pour me refouler plus loin à l'horizon…

Qu'importe le destin ? la France n'est pas libre.

La liberté longtemps a fait vibrer sa fibre.

La France! mon pays, se dévouer pour toi;

Voilà ma destinée et ma raison, à moi !

J'irai te présenter ton aigle ; c'est ton âme !

De ton drame immortel c'est le vivant programme ;

C'est ton droit, s'envolant du sang de tes héros,

Qui s'assit en symbole au front de tes drapeaux ;

Ton aigle! c'est le peuple au sortir de tes langes

Balayant, comme Hercule et la boue et les fanges ;

Ton aigle! c'est toi-même, ô France ! allons changer
En dignité, l'affront que te fit l'étranger !
Elle se ralliera Paris et la province,
Froissera les traités faits en 1815,
Je ne demande, moi, pour mon unique bien,
Que l'honneur de t'avoir fait ressaisir le tien !...

Il disait; on sonna. Quelques hommes parurent,
Marchèrent vers sa tente, ou plutôt y coururent;
Car le Prince habitait un pavillon, bâti
Sous forme d'un bivac et dans un coin blotti ;
Suave attention de l'âme d'une mère
Lui rappelant de Thun le camp plus militaire
Et sorte de symbole annonçant, pensait-il,
Qu'il n'était que comme un passager dans l'exil.
Il les reçut au seuil :
                          Vous voici tous à l'heure.
Depuis longtemps je n'en ai point eu de meilleure.
Vous, colonel Vaudrey, Parquin, de Persigny,
De Querelles, de Bruc, de Grécourt et Laity,
Soyez tous bien venus ; entrez. C'est là ma tente ;
Sorte de camp-volant, je l'aime et m'en contente.
Ils entrèrent ; sitôt le commandant Parquin :
    — A Napoléon III, salut !
                          C'est trop matin,
Commandant ; j'ai besoin de vous ouvrir mon âme

Et de vous exposer avant tout mon programme.
Voici tout le monceau des plis que je reçois ;
Ils me font tous valoir ce qu'on nomme mes droits.
On ne comprendrait pas un mot de ma pensée,
Si l'on peut supposer que mon âme abaissée
Consente à se jeter dans un grand mouvement,
Plus par ambition que par pur dévoûment.
Je ne suis rien, messieurs ; tout, pour moi, c'est la France,
Je veux bien, comme vous, tenter sa délivrance ;
Mais ne supposez pas que, par un coup de main,
Je veuille l'agiter pour faire mon chemin.
Les révolutions des peuples ne sont bonnes
Qu'autant qu'elles se font sans viser aux personnes,
Mais quand l'intérêt seul des masses les conduit
Et met un pouvoir vrai sur le faux qu'on détruit.
Malheur au changement qui se fait pour un homme.
Dans l'histoire prenez Sparte, Athênes et Rome.
Combien de calculs vrais ne s'y sont pas battus !
Pour mon compte je n'ai jamais compris Brutus.
Comment ? César était pour le peuple une idole,
Divin César ! voila quelle était la parole ;
Il avait triomphé des Cimbres, des Teutons,
Des Gaulois de la Seine et des têtus Bretons ;
Délivré la cité de la guerre intestine,
Un seul homme : Brutus condamne ; on l'assassine !
C'est odieux ! ce coup de lèze-nation

L'histoire le célèbre ; abomination !
Sachons mieux profiter de l'exemple de Rome.
Mais lorsqu'un peuple entier est courbé sous un homme
Qui règne, faudra-t-il saisir l'autorité ?
Non ; ce serait un cas de lèze-majesté.
Que faut-il faire alors ? se présenter et dire :
Voulez-vous un royaume ou voulez-vous l'empire ;
Le quasi-droit divin tuant la nation,
Ou l'empire exprimant la révolution
Non point dans ce qu'elle eut d'égarements terribles ;
Mais dans ses éléments sociaux et paisibles ;
Car aujourd'hui pour toi, France, sache-le bien :
La révolution c'est l'ordre ou ce n'est rien.
Après quatre-vingt-neuf elle était en délire ;
La révolution fut grande avec l'empire.
L'empire c'est toi, peuple, en toi seul concentré,
La royauté c'est toi ; mais c'est toi déserté.
Choisis donc, mais choisis ! un chêne n'a sa force
Que quand le cœur du bois se relie à l'écorce ;
Un peuple, lui, n'est fort que du jour où sa voix
D'un pouvoir qu'il acclame a fait un libre choix.
C'est donc l'élection, âme démocratique,
Qu'on ne doit pas confondre avec la république,
Qu'il nous faut présenter au pays en son nom ;
Voila tout mon projet, qu'il réussisse ou non.

Qui pourrait, dit Vaudrey, méconnaitre en vous, Sire,

Le digne et légitime héritier de l'empire !
Le mot, comme un éclair, jaillit de votre cœur ;
Qui mieux que vous saurait remplacer l'Empereur?
Lorsque pour la patrie ainsi l'on se dévoue,
Oh! la France serait ingrate, je l'avoue,
Si, jetant le regard sur tout autre que vous,
Elle lui confiait les intérêts de tous.
Sire, le pays cherche ; il lui faut montrer l'homme
Qu'elle ne connaît pas, car à peine on le nomme ;
Mais, pour le lui montrer, il faut prendre un parti :
Elle ne peut venir le déterrer ici.
Oh! quand je vois là-bas l'égoïsme et l'intrigue
Dépenser le pays comme l'enfant prodigue,
Renverser, un sur un, les nobles sentiments
D'un grand peuple, tout plein de bons entraînements ;
Avilir la pensée aux intérêts sordides ;
Abrutir l'âme noble, et la couvrir de rides ;
Faire de la jeunesse un avide vieillard ;
Livrer le lendemain aux chances du hasard ;
Promettre ! et ne tenir que ce qui sert la cause
Des vieux roués, attachés à sa mesquine chose ;
Et qu'ici nous trouvons un cœur intelligent,
Sire, nous vous dirons : Soyez plus diligent.
Montrez-vous au pays ; faites-lui voir votre aigle,
Puisque vous nous voulez imposer cette règle ;
Le pays comprendra, car il souffre ; et je vois

D'ici la France entière accueillir votre voix.

Persigny reprenant : Sans brusquer rien, je pense
Que, sous peu, vous devez interroger la France.
Depuis longtemps, j'observe, et je tiens pour certain,
Sire, que votre camp grossit chaque matin.
Les campagnes partout se souviennent encore
De la gloire attachée au drapeau tricolore,
Et rougissent de voir que, de peur d'un danger,
On fasse, sous ses plis, pacte avec l'étranger.
Si ce noble courant entraîne moins les villes,
Il y creuse pourtant bien des berges fertiles.
Près du trône les vieux généraux sont rangés ;
Ils flattent ; mais, au fond, ils ne sont pas changés.
Le commerce est à bas ; la finance fait grève ;
Le peuple est sans travail, et le bien-fond se grève.
Pour un seul homme ainsi toute la nation
Souffre ! C'est donc le cas d'une explication.
Vous ne manquerez point de sûrs auxiliaires.
Que dis-je ! Nous aurons deux appuis tutélaires :
La presse ! cette armée intelligente, qui,
De la démocratie, est la force aujourd'hui ;
L'armée, enfin, avec ces souvenirs de gloire ;
Cette presse, qui tire aux pages de l'histoire
Le long mémorial de cent hauts faits divers,
Que ses pieds ont gravés au sol de l'univers.

Que ces deux points d'appui nous servent donc de base,

Reprit le Prince, alors que la France nous lave ;
Mais point de sang versé ! ce sont là tous mes vœux.

   —Pour faire une omelette il faut casser des œufs;
Cria le commandant Parquin. Laity de dire :
—Qu'importe un peu de sang ! s'il en faut, qu'on en tire ;
Quant à moi, j'ouvrirai mes veines le premier.

   —Parquin ne serait pas, cria-t-il, le dernier.

   —Je dois céder, messieurs, à cet élan sublime ;
Mais si la France un jour voulait une victime,
Je me présenterais, holocauste avant vous,
Heureux de m'immoler pour le salut de tous.
Concertons bien nos plans. Strasbourg, ville frontière,
Sera notre pivot. Démocratique, altière,
Elle porte, indignée et pleine de courroux,
La révolution qui s'éloigne de nous.
Elle, qui combattit les hordes ennemies,
Salûra le début de nos aigles amies.
Vaudrey, peut-on compter sur votre régiment ?

   —Des autres il sera le point de ralîment.
L'Empereur dans ses rangs commença sa carrière ;
L'âme du grand génie y vit encore entière ;
Car on n'efface pas, par quelques gouttes d'eau,
Le sang que l'honneur met sur les plis d'un drapeau.

   C'est peu, Strasbourg unie à l'aigle impériale,
Nous réorganisons, garde nationale,
La jeunesse, formée en volontaires corps,

De nos rangs réguliers électriques renforts ;
Les hommes mariés surveileront la place.
Strasbourg ainsi formée entraînera l'Alsace.
Trois jours nous suffiront pour tout organiser.
De là nous parcourrons, toujours sans rien briser;
Des institutions que la France possède,
Et sans que nous prenions la révolte pour aide,
Les Vôges, la Lorraine et l Champagne ; enfin
Aux portes de Paris nous campons ; et soudain
Sans avoir rien tenté par l force brutale,
Nous faisons un appel à l'urne électorale ;
Le pays votera... Quel, qu'en soit le péril
Je restaure l'empire ou je rentre en exil.
Approuvez-vous ce plan ?

       Il y faut marcher ferme,
Répondit Persigny ; et sans plus autre terme,
Sire, tenez vous prêt ; et devant peu de jours
Nous nous réunirons, avec vous, à Strasbourg.

 Le prince s'avança devant la panoplie
Des fragments qu'il tenaide l'Empereur, sa vie !
Il fléchit le genou, pensif religieux ;
Et sur ces saints débris levant, calme, les yeux :

 Napoléon, c'est toi qu'veux ce sacrifice.
Je sens que pour le peuple il faut qu'il s'accomplisse ;
Car on l'a renversé de sa trône avec toi ;
Et tout m'apprend qu'il eut y remonter par moi !

Je vais laisser ici ma mère inconsolable....
Ma Mère ! ange envoyé dans ce monde implacable
Pour verser dans ma coupe, hélas ! pleine de fiel,
Une goutte en passant du baume pur du ciel ,
Et d'un glaive acéré je vais percer ton âme !
Quand je serai parti, veille bien sur sa flamme,
Pour qu'aux vents des revers qui peut-être suivront,
Elle sente briller ton étoile à son front !

   Puis se levant : Messieurs, pardonnez-moi ces larmes !
Ce sont les derniers pleurs que recevront ces armes.

   Et tous en même temps essuyèrent leurs yeux,
D'un baiser fraternel cimentant leurs adieux.

   — A bientôt ! à bientôt ! se dirent-ils ensemble,
Puisque c'est le pays en pleurs qui nous rassemble,

   Le Prince conduisit ses amis jusqu'au seuil ;
Strasbourg s'inaugurait par un crêpe de deuil.

   Le levrier, planté près de la cheminée,
Pendant ce long colloque eut la tête inclinée.
Il semblait, à le voir, qu'il pressentît de loin
Les suites du projet dont il était témoin.

   Or le gouvernement sorti des barricades,
Rêvait, pour son salut, fossés forts, palissades ;
Comme si l'appareil de la force jamais
Avait quelqu'ascendant sur l'esprit du Français.
Tous ces piteux moyens, puissants en apparence,

Sont de nulle valeur sur l'âme de la France ;
Où plutôt elle y voit la provocation ;
Et mécontentement se fait défection !
Car logique, s'il voit qu'on se met en défense,
Le peuple en conclut, lui, qu'on lui veut faire offense,
Et ne songeât- on pas à violer son droit,
Ce droit est attaqué de l'heure qu'il le croit.
Tournant avec dédain sa tête sur l'épaule,
Alors il laisse faire et créneler sa geôle,
Jusqu'au jour où, levant, dans sa force, le bras,
Il jette, d'un seul coup murs et pouvoir en bas.
Ah ! combien, au contraire, il est puissant, ce trône
Qui, sur l'amour du peuple appuyant sa couronne,
Sait, par de sages lois, et par du dévoûment,
S'entourer de l'estime et du contentement.
Le sceptre de Juillet ne sut pas être juste ;
Le sceptre de Juillet ne pouvait être auguste !
Voila pourquoi la main qui réglait ses hasards
Dressait autour de lui des fossés, des remparts.
En vain, quand ce n'est pas le Seigneur qui la fonde,
Une maison croira que sa base est profonde,
Quand le vent soufflera des quatre coins, alors
Dans ses fossés profonds s'écouleront ces forts.
Tristes précautions d'un pressentiment vague,
Présageant que l'esprit des pouvoirs extravague,
Vous croyez conjurer la tempête, c'est vous

Qui de loin annoncez l'heure de son courroux.

Déjà sans avoir bien jugé l'homme et la chose,
Le peuple avait compris qu'on désertait sa cause.
Des ministres du roi Charles X en prison
Était né le premier point noir à l'horizon ;
Le second se leva du convoi de Lamarque
Et laissa, sur le front de St. Merry sa marque ;
Puis vint sur Transnonnin épuiser sa fureur,
Sans bien savoir au fond ce qu'il couvait au cœur.
La protestation n'en était que plus vive....
Sous le brouillard couvrant déjà la perspective,
L'esprit observateur débrouillait le chaos
Qui sur le nouveau trône amoncelait ses flots.
Tout était ébranlé ; Paris et la Province
Célébraient l'Empereur, sans connaître le Prince ;
L'instant parut propice à ses plus chauds amis,
Lorsqu'il reçut ces mots :

                 « Venez, tout est permis. »
C'était l'heure où le Prince allait quitter sa mère ;
Son âme en ressentit une douleur amère.
Ces lieux de son exil préparés par ses soins,
De l'étude et du cœur véridiques témoins ;
Ces pics, cet air, ce lac, et ces riches campagnes,
Ces torrents échappés du sommet des montagnes,
Tous lieux, où sa jeunesse avait pris, dans son cours,
Ce calme et cet aplomb qu'il conserve toujours,

Il allait tout quitter pour la vague écumante,
Qui pouvait, sur sa tête, amener la tourmente ;
Mais il avait promis au peuple, à l'Empereur ;
Rien ne devait donc plus lui causer de terreur.

   Sa résolution est ferme ! mais sa mère ?
S'enveloppera-t-il au secret du mystère ;
Faut-il la prévenir ; faudra-t-il la laisser
Sans l'avoir embrassée et sentir son baiser ;
Que faire ? Infortuné ! mais ensuite il y songe ;
Il tisse en son esprit un innocent mensonge ;
Une chasse promise... Et soudain il s'en va
D'un pied plus résolu trouver sa mère. Là :

   — Ma mère, lui dit-il, on prépare une chasse
Dans l'Hechingen ; on veut que j'y tienne ma place ;
De plus... il ne faut rien vous cacher, n'est-ce-pas ?
Il me faut diriger jusques au Rhin mes pas.
— Au Rhin !

       —Oui des amis... j'ai confiance entière,
M'attendront, ils l'ont dit, non loin de la frontière,
A Fribourg ; leur désir est que je sois instruit
De tout ce qui se passe en France ; mais sans bruit.
— Regarde-moi, mon fils.

        Une émotion douce
D'embarras fit sentir, dans son cœur, sa secousse ;
Mais, assez fort déjà pour se bien contenir,
Il regarda sa mère et sut ne pas rougir.

La reine l'observant :

                    « Il contient son visage. »
Prends cette bague, anneau du premier mariage
De l'Empereur. Avec ce talisman on doit
Ne craindre aucun péril ; mets-le donc à ton doigt.
Que me servirait-il à moi ? moi, pauvre femme
Dont la vie à présent se concentre en une ame ;
Cette ame, tu le sais, c'est la tienne ; sans toi
Que veux-tu que je fasse avec ce monde, moi ?

    Le fils s'alla jeter dans les bras de la reine.
Il n'avait enduré jamais semblable peine ;
Sa mère cependant le pressait sur son cœur :
— Dans mes chagrins tu fus mon unique bonheur,
Dit-elle ; elle versait des larmes de tendresse.
Il est de ces moments où l'âme nous oppresse !
Doux moments ; mais cruels lorsqu'un pressentiment
Nous dit : C'est le derneir baiser d'épanchement.
Il fallut s'arracher à ces saintes caresses.
Adieu, cœur maternel ; adieu, pures ivresses !
L'ouragan va souffler nouveau sur ces deux fronts
Déjà si rembrunis par d'autres aquilons.

    Strasbourg le trente octobre, avant l'aube argentée,
Reçut à bras ouverts, par l'armée enchantée,
Le neveu du grand homme. Aussitôt qu'il parut
L'esprit démocratique et français accourut

'Sur ses pas.

      « Je viens voir si, gardant la mémoire,
La France se souvient de ses vingt ans de gloire.

   Étincelle électrique et vibrante, ce mot
Courut dans tous les rangs de l'armée. Aussitôt
Il vint se présenter devant l'artillerie ;
Le colonel Vaudrey à son régiment crie :
—Soldats ! Napoléon, neveu de l'Empereur,
Sait, par moi, qu'il s'adresse à des hommes de cœur.
Rendre au peuple ses droits et la gloire à l'armée,
Toutes ses libertés à la France opprimée ;
Tel est son seul dessein ! pour tant de dévoûment,
Soldats, peut-il compter sur notre régiment ?
— Oui, vive l'Empereur !

              — Le voici qui s'avance ;

On fit à son aspect un solennel silence.

    — Soldats ! leur dit le Prince à son tour, noble fils
Des aigles d'Iéna, de Wagram, d'Austerlitz,
Mon oncle dans vos rangs, fit ses premières armes ;
Il vous a vus partout aux jours des grands vacarmes,
Lorsque pendant quinze ans, son aigle que voici
S'envolait triomphante en vous jetant ce cri :
Symbole glorieux de la gloire française,
Allons rendre ses droits à la France qu'on lèse ;

Nous, marchons aujourd'hui sous ce noble étendard,
Aux cris de liberté ! contre un pouvoir bâtard !...
Il dit, ces simples mots sur les cœurs produisirent
Un entraînement vrai. Les soldats répondirent :
—Oui, vive l'Empereur !

      Lui, sans perdre de temps :
« Venez donc, mes amis, pour la France j'attends. »
Ils partent l'aigle en tête aux mains de de Querelles,
Entraînant après eux tous les cœurs sur les ailes
Du symbole adoré des populations,
Qui sous leurs pieds déjà foulaient les nations.
Cependant quand le Prince ainsi courait la ville
Persigny s'assurait de Chopin d'Arnouville ;
Le lieutenant Schaller ici du général
Et là d'un colonel, coup d'audace loyal.
A la division militaire le poste
Dit : Vive l'Empereur ! pour unique riposte.
Le prince se saisit du général Voirol,
Vers un autre quartier déjà prenant son vol ;
Aux acclamations de la foule accourue,
Le Prince triomphant allait de rue en rue,
Lorsqu'osant s'engager au quartier de Finckmatt
Talandier, lieutenant-colonel l'y fit mat.
S'en saisir, le lier, bien qu'une seule goutte
De sang n'eût pas été versée en cette joute,
Oh ! ce n'est point ainsi qu'un pouvoir digne et fort

Eût fait pour comprimer ce généreux effort.

Le contre-coup avait troublé les Tuileries.

Les ministres du roi, soit peur, soit flatteries,

S'armèrent furieux des foudres inhumains

Que le mil huit cent trente éveillait sous leurs mains.

En toute hâte armant le vaisseau l'*Andromède,*

Ils mirent sur la plaie un impuissant remède.

Qu'importe ! la frégate appareilla sans bruits,

Sous sa voile emportant Napoléon-Louis.

Toutefois à Strasbourg, sous les yeux de la France,

Un procès politique occupait l'audience.

Le procureur royal, du trône afféagé

Pour requérir du sang n'avait rien ménagé,

Les coupables étaient les partisans du Prince ;

Il allait de leurs cous ! Paris et la province,

Attentifs à ce grand débat, fixaient les yeux

Sur tous les accusés, faibles mais glorieux.

Rossi, Deveaux, Gérard, péroraient sur l'offense ;

On voyait figurer au banc de la défense

Les Ferdinand Barrot, Leichtemberger, Martin

De Strasbourg, Thierret, Belliard et Parquin,

Qui plaidaient pour Vaudrey, Persigny, de Querelles,

Laity, Parquin, Grécourt, de Bruc, âmes fidèles ,

Dont la dame Gordon semblait nourrir le cœur

Au règne glorieux du récent Empereur.

Les débats furent longs. Dieu fit de cette affaire

Un retentissement que le Roi croyait faire ;
Puisqu'ils inauguraient l'ère qui dut plus tard
Remplacer dans la France un vieux sceptre bâtard.
Toutefois le jury minutait sa sentence.
En ce jour solennel le pays fit silence,
Jusqu'à l'heure où sa voix, cri sortant de son cœur,
Après acquittement, dit : vive l'Empereur !
La France avait jugé...

      Vogue ! Oh vogue, frégate,
Emportant à ton bord, sous le ciel écarlate
Du midi, l'héritier du géant, qui jadis
Mit, au dessus de tous les trônes, le pays.
Vogue ! et fais lui de loin entrevoir le rivage,
Où parmi les douleurs grandit son héritage
Pour qu'un jour il salue, en passant, cet autel
Où l'Europe immola le génie immortel ;
Il faut que la fortune en cet instant contraire
Lui dise qu'à sa loi rien ne se peut soustraire ;
Qu'aujourd'hui ballotté sur le flot écumeux,
Le jour brillera clair après le temps brumeux.
Ainsi que ce roi grec que la fortune attaque
Ne désespérant point de rentrer dans Ithaque,
Ainsi le Prince, fort de son intention,
Ne maudit point non plus sa transportation,
Vogue, en plein Océan, vogue, ô voile légère,
Cinglant de Port-Louis en rade de Madère.

Vogue ! emporte avec toi l'héritier d'un grand nom ;
Conserve ta misaine et ton mât d'artimon !
Vole, sans t'arrêter devant les Canaries ;
Que Dieu garde ton bord de toutes avaries !
O frégate, il te faut, sur ton plancher mouvant,
De Ste Hélène en pleurs louvoyer sous le vent.
Pourquoi ces longs parcours sur les mers tropicales,
Sans que dans nul endroit tu fasses tes escales ?
Etait-ce pour montrer à l'héritier du nom
Le tombeau du grand homme, inflexible leçon ;
Ou pour faire vibrer encore à sa mémoire
Du pays abaissé l'impériale histoire ;
Ou pour narguer, en lui, le jury de Strasbourg ?
Dieu le sait, et je n'ose approfondir ces jours.

   Cependant tout présage une forte tempête ;
Le vent siffle et fraîchit ; l'azur se voile et jette
A flots précipités des torrents d'eau ; la mer
Renvoie en mugissant, sa menace à l'éclair.
La frégate, dressant son grand mât sur les cimes
Des vagues, est plongée au plus creux des abîmes ;
L'équipage est battu par la pluie et le feu ;
Tous d'un commun accord font à la vierge un vœu,
Quand le Prince, que rien n'ébranle dans son âme,
Impassible à la foudre, insensible à la lame,
Debout, calme à la proue, a pris le gouvernail,
Pour aider le pilote en ce rude travail,

A ce moment il voit, surgissant de la cale
Et montant sur le pont une ombre colossale,
Qui s'allant reposer au sommet du grand mât :
« La fortune est changeante ainsi que le climat ;
Aujourd'hui l'ouragan et demain le tems calme ;
L'ignominie un jour, en d'autres tems la palme !
Dit-elle au prince ; il faut savoir porter tout bien :
La peine et la grandeur, sans quoi l'homme n'est rien.
Vois ; j'en suis un exemple ! apprends de moi la vie. »
    Chaque mot éclairait la physionomie
De l'ombre qui parlait ainsi calme, au milieu
De tous les éléments s'agitant en ce lieu,
Et dont le front, perlant au-dessus du nuage,
Dominait radieux, comme un meilleur présage.
Puis reprenant après avec intention :
    « Vois ; j'ai sanctionné la révolution.
Je l'infusai partout : dans les lois, dans mes actes ;
La France aurait trouvé ses libertés intactes
Si les événements, orages passagers,
N'avaient contre mon bras ligué les étrangers.
De mes intentions la France aura mémoire ;
Elle les jugera par ce qu'elle eut de gloire.
Mon nom sera chéri plus encore qu'il n'est !
Rassure-toi, les tiens ont gagné leur procès... »
    Et l'ombre en ce moment rayonnait de lumière.
Des larmes de bonheur roulaient dans la paupière

Du prince, moins pour lui que pour ceux du parti
Que venait d'acquitter le verdict du jury.

Enfin on regagna les eaux de l'Atlantique ;
La frégate toucha les côtes d'Amérique ;
New-York ouvrit sa rade au prince impérial,
Séparé par les mers de son giron natal.

Pendant ce tems, la cour, sans souci ni scrupule,
Sur le prince à torrent versait le ridicule.
On le représentait comme un fou forcené
Qu'on aurait dû traiter comme un aliéné.
Strasbourg ! Strasbourg partout, Strasbourg ! Strasbourg encore
Strasbourg au crépuscule et Strasbourg à l'aurore,
Allait par les journaux défrayer les salons ;
Strasbourg, à chaque pas, marchait sur vos talons.
Pendant au pilori de la caricature,
On placardait Strasbourg à chaque devanture ;
Et l'esprit français, prompt à s'amuser de tout,
Sans connaître Strasbourg, en plaisantait beaucoup.
Quelques hommes plus froids la traitaient d'équipée,
Leur prédisant de loin quelque rude épopée ;
Mais mus par le désir de la paix à tout prix,
Ils voyaient, dans Strasbourg, une attaque au pays.

Cependant une lettre, au timbre de l'Europe,
Lui parvenait ; le prince en brise l'enveloppe ;
Il reconnaît la main de sa mère ; son cœur

En l'ouvrant se dilate et tremble de bonheur.
Courts plaisirs d'un moment !

      « Quand tu liras ma lettre,
Dieu m'aura rappelée auprès de lui peut-être.
Nous nous retrouverons dans un monde meilleur ;
Je ne regrette rien ici bas que ton cœur.
Ton cœur ! Il sut répondre à mes vives tendresses !
Il me manque, en mourant, un bonheur : tes caresses !
Du séjour éternel je veillerai sur toi ;
Du fond de ton exil terrestre, pense à moi.

  Un vapeur démarrait ; le Prince y court, y vole ;
Il part ; l'œil attaché sous l'étoile du pôle
Il reste quinze jours et quinze nuits debout
Sur la poupe, comptant nœud par nœud jusqu'au bout :
« Sera-t-elle vivante encore ? Oh ! par cette onde,
Image des divers orages de ce monde,
Si je ne puis fermer à ma mère les yeux,
Moi qui n'ai pu lui faire, en partant, mes adieux,
Roi des Français, ma main, se levant sur ta tête,
Déchaînera sur elle, une forte tempête;
Tempête dont le vent soufflera de mon cœur ;
Car ma mère au tombeau te portera malheur. »

  Il a dit ; il débarque à la hâte ; commande
Un train de poste ; part ; traverse la Hollande,
Remonte le Rhin ; court, par le secret couvert,
Arrive en Turgovie et touche Arenembert.

Son levrier, couché triste et morne à la porte,
Flaire de loin son maître, emprunte une voix forte,
Monte auprès de la Reine ; et joyeux il lui dit
Cette heureuse arrivée, en caressant le lit.
La Reine le comprit, et d'une voix plus vive
Que d'ordinaire : « Allez voir si mon fils arrive. »
    Napoléon Louis apparut sur le seuil.
    — Ma mère ?..
                    Mon enfant !..
                            Triste et touchant accueil
De la mère à l'enfant, de l'enfant à sa mère ;
Epanchement de joie et de tristesse amère !
S'embrasser, s'embrasser, et s'embrasser encor,
D'un cœur trop éloquent ineffable trésor !
Puis des larmes d'amour, puis encore des larmes,
De l'âme qui s'épanche inénarrables charmes !
Une heure s'écoula dans ces épanchements
Et leur fit oublier leurs terribles tourments.
Puis madame Salvage entra :
                        « Faites-moi belle,
Dit la Reine, je sens que je suis mieux, fit-elle,
En bouclant de ses doigts les cheveux de son fils.
« L'univers est à moi, puisque j'ai là Louis.
    Sitôt, le Prince aidant, on lui fit sa toilette ;
Lorsqu'elle fut finie :
                    Est-elle ainsi complète ?

Dit-elle en souriant à son fils ; celui-ci
L'embrassa de rechef.

         — Elle est complète ainsi !...

    Elle fit approcher près d'elle tout son monde :
Son médecin Conneau, Vincent, âme féconde
En dévoûment, Thélin ! le fidèle Thélin,
Ainsi qu'elle disait elle-même à dessein,
Arsène, noble cœur ! que dans l'élan de l'âme
Elle couvrait parfois de maternelle flamme,
Son directeur ; alors :

         « Que ce jour est charmant ;
On peut donc concentrer la vie en un moment !
Voyez-vous, mes amis, combien je suis heureuse ?
J'ai passé dans ce monde exilée et pleureuse ;
J'ai monté sur un trône et j'en ai descendu ;
Aujourd'hui, pour mon cœur, le plus beau m'est rendu.
Le voici !... de ses mains il a fait ma toilette ;
De mes doigts j'ai lissé les boucles de sa tête ;
J'ai confondu mes bras en ses enlacements ;
Mes lèvres ont pu boire à ses embrassements...
Docteur, vous n'avez point de potion calmante,
Si douce qu'elle soit ! qui soit aussi charmante ;
Ni vous, monsieur l'abbé, de consolation
Qui soit plus efficace en mon affliction.
C'est Dieu qui par ce fils m'a souvent consolée ;
Dieu savait qu'ici-bas je serais désolée,

Voilà pourquoi sa main me le rend aujourd'hui

Pour qu'à mon dernier souffle il prêtât son appui.

Ceux qui m'ont fait du mal en lui, je leur pardonne ;

Assurez bien à tous que je ne hais personne ;

Que qui calomnîra ma mémoire aura tort ;

Qu'ici tout est faiblesse et que Dieu seul est fort.

Tous ceux qui sont présents m'ont noblement servie

Aussi tous à souper ici je vous convie ;

On dressera la table en cet appartement ;

Mon fils vous servira...

                Sa lèvre incessamment

Froidit, se colorant d'une teinte plus terne,

L'orbite de ses yeux et se creuse et se cerne ;

Son visage, couvert d'une froide pâleur,

S'empourpre tout-à-coup, dernier feu sans chaleur...

Son fils la voit, s'élance au chevet de sa mère

Dont l'âme, en ce moment, abandonnait la terre ;

Un long cri de douleur la salua pieux ;

Le Prince tout en pleurs put lui fermer les yeux...

Immobile, cloué sur ces restes funèbres,

Il crut qu'il descendait aux épaisses ténèbres ;

Le cœur brisé, le front brûlant, l'œil incertain,

De sa mère envolée il embrassa la main,

Comme pour s'assurer si sa mère chérie

Ne gardait point pour lui quelque reste de vie.

Un instant même il crut la sentir remuer,

Tout son sang aussitôt au cœur vint refluer.
Et poussant un grand cri de son âme : Ma mère !....
Sa mère était là haut... Désormais sur la terre
Nulle voix ne pourra répondre à ce doux nom ;
Celle qui le portait était cendre et limon.....

Le prêtre et le docteur firent sortir le Prince.
— Dieu du moins a permis encore que je vinsse
Assez à tems, monsieur l'abbé, pour recevoir
Son baiser, lui dit-il.
                 —Dieu vous la fera voir
Dans son ciel ; elle fut chrétienne et charitable,
Sensible à l'infortune, au malheur secourable,
Pleurez la ; car son âme embellissait ce lieu ;
Pleurez la ; pleurez la ! mais espérez en Dieu.
Il rentra sous sa tente en demeurant près d'elle.
Il y trouva couché son levrier fidèle,
Qui, sitôt qu'il le vit s'asseoir, triste mais doux,
Vint rêveur se cacher la tête en ses genoux.

Tombez de toutes parts, tombez, ô fleurs d'automne,
        Tombez aux vallons, aux fossés ;
Tombez des pauvres toits, tombez de la couronne
        Des rois et des peuples froissés ;
        Tombez, oui, tombez sur la terre,
        Votre chute tient au mystère

De l'existence et de la mort ;
Tombez de l'âme d'une mère,
O vous que le cœur de mon père
A fait tomber, sur moi, pour me rendre plus fort.

Tombez, comme une fraîche et suave rosée,
Dans les sentiers où vont nos pas,
Pour que de vos parfums notre vie arrosée,
Aux mauvais destins d'ici bas,
Trouve dans votre chute même,
Un second et nouveau baptême
Aussi fécond que le premier,
Et que, dans l'infortune extrême,
Retrouvant un cœur qui nous aime,
Nous puissions au désert gémir près du palmier.

Mais non, ne tombez pas ; assez d'autres sont fortes ;
Vous pouvez vivre, demeurez !
Demeurez ! demeurez, célestes feuilles mortes,
Devant nos regards ; et pleurez
Sur les orages de la vie ;
Pleurez sur la fâcheuse envie ;
Pleurez ici sur les malheurs ;
Pleurez sur toute âme qui crie ;
Pleurez surtout pour la patrie ;
Vos larmes mêleront un baume à ses douleurs !...

SIXIÈME CHANT.

Tout s'acquiert par l'exercice, même la vertu. (Diogène.)

Il faut qu'un roi soit au-dessus des plus rudes atteintes de
l'adversité.   (Napoléon.)

Le cœur de l'homme abhorre le vide.   (Juvénal.)

Otez l'enthousiasme l'héroïsme s'évanouit. (Miss. Edgeworth.)

C'est en servant les hommes que l'on s'approche le plus de
la divinité.   (Cicéron.)

Les lois inutiles affaiblissent les lois nécessaires.
                                        (Montesquieu.)

La chambre renversait par an un ministère ;
C'était sa rente. Un jour il régnait doctrinaire,
Un autre tiers-parti ; de Molé sur Guizot,
De Guizot vers Molé, parfois Thiers ; et tantôt
C'était quelqu'intérim sans couleur ni malice ;
La France voyait tous ces pantins dans la lice
Passer et disparaître, et tomber et venir
De rechef, sans savoir entre qui se tenir.
Chacun lui déroulait sa fantasmagorie ;
Elle se récréait sur chaque théorie,

Condamnant, dans le fond, le système bâtard
Dont dix mains dirigeaient sa barque à tout hasard,
Mais sans plus s'expliquer en tout sa préférence
Intimement logée en son amour, la France
Retombait d'un orgueil sur des orgueils plus fiers,
Passant de main en main, Molé tomba sous Thiers.
Infatué de soi, ce prince de l'intrigue,
Marchant sans s'arrêter et marchant sans fatigue,
Se croyait un tribun et n'était qu'un causeur,
Maréchal politique il était voltigeur,
Profond historien, et ne toisant les cycles
Qu'avec celui formé d'un verre de bésicles,
Cet homme, dont le flair est parfois assez bon,
Pour flatter le pays rêva Napoléon.
Les cendres du géant dormant dans Ste-Hélène,
Vinrent, comme un moyen adroit gonfler sa veine :
« Si nous les réclamions, alla-t-il dire au roi,
Ce mirage qui tient le pays en émoi
Disparaîtrait, sitôt qu'il n'aurait plus l'espace
Qui le grandit au loin. » Le roi dit : Qu'on le fasse.
Saint-James consentit sans se faire prier.
Outre que Thiers surpris ne peut négocier,
Il n'avait pas prévu, malgré sa prévoyance,
Ce que le héros mort produirait sur la France :
La révolution couchée en son tombeau,
Allait renaître au jour, sous un jour tout nouveau.

Le parti de l'empire allait prendre une forme ;
Se produire au soleil, démocratique, énorme ;
Se faire homme, grandir, entrer en chaque cœur :
Dire au peuple qu'un jour il trônait Empereur ;
Qu'il pourrait bien un jour naître de cette cendre,
Et, phénix immortel, sur le sol la répandre,
Non pas pour la jeter au vent de l'abandon ;
Mais afin que sa main s'en serve de brandon.

Deux ans auparavant, un autre ministère
Frappant sur un proscrit, ridicule colère,
Pourchassait l'aigle encor, par un Montebello
Réclamant de la Suisse un autre Waterloo.
La Suisse n'en fut pas un instant alarmée.
Vers son seuil cependant on dirigeait l'armée ;
La Suisse se levait au nom du droit des gens ;
Mais la peur n'entend rien dans ses instincts changeants.
Napoléon-Louis, secondé par la Suisse,
En pouvait profiter pour rentrer dans la lice ;
Comme il ne s'agissait que de lui, dans ce cas
Héroïque il partit ; on ne se battit pas.
Le prétexte apparent, invoqué par la France,
Ayant ouvert les yeux à plus d'une espérance,
Thiers pensa qu'il fallait y mettre un contre poids ;
Il fit donc revenir le grand martyr des rois.

Mais on n'étouffe pas l'âme sous telle cendre,
Ni ministres, ni roi ne surent le comprendre !

Pour eux c'était donner devant la nation
A l'Empereur un bill de satisfaction.
Piteuse politique ! aveugle et sans entrailles,
Qui devait recourir à de telles trouvailles !
Je souris de pitié moi-même en l'écrivant :
On déterrait le mort pour enfouir le vivant !
Mais le mort au vivant venait frayer le trône ;
Il venait nous montrer sa quintruple couronne ;
Il venait rappeler au peuple, sans affront,
Que l'étranger l'avait arrachée à son front ;
Qu'il ne la portait lui, qu'au nom du peuple libre ;
Qu'un peuple n'est pas mort quand par son chef il vibre !
Les ministres allaient comprendre, avec le roi,
Que sous un mausolée on éteint par sa foi !

Le jour est arrivé, jour de deuil et de fête !
Pour le bien célébrer chacun se met en quête :
Le peuple en revêtant ses habits les plus beaux :
La garde citoyenne en battant aux drapeaux.
On se groupe, on s'amasse en la rue, aux croisées,
Sur les quais encombrés, dans les Champs-Élysées ;
On fraternise avec le dernier inconnu ;
Chacun se dit : enfin le voici revenu !
Déjà dans le lointain le catafalque roule ;
Un courant magnétique enveloppe la foule,
Gagne de proche en proche, à mesure qu'on sent

S'avancer le pavois de ce mort tout puissant.
Tout d'un coup on entend salves d'artillerie,
Roulement des tambours, voix du peuple qui crie :
« Le voilà ! le voilà ! chacun dit : le voilà !
Un million de cœurs redisent ce mot-là.
Des arceaux de l'Étoile au chœur des Invalides,
Mille chœurs unissaient à leurs refrains avides
La voix de la fanfare en mille éclats divers ;
Moi je sentais frémir sous ma plume ces vers :

Il revient parmi nous, le géant des batailles !
La gloire de son front, drapant ses funérailles,
Met sur son mausolée un nom seul, mais quel nom !
Un nom où le passé put lire notre gloire ;
Un nom que l'avenir classe en son répertoire ,
Un nom cher à la France enfin : Napoléon !

Debout, sur vos tombeaux, corps de la grande armée !
Sortez aux cris en pleurs de la France charmée,
De votre lit de plomb qui lourd doit vous lasser,
Et lorsque dans nos yeux, roulent de chaudes larmes,
Vous, grenadiers, debout ! présentez tous les armes,
Attendez recueillis, l'Empereur va passer !

Comme pendant vingt ans, au jour d'une bataille,
Vos mains en badinant préparaient la mitraille,

Cet engrais du laurier que cultive l'honneur,
Apprêtez-vous, soldats, devant cette hécatombe,
A faire à l'unisson retentir sur sa tombe
Ce cri connu de vous, de : Vive l'Empereur !

Nous le répéterons en concert unanime,
Nous que le souvenir de votre gloire anime,
Tant vos sabres nous l'ont buriné dans le cœur,
Quand nous berçant, avant de vous remettre en marche,
La voix de l'Empereur venait vous crier : Marche !...
Et que lui s'apprêtait à revenir vainqueur !

Seulement aujourd'hui nos voix seront plus fortes,
Elles feront chorus aux voix de vos cohortes,
Celle de l'âme étant unie aux voix du corps.
L'âme, ce porte voix qui monte jusqu'aux ombres,
Va se répercuter, écho sur vos décombres,
Jusqu'aux cercles douteux de l'empire des morts.

Et sur son char de deuil l'Empereur va comprendre,
Car encore en triomphe il saura vous entendre,
Il reconnaîtra même à qui seront les voix !
Car il les connaissait, lui, sur toute la ligne...
Nous crîrons avec vous sur votre premier signe,
Ou plutôt par amour crions tous à la fois...
Etc., etc. . . . (*Les Auréoles* 1841, SIMÉON CHAUMIER.)

Le char, ainsi poussé par la voix et par l'âme
Qui, chez des cœurs français soufflent comme une flamme,
S'arrêta radieux, malgré le deuil de tous,
Aux pieds de l'arc, avant que de passer dessous.
Il semblait que les rois, sépulcrale révolte !
En cortège montaient du socle à l'archivolte,
Comme si leur congrès eût voulu s'y poser,
Afin de l'empêcher encore de passer.
Mais non ! ils venaient là, les uns auprès des autres ;
Comme devant le maître eussent faits des apôtres,
Pour couvrir de lauriers ce trône impérial,
Transformé, pour un tems, en pavois sépulcral.
Là Charles-Quint, assis auprès de Charlemagne,
Ces deux plus imposants Empereurs d'Allemagne
Tenant le globe en main ; ici Pierre le grand,
Charles-douze de Suède assis au même rang ;
Tous les quatre tressant l'immortelle couronne
Qu'ils n'avaient ainsi faite encore pour personne ;
Et que leurs doigts pieux suspendaient aux arceaux
De cet arc-de-triomphe attendant son héros.

Monument inoui des gloires de l'Empire,
Arche au front radieux, où l'Europe peut lire
Le nom des généraux, intrépides guerriers
A qui des cours de rois servirent de foyers,
Tes voûtes de granit, formant leur base aux nues,
Si hautes ! qu'on les croit par le ciel suspendues,

L'Empereur les avait assises, de sa main,
S'ouvrant, vers son palais ton splendide chemin ;
Mais il ne devait pas, ô porte triomphale,
Montrer sous tes arceaux sa taille colossale ;
Car lui, le grand géant, qui dut un jour tomber,
N'était même pas fait à s'y pouvoir courber.
Sa cendre seule, hélas ! relique impériale,
Devait faire jaillir ses rayons sur ta dalle,
Pour qu'à défaut de lui son ombre, cette fois,
Apparût triomphante à la France des rois,
Te voici donc enfin, porte démesurée,
Assez haute, touchant à la voûte azurée,
Pour laisser le colosse entrer dans sa maison,
Sans que son front puissant se heurte à ton fronton.

Or le sarcophage a franchi la porte immense.
Il s'était fait alors un solennel silence ;
Mais il n'a pas sitôt mis la roue en Paris,
Que la foule reprend et les chants et les ris.
C'est une joie en deuil, ou mieux le deuil en joie.
Chacun dans des transports d'allégresse se noie.
Malgré le vent du nord et la neige et le froid,
Au souffle de ce mort l'enthousiasme croît ;
Car on sent sous la bise une flamme grégeoise !
Et, la laissant souffler, la milice bourgeoise
Se divertit en rond devant chaque faisceau ;

On n'avait jamais vu danser sur un tombeau !
C'est qu'un secret instinct du peuple, autre science,
Lui disait que son âme, enfin, rentrait en France
Avec l'homme qui, seul, n'avait pas déserté
Les seuls principes vrais de sûre liberté :
Vote démocratique, autorité légale,
Culte, religion, justice à tous égale,
Frein commun, récompense aux talents studieux !
Ce programme oublié revint à tous les yeux ;
Puis, on se souvenait de nos vingt ans de gloire ;
On se rappelait tout sans fatiguer l'histoire :
Triomphes éclatants, et douloureux revers ;
Et du géant surtout et l'exil et les fers !
Et des larmes, alors, inondaient les paupières !
Mais, se disait chacun, ce seront les dernières.
Le voici revenu ; nous renaîtrons en lui,
Ou nous culbuterons le trône d'aujourd'hui.

    Pendant ce temps, le char foula les Invalides.
Les quatre visiteurs, fières caryatides,
Volèrent de l'Étoile, au dôme de l'Hôtel,
Pour saluer encor le génie immortel.
Voyez si l'Empereur compléta ce programme !
Sous essor d'aigle, enfin, on vit planer son âme
Au-dessus du grand peuple, au-dessus des grands rois,
Elle qui, sous ce vol, expliquait tous les droits.

    Pardonne-moi, lecteur indulgent et docile,

Qui te laisses mener par mon essor fragile,
Si j'ai mis en arrière un fait pour y venir ;
Les cendres étaient là ; je n'ai pu contenir
Leur fougue ; et puis, poëte épique, je ramasse,
Les ayant mêlés tous, les faits, et je les classe
Moins dans leur ordre cru qu'en celui d'où mon vers
Peut en faire jaillir de plus frappants éclairs.
Des bords de la Tamise, étonnant privilége,
Le prince accompagnait pas à pas le cortége
De Cherbourg à Paris, de l'Étoile à l'Hôtel,
Sous son oncle faisant de son cœur un autel.
A travers le brouillard, d'une larme qui coule,
Il voit venir de tous côtés, le peuple en foule :
Armée et tribunaux, ordres religieux,
Suivant avec respect ces restes précieux ;
Il entend les refrains joyeux, la psalmodie
Du clergé, récitant la sainte liturgie ;
Et le riche et le pauvre, et le faible et le fort ;
Tout cela composant un incroyable accord ;
Quand, par un double effet surprenant de mirage,
Il aperçoit venir vers lui, vaste attelage,
Tout cet immense amas de population,
Composant les divers corps de la nation,
Qui, volontairement, traînant le sarcophage,
Le venait déposer devant son ermitage,
Heureux de lui livrer son glorieux trésor ;

Lui le mit dans son cœur, comme en un vase d'or ;
Et pensant, recueilli dans son âme oppressée,
Il laissa s'exhaler, en larmes, sa pensée :

A genou devant toi, colosse sans pareil,
Comme on vit autrefois les enfants du soleil
  Consacrer la blanche hécatombe ;
Sous ton illustre mort j'entrevois le réveil
  Du peuple, dont le lourd sommeil
  Doit sortir léger de ta tombe !

On espère, avec toi, l'inhumer sous le mur
Du caveau que l'on va te préparer obscur
  Sous le dôme des Invalides ;
Mais à la liberté, toi qui le rendis mûr,
  Tu transformeras, en azur,
  Ses froides ténèbres humides.

Quelque jour il voudra, lui qui te fait accueil,
Se dresser triomphant du fond de ce cercueil
  Où l'on croit le faire descendre ;
Et ranimant son bras par ton crêpe de deuil,
  Il viendra montrer sur ce seuil
  L'aigle impériale à ta cendre.

Pour son âme, ce jour est favorable et beau ;

Laisse-le l'enrouler aux plis de ton manteau,
                Symbole de sa délivrance ;
L'Europe jugera, par ton premier caveau,
                Ce qui sortira du tombeau
                Dans lequel te couche la France.

Tous les cœurs généreux, ivres de ta grandeur,
Partagent, avec moi, l'orgueilleuse douleur
                Sous laquelle mon âme vibre ;
Et les autres, plus tard, comprenant mieux ton cœur,
                Y viendront se fondre, en l'honneur
                De l'Europe qui se fait libre.

Repose du sommeil que t'a préparé Dieu ;
Dors, géant immortel, revenu dans ton lieu,
                Du noir rocher noyé dans l'onde ;
L'orbite de la terre, en perdant ton essieu,
                Roule, sans base en son milieu ;
                Ton âme est le pôle du monde !...

Ainsi disait le prince exilé, proscrit, seul !..
Seul de tous ne pouvant toucher au blanc linceul.
Ce glaive de douleur devait percer son âme ;
Son cœur contre le Roi n'exprima point de blâme ;
Recueilli dans lui même, il ne sut que prier ;
Combien d'autres auraient seulement su crier.

Mais fort de sa pensée et plus fort de la France ;
Il aima mieux ainsi dévorer sa souffrance,
Remettant à plus tard, de faire au peuple appel
Pour laver le pays de cet affront cruel.
Etait-il sans parents? était-il sans famille,
Pour qu'on le ramenât seul en sa grande ville ?
Ville où chacun se plaît au culte saint des morts,
Ville où les plus petits trouvent comme les forts,
Un parent, leur fût-il de dernière lignée,
Pour les accompagner, quand leur bière allignée
Dans la fosse commune, attend un pleur; hélas !
Son héritier inscrit, l'Empereur ne l'eut pas !
Dans la joie oublieux, voila l'esprit en France ;
Que la réflexion lui revienne, il s'élance
Vers les bons sentiments, d'autant plus plein d'ardeur
Qu'il se peut accuser d'avoir forfait au cœur.

    Toutefois tous les gens bien pensants d'Angleterre,
Phalange recrutée un peu partout sur terre,
S'empressèrent hâtifs d'aller porter leur vœu
A l'Empereur, vivant alors en son neveu.
La France ne fut pas la dernière arrivée.
Bien qu'au sort d'Orléans sa forme fût rivée,
Elle vint compâtir aux peines du proscrit ;
Qui de voix et de cœur, qui de cœur par écrit.
Touchante effusion de ces âmes d'élite,
Basant, sur le malheur consolé, leur mérite ;

Combien vous rattachez l'homme à l'humanité ;
Non, non tout n'est donc pas sur terre, vanité !

Mais une autre blessure, ausi grave peut être,
Devait ouvrir ce cœur qui ne put s'y soumettre.
Après avoir chassé les frères, le neveu
De l'Empereur, le Roi crut que c'était trop peu.
Usant des ressorts creux de sa diplomatie,
Il dressa ses échecs pour une autre partie ;
Les cendres étaient là ; les armes à présent,
Il les fallait avoir non point, par un présent ;
Le présent eût été de droit fait à la France :
Il offre au général Bertrand une audience.
—Général, dit le Roi, puisque la France enfin
Berce, dans le tombeau, l'Empereur sur son sein,
S'il est grand, s'il est beau qu'elle verse des larmes,
Sur sa cendre il est mieux qu'elle en couvre ses armes.
Armes que nous devons tous montrer à nos fils ;
Ses pistolets, l'épée illustre d'Austerlitz,
Le glaive qu'il tenait au champ de Mai, le sabre
De Jean Sobieski, la lame de Calabre
Du grand maître de Malte ; il est digne, il est beau
Que ces armes du moins brillent sur son tombeau.
—Je n'en devais compter, Sire, qu'au Roi de Rome,
—Puisqu'il n'est plus, je dois les remettre au grand homme.
—Mais sa famille, Sire ; il a des héritiers :

Trois frères, cinq neveux.

                  —Qui sont peu familiers

Avec le grand génie ; et puis de ces reliques

Nul ne peut hériter que les larmes publiques.

— Mais, sire, cependant...

                    — La France a les seuls droits;

Nul autre ne saurait en fournir.

                      —Je le crois ;

Mais enfin.

              — Ses neveux aussi bien que ses frères

Sont dispersés çà là sur plages étrangères ;

Une loi l'a voulu.., serait-il bien séant

Que l'étranger obtînt les armes du géant ?

— Sans doute.

             —Et puis voyez, général ; l'Angleterre

N'a remis qu'à moi seul son illustre poussière.

Louis Napoléon est à Londres pourtant ;

S'il l'eût redemandée, eût-elle fait autant ?

Tout le monde comprend aujourd'hui, qu'à la France

Appartient tout débris de la grande existence ;

Et d'un autre côté, puissant porte-respect,

Ces armes ne sauraient prendre un chemin suspect.

Ainsi c'est entendu ; vous me livrez ces armes ;

Le pays les viendra saluer de ses larmes.

Je vous aurai fait faire une bonne action ;

La France vous saura gré de l'oblation.

Le général céda. Durant la nuit suivante

Le Prince tressaillit d'une sourde épouvante ;

Il ne savait pas bien, même au fond de son cœur,

D'où lui pouvait venir cette sombre terreur.

O mon Dieu, disait-il, prêtez-moi votre force ;

Ne laissez pas mon cœur s'amoindrir sous l'écorce ;

Si la tristesse vient me tordre en ses replis,

Je désespérerai de l'âme du pays.

C'est de lui cependant que je reçus mon âme.

Quel froid traverse donc le foyer de sa flamme !

Jusqu'ici, sans fléchir, j'avais pris la douleur ;

Et ce soir je me sens frissonner dans mon cœur.

J'ai porté des ennuis la charge peu commune ;

Quelle infortune vient charger mon infortune ?

Chassé du sol natal, proscrit, humilié,

Sur la rive étrangère affreusement lié,

Ne pouvoir de mon oncle aller baiser la cendre !

Dans la crypte où je suis, descendre et puis descendre ;

Bien plus que l'Empereur, couché dans mon tombeau

Je n'ai pas vu, sur moi, luire un seul jour beau !

Je feuillete l'histoire et ne vois point sur terre

Une misère égale à ma longue misère ;

Et j'aperçois errer dans un pressentiment,

Le vague instinct qui brise une âme effrontément.

D'où peut venir ce trouble ?

                    Il cherchait ; la nuit sombre

Sur ses yeux engourdis appesantit son ombre,
Mère du lourd sommeil dont les calmes pavots
Ne donnent pas toujours à l'âme le repos ;
Il s'endormit navré. Environ vers une heure,
Il sentit tressaillir une âme en sa demeure :
—Pardonne si je viens te voir en ton sommeil,
C'est que je ne puis pas te parler au réveil.
De même que j'y vins du roc de Ste Hélène,
Je te viens visiter des rives de la Seine ;
Louis, j'ai bien souffert sur ce rocher brûlant.
Dans Paris mon chagrin n'est que plus turbulent.
Je n'y saurais penser sans répandre des larmes ;
Le croirais-tu, Louis, ils m'ont surpris mes armes ;
Poignard de Lavalette, et pistolets de prix,
Glaive du champ de mai, ma lame d'Austerlitz,
Fer de Sobieski ! Louis, leur insolence
Se couvre, pour tromper, du manteau de la France !
Il lui faut demander si, consacrant ce vol,
Elle veut de son Roi ratifier le dol.
Je dois, en quelques traits, te dessiner cet homme :
Par surprise il a mis la main sur le royaume,
Au moment d'accomplir, par astuce, ce coup
Il vint féliciter Charles X à St. Cloud.
La Pologne au tombeau descendait avec gloire ;
Il fallait parader, il cria sa victoire ;
Des rois annonce-t-il avec lui les accords,

C'est pour serrer Paris dans un corset de forts ;
Fera-t-il revenir ma cendre à grands vacarmes,
Louis, je le redis, c'est pour ravir mes armes ;
Comme si les heureux, issus de Waterloo,
Étaient forts à lever mon épée assez haut !
C'est pour la mieux briser dans la main de la France,
Qu'il lui dira qu'il veut s'en faire une défense ;
Il la laisserait choir au moment du danger,
S'il ne la livrait pas rouillée à l'étranger.
    Aux pleurs du grand martyr Louis mêlait ses larmes.
    Lève-toi ! lève-toi ! va ressaisir mes armes,
O mon unique espoir en mon sombre tourment,
Relève-moi, Louis, de cet abaissement !
Naguère je brillais, parmi toutes les ombres,
Depuis ce jour leurs fronts sont devenus moins sombres
De tout l'éclat brillant qu'on retira du mien,
Quand on a violé mes armes, mon seul bien.
Car ici, bien qu'on soit élevé hors du gouffre,
Devant un droit froissé, comme sur terre on souffre.
Elle est grande, ô Louis, la tristesse des morts !
Prends pitié de ton oncle ; il souffre sans remords.
    L'ombre de l'Empereur vint s'asseoir éplorée
Au chevet du proscrit, hâve, décolorée ;
Au lieu des deux éclairs, jaillissant de son front,
Le Prince y vit ce mot lugubre : affront ! affront !
Un accès glacial circula dans sa veine.

Le chagrin et les pleurs étouffaient son haleine,
Quand l'ombre, se levant, traça du doigt: Strasbourg,
Boulogne ; et sous ces noms : le Château d'Édimbourg.

Le songe s'envola. Des gerbes de l'aurore
Déjà le clair rideau du Levant se colore ;
Le prince est debout, sort, marche, s'arrête, court ,
Arrive près des doocks : le Château d'Édimbourg !
Ah ! mon Dieu, se dit-il, c'est le mot de mon rêve !
Dans le réel du fait, il faut que je l'achève.
A qui donc appartient ce steamer à vapeur
Le Château d'Édimbourg? Il est à l'Empereur !
Moi, son neveu, je dois me dresser à sa proue. »

Il s'établit à bord, le marchande et le loue ;
Regagne Carlton-House, y mande ses amis,
Dont quelques-uns encor viennent presque endormis.
— Je vous avais flattés d'un voyage en Écosse ;
Voulez-vous, pour le faire, accepter mon carosse?
C'est un vapeur steamer, le Château d'Édimbourg :
Cela ne vaudra pas un voyage au long cours.
Je vous ménagerai peut-être un épisode ,
Sur lequel mon esprit, aidé de mon cœur, brode.

Déjà tous ont dit : Oui. C'étaient de Montholon ,
Du grand homme tombé fidèle compagnon ;
Persigny, dont le cœur de dévoûment déborde ;
De Querelles, Parquin, Étienne de la Borde ,
Dunin, Orsi, Lombard, Bouffet de Montauban ,

Ornano, Desjardins, Leduff de Mesonan,
D'Almbert et Galvani, l'ingénieur Bataille,
Le médecin Conneau ; tous de la même taille
Si je les fais passer sous la toise du cœur ;
Du même poids, s'il faut les peser sur l'honneur.
Telle est la grande armée au moyen de laquelle
Le prince a le projet de vider la querelle :
Vingt hommes dévoués qui viendront, l'aigle en main ,
Demander au pouvoir raison de son larcin.
Ils partent ! La vapeur est une sûre voile ;
Ils cinglent ! La boussole est une bonne étoile ;
Ils n'ont plus que la mer pour unique horizon.
Le prince, alors :

       « Messieurs ! c'est une trahison
De ma part, leur dit-il ; ce voyage d'Écosse
Ne fut que la raison d'une raison moins fausse.
Je vous mène à Boulogne, et de là dans Paris ;
Cette nuit, l'Empereur le voulut à grands cris.
Pourquoi ? Je n'oserais moi-même vous le dire ;
Je dois laisser parler le géant de l'Empire.
Du fond de son cercueil l'Empereur a tout vu ;
Et vers moi, mes amis, l'Empereur est venu.

  « Lève-toi ! m'a-t-il dit, les yeux baignés de larmes :
Au Roi, qui me les prend, va ressaisir mes armes !
Poignard de Lavalette, et pistolets de prix ,
Glaive du champ de Mai, ma lame d'Austerlitz,

Fer de Sobieski ! Louis, son insolence
Se couvre, pour tromper, du manteau de la France !
Va lui demander, toi, si, consacrant ce vol,
Elle veut de son roi ratifier le dol.
Naguère je brillais parmi toutes les ombres ;
Depuis ce jour leurs fronts sont devenus moins sombres
De tout l'éclat brillant qu'on fit tomber du mien,
Quand on a violé mes armes, mon seul bien !
Car ici, bien qu'on soit élevé hors du gouffre,
Devant un droit froissé comme sur terre on souffre.
Elle est grande, ô Louis, la tristesse des morts !
Prends donc pitié de moi ; je souffre sans remords.
    Tous, avec cris d'horreur, écoutent ce langage.
— Voila, mes amis, tout l'objet de ce voyage.
— Prince, comptez sur nous.
                              — Héroïque valeur !...
— Nous vengerons le mal qu'on fait à l'Empereur.

    Le sol de la patrie a tressailli propice
A l'aigle impériale encore dans la lice.
Vimereux et Boulogne ont entendu l'appel
Que, par le prince, fait le géant immortel.
Telle on voit, par un vent qui souffle bonne brise,
La barque du pêcheur, hissant sa voile grise,
Filer son nœud rapide en regagnant le bord
Croyant y mouiller l'ancre atteindre presque au port,

Quand tout-à-coup le mât, brisé par la rafale,
Tombe sur le pilote, et jette à fond de cale
Les marins brusquement assaillis par ce grain,
Tel le prince et son monde, au souffle du destin
Qui ce jour là devait encore être contraire,
Par un premier succès s'étant laissé distraire,
Virent soudain l'orage enfler à l'horizon,
Qui, pour eux, dut changer ce triomphe en prison.

Le ministère apprend cette autre tentative ;
Il convoque des Pairs la chambre maladive ;
Fait citer à sa barre et prince et partisans,
Dont le drapeau pesait sur lui depuis dix ans.
Mais un doute a surgi, que fera la pairie ?
Il n'importe !.. de Ham à la Conciergerie
On expédie alors le prince prétendant ;
Car déjà le procès sur sa tête est pendant.
OEil froid, front ombragé par l'aigle impériale,
Sa marche, dans les fers, est course triomphale ;
La France le suivait de l'âme et des regards
Dans la rue, aux balcons, en foule aux boulevards.
Le jour du ban paraît ; le tribunal s'avance;
Le prince est introduit au banc de la défense,
Marie, esprit logique, et Berryer orateur,
Au prince vont prêter un appui scrutateur ;
Ils ont, en face d'eux, phalange accusatrice,

Franck-Carré dont la langue est pleine d'artifice,
Boucly, Glandaz, Nouguier, tous, d'après les statuts
Du talent oratoire inégaux substituts.
Les autres, défenseurs de la cause française,
Se promettaient ardents d'argumenter à l'aise,
Prêts à lancer le flot de la phrase à torrent :
Jules Favre, Barrot et Nogent-St Laurent,
Barillon, Forestier, d'Almbert, Piet, mélange
D'opinion formant cette forte phalange ;
Tant exerce d'empire au cœur la vérité !
Le républicain droit, la légitimité,
L'Orléanisme auprès du tiers-parti, tous plaident ;
Car il faut qu'au bon droit toutes ces langues cèdent.
Chacun eut beau poser ses réserves, quand Dieu
Voudra qu'un homme parle, il parlera ; c'est peu
Le président Pasquier annonce la séance ;
Il appelle le Prince, et le Prince s'avance.
— Accusé, veuillez bien nous dire votre nom.
— Neveu de l'Empereur, Louis-Napoléon.
— Age ?
   — Trente deux ans.
      —Lieu de votre naissance ?
— J'indiquerai Paris ; pour mieux dire, la France.
— Votre profession ?
    — Prince en exil.
       — C'est bien.

Les autres inculpés eurent même entretien.
Quand ces formalités eurent été remplies,
Cauchy, le greffier, lut les charges recueillies.
    —Prince, n'est-ce pas vous, reprit le Président,
Qui vîntes à Boulogne, au pays dissident ?
— Que je parle à la cour avant que de répondre
A la question ?
                    — Soit.
                        — Proscrit, j'étais à Londre.
Il m'est permis enfin pour la première fois,
De parler à la France et d'élever la voix ;
Depuis les jours brumeux de ma plus tendre enfance,
Le bâillon de l'exil m'en fesait la défense.
Dans ces murs occupés jadis par le Sénat
Qui de vous me pourra convaincre d'attentat ?
Vous n'attendez donc point de moi des subterfuges ;
Car vous n'espérez pas non plus être mes juges ;
Mais je viens m'expliquer à mes concitoyens ;
Arrière donc, Messieurs, les cauteleux moyens.
Je vous rappellerai, sans orgueil, sans faiblesse,
Les actes que j'ai vus briller sur ma jeunesse,
Actes de ma famille et de la nation
Consacrant entre nous la révolution.
Jamais la volonté du peuple, on doit le dire,
Ne s'expliqua plus haut que du tems de l'Empire.
Depuis lors, dites-moi, quel vote universel

Par un autre a détruit l'acte additionnel.
Gardez-vous de penser que, sans forme légale,
J'appelle le pays vers l'ère impériale ;
Tout enfant j'ai reçu de plus hautes leçons ;
Des exemples plus beaux sont mes ambitions.
Je suis venu ; je viens, ainsi que fit l'Empire,
Non pas pour agiter le peuple, mais lui dire :
France, on a méconnu tes votes et tes droits ;
Veux-tu la république ou l'Empire ou les rois ?
Prononce ! je viens faire appel à ta puissance ;
Je n'y viens point basé sur mon droit de naissance,
J'y viens conduit vers toi par un cœur tout français ;
Forme-toi, pour juger en souverain congrès.
Oh ! quand je lis, pour toi, dans tes vingt ans de gloire,
Que feuillet à feuillet je pèse ton histoire,
Que je te vois si grande au dedans, au dehors
Si forte et si puissante au milieu des plus forts ;
Quand je songe qu'un jour, qui n'est pas loin encore,
L'Europe t'enviait du couchant à l'aurore,
Qu'on te plie aujourd'hui le front sous les dédains,
Je dis : elle ne s'est pas mise en telles mains !...
Autour de vous, messieurs, chaque parti conspire ;
Un seul vit au-dessus des passions, l'Empire !
L'empire que moi seul je vous viens proposer ;
Voila pourquoi, messieurs, on m'a vu tant oser !

    Ceux qui sont avec moi sur ces bancs, je les lave :

Seul j'ai tout préparé, tout conduit ! si la lave
D'un cœur patriotique est un crime, c'est moi
Qu'il faut livrer, messieurs, aux rigueurs de la loi.
On me dit prétendant ; c'est pourquoi l'on me juge ;
C'est là pourtant ici mon unique refuge.
Prétendant ! je le suis, non pour moi, mais pour vous ;
Jugez-moi maintenant ou plutôt jugez nous !...

La cause s'instruisit ; un foudre d'éloquence,
Berryer plaida le droit. Le bruit de la défense
Du prince sillonna Paris en un moment ;
Ce procès fut du jour le grand événement.
Chacun y prit sa part. Aux abords de la chambre
Des grouppes discutaient sans présumer Décembre,
Sur les torts et les droits ; et mesuraient, selon
Leurs propres sentiments, Louis-Napoléon.
Celui-ci rappelait plaisamment les Cassandres,
Celui-là devisait sur le retour des cendres
Que le gouvernement rendait à notre orgueil,
Franges d'or qu'il jetait sur l'illustre cercueil !
Cet autre, bon bourgeois vantant tout ce qui brille,
Toisait Louis-Philippe au père de famille ;
Ici c'étaient des cris, des imprécations,
Sur ce roi qu'on nommait bourreau des nations ;
Là des voix rappelaient le sort de l'Italie,
Et la brave Pologne esclave et puis salie ;

Dans un grouppe surtout on pérorait de haut
Quand un monsieur porteur d'un ruban rouge :

                         —Il faut,

S'écria-t-il Santor ! avoir perdu la tête
Pour trouver en ceci quelque prétexte honnête.
Comment ! un homme seul veut nous régenter tous ?
Croit-il que, comme lui, nous sommes de grands fous !
Quoi ! parceque l'empire eut des heures de gloire,
Il irait nous jeter, si nous le voulions croire,
Au volcan embrasé d'éventualités
Pleines de rêves creux ou de rivalités ?
Le pays est content ! veut-on que je le prouve ?
Voyons-nous seulement que cet étourdi trouve
Un homme, dans Paris, valide du cerveau,
Qui pense à relever l'aigle de son drapeau ?
Il est donc archi-fou d'espérer.

                          Un poète,

Noyé dans cette foule, alors levant la tête,
Regarda fixement l'important orateur :
   —De qui donc tenez vous la légion d'honneur ?
Ou du coq ou de l'aigle ? à votre boutonnière
Ce cordon fait-il ombre ou brille-t-il lumière ?
Ah ! vous ne voyez rien dans ce grand procès-ci !
J'y vois, moi, quelque chose ; oui, monsieur, la voici :
L'aigle ! savez-vous bien quel est ce haut symbole ?
C'est le peuple effacé qui rentre dans son rôle.

L'aigle dit liberté dans sa noble action ;
L'aigle française dit la révolution !
L'aigle dit peuple-Roi ; donc l'aigle à notre tête
Dit progrès social plus encor que conquête.
Voila ce que dit l'aigle à qui voit son auteur :
L'aigle dans le passé, fut le peuple-Empereur !
Voila l'aigle, monsieur ; mais voulant méconnaître
Son rôle en l'avenir, on me dira peut-être :
Les hommes sous l'empire expiraient mitraillés ;
Sous le Roi citoyen ils succombent raillés !
Si je pouvais d'ici parler à cette chambre,
Je dirais, comme ici, ce mot à chaque membre :
On veut incarcérer Louis Napoléon ;
Ne vous y trompez pas, c'est la France en prison !..
    Son interlocuteur, muet à la parole
Du poète, reprit son véritable rôle ;
Il allait l'empoigner. Dès qu'on s'en aperçut
On se rua sur lui ; le poète s'en fut.
Un murmure flatteur voltigea sur ce grouppe ;
On le sent, on en parle, en foule l'on s'attroupe ;
L'aigle française plane au dessus, plane encor ;
S'élève en entraînant les cœurs dans son essor !

    Durant ceci, les pairs ont rendu leur sentence ;
Louis-Napoléon en eut plus d'importance ;
Le jugement en fit un prisonnier d'état ;

C'était doter ce nom d'un tout nouvel éclat !
Les femmes, ces Nestors dans les partis modernes,
Qui ne peuvent souffrir les cœurs ni les noms ternes,
Voulurent, par bon ton, s'intéresser à lui,
Et du captif de Ham elles plaignaient l'ennui.
Ce jeune homme, exilé dès sa plus rose enfance,
Neveu du grand génie adoré de la France,
Ce prince s'éclipsant et dédaignant son droit,
Pour ouvrir au pays un sentier moins étroit ;
Ce vaincu dont on sait l'âme chevaleresque,
Qu'on veut représenter sous un manteau burlesque ;
Ce prisonnier d'état ! les femmes, dans Paris,
L'auront logé bientôt au cœur de leurs maris.
Car du char de l'État, la femme tient les rênes ;
Au foyer conjugal les femmes sont des reines,
Reines dont le pouvoir est d'autant plus certain
Qu'elles ne semblent pas en avoir dans la main.
Aristide, un des plus grands hommes de la Grèce,
En montrant son enfant, avouait sa faiblesse,
Devant l'ambassadeur d'un monarque allié :
« Vous croyez que sous moi tout le peuple est plié ;
Mais non ! c'est ce petit qui gouverne la Grèce ;
Il gouverne sa mère, et sa mère s'empresse
A me bien gouverner ; c'est donc en effet lui,
Non pas moi, qui gouverne Athènes aujourd'hui.
  Quoi qu'il en soit, déjà quelque fraîche auréole

Du noir donjon de Ham adoucissait la geole.
Les touristes venaient promener près du fort
Pour voir le prisonnier et gémir sur son sort.
La France, l'Angleterre et la froide Allemagne
Se donnaient rendez-vous au monarchique bagne;
Car le roi s'était là de lui-même enchaîné
Au boulet de douleur que le prince a traîné.
Et de tous les côtés, aux hameaux, dans les villes,
L'Empire propageait ses conquêtes tranquilles ;
Et, le pouvoir aidant, elles marchaient grand train
Sur le plan incliné qu'on ne suit pas en vain.

Déjà plus d'un prestige était tombé du trône :
Le pouvoir habitait dans une ardente zône ;
L'intérêt ! le sordide intérêt y régnait ;
Tout ce qui n'était pas riche, on le dédaignait.
On avait érigé l'intérêt en système ;
La France, sur ce goût criait bien anathême,
Mais les gens au pouvoir, riant de ces dégoûts,
Répondaient par ce mot : Bast ! enrichissez-vous !..
Mot fatal ! quand il tombe en l'oreille d'un homme,
Il ne comprend plus rien dans l'argent que la somme ;
Amasser, entasser, quels que soient les moyens,
Puisque les opulents passent pour les doyens.
Alors tout s'escompta ! chemin de fer, usines,
Capital social, découvertes de mines,

L'administration n'accordait rien pour rien ;
Elle était devenue un vaste pot de vin.
Tout s'acheminait là ! quand sur cette entrefaite
Un funeste décès vint tomber sur la tête
Du roi lui-même, hélas ! le Prince de Condé
Meurt ! on se parle bas ; moi je n'ai rien sondé.
Un ministre est frappé d'une peine infamante ;
Un chevalier d'honneur sur sa femme charmante
Ose... je n'ose pas écrire ce mot là ;
Un intime à la cour triche ; il se décola !
    Enrichissez-vous donc ! criez qu'on s'enrichisse !
Voilà le résultat du système complice ;
Tel était le courant qui venait de la cour.
Dieu ne permit cela qu'afin d'avoir son jour !...

TROISIÈME LIVRE.

———

LA TROMBE DE 1848.

טוב   כי   האוד   את   אלהים   ידא   ו

tob   ci   aor   eth   Eloïm   iare oua

feu   ainsi que   la lumière   dans les esprits   il vit et

(GENÈSE.)

Et il vit les esprits dans la lumière comme feu.

SEPTIÈME CHANT.

Tout se frotte et s'engrène aux pièces d'un rouage,
L'un à l'autre s'agence et donne un assemblage,
Dont la force motrice incessamment se sert
Pour gagner et tenir le but qu'on s'est offert.
La cruauté souvent est sœur de l'avarice.
Le prisonnier de Ham, renversé dans la lice,
En sentait dans ces jours la basse pression ;
On soudait à ses fers la persécution ;

Ham ! noir château bâti sur les bords de la Somme,
Des douleurs dont tu vis fais moi peser la somme ;

Vieux donjon féodal, né l'an neuf cent vingt trois,
Dis-moi tes grands captifs depuis les Vermandois.
Parle ! raconte-nous dans ton style âpre et sombre,
Des cœurs par toi meurtris l'indéchiffrable nombre ;
Dicte ! je vais écrire, et te servant d'écho
Retracer, d'après toi, tes flancs ruisselants d'eau ;
J'écoute !
     — Tu le veux ? sache que ma muraille,
Mes fossés et mes forts sont bien hauts pour ta taille ;

    L'homme qui m'a fondé si fier
    Vivait dans un siècle de fer ;
Je fus la seule loi, dans cette nuit profonde ;
     Voila pourquoi l'on fit mon corps
     Cuirassé contre le remords,
Dans les flancs de la terre auprès des flancs de l'onde.

    La force seule fait mes droits.
    Pour servir ou briser les rois,
J'ai scellé, dans mes pieds, des chaînes comme au bagne ;
     Qu'importe qu'on dise prison,
     Quand je trône sur l'horizon ?
Dans l'un de ses neveux, j'ai nargué Charlemagne !

    Je narguerais le monde entier !
    Dès mon berceau c'est mon métier

Je dois rester fidèle à ma propre existence.
        Je ne vis que de prisonniers ;
        Par eux j'engraisse les geôliers
Des larmes que le deuil répand dans le silence.

        Aujourd'hui, je le sais, je tiens
        Bien enserrée, en mes liens,
L'aigle qui peut un jour tenir tout dans la serre ;
        Mais que me fait à moi son sort ?
        Mon but n'a qu'un seul but : la mort
De quiconque proclame un droit sur cette terre.

        J'ai poinçonné bien des captifs ;
        Les uns doux, les autres rétifs..
Je les ai traités tous, avec indifférence.
        Pourquoi cela ? c'est que leurs voix
        Venaient me crier à la fois :
Ce que nous avons fait c'est pour servir la France !

        Combien de vains réformateurs
        Ont couché dans les profondeurs
De mes cachots, dont seul je connais bien la toise !
        Regarde ! j'en ai bien encor ;
        J'avais eu ceux de Thermidor :
Choudieu, Hugues, Duhem, surtout Bourdon de l'Oise

Des Bourbons j'ai vu le cornac,
Comte Jules de Polignac,
Qui se crut un César, du nom de ce grand homme ;
Garnon-Ranville, Peyronnet,
Chantelauze, serf-baronnet ;
C'est pour te renseigner sur eux que je les nomme.

Je l'ai dit ; qu'on me blâme ou non !
Je tiens Louis-Napoléon ;
Quelque jour j'en aurai, je le jure, bien d'autres !
La France se plaît au chaos ;
Eh bien ! j'ouvrirai mes cachots
Quelque soit un revers, quels qu'en soient les apôtres :

Ainsi parla le fort de Ham aux murs profonds ;
Je sentis à sa voix de douloureux frissons.
Ainsi que moi le Prince entendit ses paroles,
Le front haut et paré de claires auréoles,
Par l'âme cuirassé, contre les coups du sort,
Inspiré par son cœur, il répondit au fort ;
J'ai recueilli dans l'air ambiant ces paroles,
Qui vous feront sonder comme à moi les deux rôles :

Pèse, pèse sur moi, lourd donjon féodal,
Bourreau d'un front impérial
Qu'en l'an neuf cent vingt-trois tu courbas sous ta geôle ;

Pour redresser le mien, contre ton bras brutal,
  J'ai l'amitié qui me console !

L'amitié ! don du ciel, de Montholon, Conneau,
  Dès longtemps m'en ont fait cadeau !
J'élève ce rempart contre ta citadelle,
Puisqu'avec moi le peuple habite en ton caveau
  Par Charles Thelin mon fidèle.

Que peux-tu contre moi, dis ! resserrer mes fers ?
  Jeter un regard de travers
Quand je passe : insulter d'un dédain ma souffrance ?
Le sentiment moral a conquis l'univers ;
  Il doit me conquérir la France !

Si tu ne le sais pas, regarde à l'horizon.
  Les cœurs viennent dans ma prison,
Ils m'apportent le feu qu'ils soufflent sous la cendre
De l'Empereur ; par lui déjà ta garnison
  Se lèverait pour me défendre !

Toi même, ô lourd donjon, si ton pied sut broyer
  Des âmes que l'on vint noyer
Dans le remou profond de tes voûtes humides ;
Donjon, déjà tes murs sont le brûlant foyer
  D'où partent mes aigles splendides !

Ris, dédaigne, meurtris, insulte ! si tu veux...
      Mon étoile est brillante aux cieux ;
Quand mon corps est plongé, dans ta crypte profonde,
J'ai, pour sortir des flancs de tes cachots affreux,
      L'opinion, reine du monde !

Il a dit ; ô douleur, tu brises les plus forts...
C'est lorsqu'il est le plus ferme que tu le tords !
Faut-il t'en accuser, ou faut-il qu'on t'en loue ;
Est-ce pour te moquer que tu nous mets en joue ;
Ou bien est-ce plutôt, pour faire ressortir
Notre force devant le coup prêt à partir ?
Donnes-tu le rayon ou la nuit à la terre ?
C'est toi seule, ô douleur ! qui lis en ton mystère ;
Toi, faite pour sonder les esprits et les cœurs ;
Toi, premier messager souvent de nos splendeurs !
Tu me diras plus tard le secret...
                    Une lettre
Arrive en ce moment; on vient la lui remettre.
« Mon père ! cria-t-il, mon père !.. pour te voir
A ton dernier moment, je ferai mon devoir !
Adieu, force d'esprit qui renforçais mon âme ;
Adieu, force du cœur !.. mon père me réclame...
Adieu, cachots de France, et fortes volontés,
Par le lit d'un mourant vous êtes escomptés.
   Les yeux et le cœur gros d'une sainte tristesse,

Napoléon-Louis soupira; son Altesse
Fit porter sans retard une missive au Roi,
Y joignant ces seuls mots : « Qu'exigez-vous de moi ?
Sire! mon père meurt! Mon père, c'est ma vie.
Lui ménagerez-vous cette double agonie :
De quitter cette terre, et de quitter son fils
Sans que de l'embrasser, Sire, il me soit permis?
Je suis dans les cachots; malgré ma courte absence,
Je n'en serai pas moins prisonnier de la France;
Laissez-moi! laissez-moi! Sire, fermant les yeux
De mon père mourant, recevoir ses adieux. »
    Le ministère apprit cette haute supplique ;
L'esprit qui le guidait refusa sans réplique :
Ainsi le captif dut dévorer ces ennuis ,
Assombrissant ses jours, et dévorant ses nuits.

    Cependant ses appuis croulaient autour du trône.
Dieu, lui, de plus en plus isolait la personne ;
Aux scandales publics, dont il portait le tort ,
La main de Dieu voulut ajouter une mort.
Le prince Ferdinand, l'aîné de la famille,
Va partir pour l'Afrique, où son étoile brille ;
Il réunit autour de lui, pour les fêter,
Ceux des chefs dont le bras, plus tard, devait prêter
Son concours au succès de ses armes. Touchante
Réunion des cœurs ; on cause, on boit, on chante

Les lauriers moissonnés et ceux à recueillir ;
On se promet joyeux de ne leur point faillir ;
Ils doivent ombrager la nouvelle campagne ;
Le prince les arrose à grands flots de champagne ;
La gaîté fraternelle en verse un dernier coup ;
Il va prendre congé de son père à St-Cloud ;
Monte en calèche ; part, pour que les autres sortent ;
Brûle au pavé les fers des chevaux ; ils s'emportent ;
Prennent le mors-aux-dents ! Le prince, alerte et fort,
Saute pour éviter le péril, tombe... mort !
L'héritier présomptif n'était plus qu'un cadavre !...
Le père accourt, le voit, pleure...; son cœur se navre !..
Inutile douleur, inutiles regrets !
La tombe va s'ouvrir sur le royal décès ;
Car le prince, en mourant, entraînait dans sa fosse
Cette famille entière, où la baisse et la hausse
De tant d'événements passés ont fait leur jeu ;
Jeu des calculs humains , qui finira sous peu.
Ce jour fut pour le Roi plein de rêves funèbres.

La nuit suivante au ciel suspendait ses ténèbres ;
Le prisonnier de Ham, solitaire et rêveur,
Sommeillait sur sa couche en proie à la douleur.
Son père, mort sans lui, présent à sa pensée,
Au plomb de son cercueil la tenait enchâssée ;
Son père ; toujours lui ! Son père ; toujours là !

Son père en ses pensers.... Le prince l'appela.

L'ombre de l'Empereur, sa nymphe familière,

Vint à l'appel ; passa la main sur sa paupière ;

Le prince s'endormit d'un sommeil plus profond ;

C'est ainsi que les morts qui nous visitent font.

   « Pourquoi t'abandonner à cette douleur sourde ?

Ton âme emprisonnée en deviendrait trop lourde.

Je viens auprès de toi, moins pour te consoler

Qu'afin que ton esprit n'aille pas affoler.

Un grave événement vient d'éveiller la France.

Le fils aîné du roi, sa meilleure espérance,

Est mort, tombant frappé, sur le bord du chemin,

Par la droite de Dieu qui tient tout dans sa main.

Le père en a senti le contre-coup terrible ;

Il a compris que Dieu sasse tout dans son crible.

Voyant son fils meurtri, pour lui-même il a peur.

Son esprit s'est couvert d'une sombre vapeur.

Il supportera mal cette espérance morte.

Pour porter de tels maux il faut une âme forte ;

Plus forte que la sienne ! or veux-tu, comme lui,

Sous ta douleur qui croît, t'affaisser aujourd'hui ?

Non ! ce n'est point ainsi que l'homme fort procède.

Il tient, il se raidit contre ce qui l'obsède ;

Epouse la douleur, qu'il aime par vertu,

Et plus tard il triomphe aux grands jours ! car vois-tu,

C'est dans les grands creusets que les grands cœurs se coulent

Les grands chagrins vaincus les fondent et les moulent.
Tel pour jeter, d'un bloc, un équestre d'airain,
Le fondeur broie et bat la glaise dans sa main.
Sors donc, noble captif, sors de ta léthargie !
Ne suis-je pas là, moi, pour protéger ta vie ?
N'est-ce pas moi qui prends, intrépide fondeur,
Ta tête dans ma main pour y mouler ton cœur ?
Allons ! rappelle-toi Sparte, Athênes et Rome !
Considère surtout le sort du Dieu fait homme ;
Il nous ouvrit le ciel ! comment ? par la douleur ;
Par la tienne à la France, ouvre donc l'Empereur !

Plus il parlait, et plus ce génie incroyable,
Qui dût d'abord paraître au prince impitoyable,
Rendait à sa figure la douce expression
Qui sculpte, dans le cœur, la persuasion,
Et son front rayonna, d'un rayon de lumière,
Jouant, éclair de l'âme, aux cils de la paupière
Du prince, qui sentit, dans ce sommeil profond,
L'impérial bandeau frissonner sur son front.
L'Empereur fit alors apparaître à sa vue
Une ombre, silhouette au captif inconnue ;
Quant au signalement : un pantalon troué,
Cravate de couleur, bourgeron maculé,
Longs cheveux, teint noirci de sueur, sur l'épaule
Un madrier, courbant sa taille, comme un saule.

L'Empereur la lui fit quelque tems regarder ;
Et lui dit : « Tu pourras comme nous t'évader. »
Alors sa vision : l'Empereur et l'autre ombre,
Suivirent l'escalier moitié clair et mi-sombre,
Traversèrent la cour, le poste des soldats,
Le double pont-levis, mais sans forcer le pas ;
Bien plus, tout près du seuil, posant sa planche à terre,
Le factice ouvrier s'essuya, sans mystère,
Le front avec sa main, comme si rien ne fût ;
Rechargea sur son dos sa planche de salut.
Alors confusément le Prince dans ce rêve
Vit comme un long chemin, à la suite une grève,
Un tilbury poudreux, des chevaux, un cocher,
De l'eau, des prés, des bois, plat pays et rocher,
Jusqu'à ce que le jour, ayant chassé l'étoile,
Il vit un brigantin qui mettait à la voile ;
Lorsqu'il fut éveillé par le son des tambours
Roulant à grand fracas le réveil dans les cours.
Le Prince, stupéfait de ce singulier songe,
Se leva, se disant : « Qu'est-ceci ? Mais j'y songe ;
Mon père n'est pas mort ! puisque mon oncle ainsi
M'a montré ce chemin.... Je sortirai d'ici ! »
Sa résolution dès ce moment fut prise ;
Mais pour l'exécuter il faudra qu'il la dise...
Conneau, Charles Thélin furent seuls du complot ;
Conneau prit la vigie et Thélin le falot.

« Si de Condé, dit-il, s'échappa de Vincennes,
Beaufort de la Bastille ; et sortant de leurs chaînes,
Si de Nemours, de Guise et tant d'autres ont pu
S'évader, sans forfaire à ce qu'ils auraient dû,
Combien moi suis-je moins lié qu'eux à ma geôle ?
Car enfin je voulus en sortir, sur parole,
Pour mon père mourant... à d'autres le malheur,
Puisqu'ils ont repoussé ma promesse d'honneur !
    Tout pour l'évasion fut calqué sur son rêve ;
Costumé de haillons, que son projet relève,
Le Prince, sans broncher s'échappait un matin,
En fumant ; et peut-être en chantant un refrain.

    Au moment où Louis prit son itinéraire,
Philippe s'engrèvait au rail parlementaire.
Louis était venu dire au peuple : Je crois
Qu'un vote universel doit te rendre tes droits ;
Philippe, harcelé par la lance commune,
Spéculait sol à sou le vote à la fortune ;
L'un avait dit : Le peuple est l'homme collectif,
Qui depuis trop longtemps en vote est inactif,
L'autre disait : Il faut pour qu'on l'exerce, à l'aise,
Qu'on ait un intérêt dans la maison française ;
Car enfin qui conduit une entreprise à bien ?
Est-ce celui qui paie ou celui qui n'a rien !
Le peuple répondait, juge des deux systèmes :

Devant le Créateur les hommes sont tous mêmes ;
Dieu ne les pèse pas avec des sacs d'argent ;
Hors des caisses voit-on un homme intelligent ?
Si l'on en voit, pourquoi les repousser de l'urne ?
Dites donc que le roi c'est le nouveau Saturne !
La chambre, divisée entre plus d'un parti,
Avait vu que le roi trébuchait averti.

   Les meneurs, appelés alors les chefs de file,
Tâtèrent la campagne et sondèrent la ville.
Les avis partagés partageaient chaque camp ;
Quand ça finira-t il ? Nul ne savait trop quand.
Du sein de ce fouilli l'on vit surgir un homme.
Ne le comparez pas à ceux de Sparte ou Rome ;
Athènes aurait pu dans un tems l'assommer,
Je me contenterai de ne le pas nommer,
Pourquoi des noms ? Il faut à l'heure qu'on en nomme,
Que le nom proféré du moins constate un homme,
Celui-ci ne l'est point, bien qu'il en portât deux ;
Que Dieu lui soit clément ! c'est tout ce que j'en veux.
Cet esprit donc, prenant sa voie entre deux routes,
Crut qu'il allait d'un mot éclairer tous les doutes ;
Et l'on vit un matin sur les flots agités
Surgir, brillant et creux, son mot : Capacités !...
Capacités ! voyez la superbe merveille !
On en a plein la bouche, on en a plein l'oreille ;
Capacités ! Eh mais qui ne vous dira pas :

Je suis capacité du chapeau jusqu'aux bas !
Capacité ! c'est moi, dit l'un ;
                              —C'est moi, dit l'autre ;
— Voyons ça, mes mignons, votre esprit vaut le nôtre ;
— Le nôtre vous vaut bien.
                              — Qui nous jugera tous ?
— Mais ce sera le plus capable d'entre nous.
— Me voici :
                  —Me voilà.
                              —Permettez, mon cher homme...
— Un instant, s'il vous plaît...
                              — Avez-vous un diplôme ?
— J'ai le mien ; le voici.
                              —Mais le roi n'en a pas.
—Raison de plus, pour moi, de le jeter en bas.
—Tudieu, c'est là parler ?
                              — Votre vote ?
                                    — Tiens, l'autre ;
— Je le garde pour moi; je n'aurais pas le vôtre.
—Il faut bien, cependant....
                              —Eh bien, votez pour moi.
— Je ne voterais pas, s'il fallait, pour le roi.
   Hautes capacités dont chacun est le centre,
Capacités d'orgueil, capacités du ventre,
Capacités ! prouvant que c'est la vanité
Qui sert de fond commun à la capacité !...

Sur ce thême on bâtit un système d'attaque.

Avant de se briser souvent un timon craque ;

Le Roi n'entendait pas même crier l'essieu

Et pourtant de la roue il était le moyeu.

Or les capacités se mirent en campagne ;

Il fallait breveter cette invention magne ;

Mais comment ? un capable osa le deviner ;

   Commençons, leur dit-il, par ne pas mal diner ;

Car avant de parler, il faut prendre un à compte ;

Puis par le temps qui court toute valeur s'escompte.

N'est-ce donc rien, messieurs, que la valeur du mot ?

Au feu de nos discours fesons bouillir le pot !

Les Brillat-Savarin, les Grimaud-Lareynière,

Croyez-vous bonnement qu'ils étaient dans l'ornière ?

Vatel et Taillevent, illustre maître-queulx,

Nommez m'en, s'il-vous-plait, de plus capables qu'eux !

Le vulgaire public, ignorant des grands hommes,

Les appelle d'un nom peu décent : gastronomes !...

Vulgue Pecus ! Eh quoi ! n'aurais-tu donc pas su

L'axiôme de l'un des quatre, si connu :

L'animal se repait, l'homme vulgaire mange,

D'esprit il sait manger ; vois, si la chose change !

O Brillat, ô Vatel, ô noble Taillevent !

O Grimaud méconnus ! je suis votre servant.

Des banquets, mes amis ; quand l'estomac est vide

L'esprit le plus fécond est un désert aride !...

Tout le monde applaudit ; les maîtres, les laquais !
Et les capacités crièrent : les banquets !...
Banquet ! banquet partout ! champignon politique
Le banquet, du banquet excellente critique,
Le banquet promenait son multiple couvert
Soit aux salons bien clos, soit à ciel découvert.
Les capables, Babels parlant toutes les langues,
Changeaient toute escabelle en tribune aux harangues !
C'était un cliquetis de verres, de discours
A pouvoir rendre l'ouïe aux plus entêtés sourds.
Ici c'est un monsieur, toujours un des capables,
Fesant rouler l'éclair du bon mot sur les tables ;
Là c'était un meneur, fort capable aussi, lui,
D'égayer un bourgeois n'engendrant pas l'ennui ;
Plus loin, autre capable à la voix forte et grave,
Aux créneaux du banquet bataillant comme un brave ;
De tous côtés c'étaient capables orateurs,
Sur la phrase à l'effet intrépides gratteurs,
Qui du verbe aiguisant l'ironique sarcasme,
Chiffraient chaque triomphe au barême du spasme ;
Si bien qu'à qui mieux mieux, dans chaque festival,
On cotait le capable à sa somme de mal ;
La France fut en feu ! feu devant la marmitte,
Feu devant le pouvoir qui vainement s'irrite,
Feu partout, feu de file et feu de peletons !
Feu qui devait bientôt rôtir tous ces moutons !...

Le vingt-deux février vint sur ces entrefaites.
Les capables grisaient, par le gésier, les têtes ;
Quand le banquet gronda devant l'autorité,
L'autorité tint tête à la capacité.
Juvenal, laisse-moi te quitter pour Virgile !
Je voudrais activer ton escarmouche agile ;
Pour dire ce combat, sorti du pot-au-feu,
Je serais trop mordant ou le serais trop peu.

Quatre partis tranchés se trouvaient en présence :
Le plus vieux, composé de l'ex-sainte-alliance ;
Son cadet, s'appuyant sur le trône du Roi,
Dont la légalité semblait être la loi ;
Le puîné, recrutant sa force politique
Dans la convention, c'était la république ;
Et le plus jeune enfin s'intitulant du nom
Du Consul, devenu plus tard Napoléon !
Formidable carré ! dont trois côtés, quand même,
Vont bientôt faire feu contre le quatrième ;
Sauf, après la victoire, à s'entrerenverser
Sur la trombe, qui dut dans ses bras les bercer.
Chose étrange ! les trois partis : légitimiste,
Républicains du jour, enfin bonapartiste,
Attendaient, l'arme au bras, dans ces jours solennels,
Le débat des partis constitutionnels ;
Car il ne semblait point qu'on en voulût au trône !

Même tous deux au fond s'agitaient dans sa zône.

L'un y jetait le gant , par Odillon Barrot ;

L'autre le relevait par le bras de Guizot,

La légalité seule excitait la querelle ;

Tous les deux se targuaient de combattre pour elle ;

Mais une différence existait qu'il faut voir :

L'un était la révolte et l'autre le pouvoir.

A force de parler, ils ne surent s'entendre ;

Dans la lice enflammée il leur fallut descendre.

Qui des deux eut raison : Odillon ou Guizot ?

De la balance ici le peuple est le pivot.

Odillon va bientôt triompher dans la lutte,

Guizot, lui, doit tomber d'une éclatante chute ;

Le peuple se va dire : il fut homme d'état ;

Odillon n'aura plus en France aucun éclat.

Leçon nationale, inouie en l'histoire !

Le vaincu, du vainqueur accapare la gloire,

Quand le vainqueur, frappé d'un précoce décès,

Se vit le lendemain brisé par son succès.

Toutefois la bataille en vingt endroits commence.

Les fusils sont en feu, les têtes en démence ;

La barricade dresse en tous sens, dans Paris,

Les donjons crénelés de ses bastillons gris ;

Chaque coin se transforme en magasin à poudre.

Le salpêtre enflammé tonne comme la foudre ;

Le plomb siffle mortel ; il renverse, en courant
Aux deux camps ennemis, le mort sur le mourant.
Le carnage s'ébat des barrières au centre ;
Du plus loin on se tue et de près on s'éventre ;
Le sang ! ce flot qui fume et se fige glacé
Quand le souffle divin qui l'anime est chassé !
Ruisselle en emportant des milliers de victimes,
Dont les âmes s'en vont rugir dans les abîmes.
La mêlée est horrible... On ne sait pas encor
Où le triomphe doit diriger son essor.
Odillon et Guizot sont de la même force,
Si nous voulons ici les peser à l'amorce ;
Car trois camps opposés sont restés spectateurs
De cette boucherie inutile aux acteurs.
Le roi, le cœur navré de ces luttes sinistres
Pour les faire cesser, révoque ses ministres.
Les rangs républicains, jusqu'alors inactifs,
Ont sondé sa pensée et s'y montrent rétifs.
Il faut plus désormais qu'un autre ministère ;
Ce qu'il leur faut, c'est tout ce qu'ils ont dans l'artère :
Le vote universel, le trône ! et quelques uns
En tout l'égalité, d'autres les biens communs.
Tous, d'un commun accord descendent dans la lice.
Pauvre roi des Français dont la royauté glisse !
Il crut tout terminé, quand des foudres nouveaux
Eclatant près de lui, renversent ses travaux.

Le peuple est à son seuil... Terribles moqueries !
Le peuple lui criant : « A nous les Tuileries !
Et vêtu d'une blouse et d'un chapeau sans prix,
Il s'en fut s'écriant : Pire que Charles X !...
Oui ; dix-huit ans avant, un autre roi de France
Était tombé, par lui, grâce à son arrogance,
Comme deux ans plus tôt Louis Napoléon
Costumé, comme il l'est, s'échappait de prison...
Seulement celui-ci c'était pour être libre,
Ce costume plaisait à la française libre ;
Mais lui, Louis-Philippe, il expiait ainsi
Ses dix-huit ans de règne escamotés ici.
    Quoi qu'il en fut, la France avait brisé sa chaîne.
Elle est démocratique et peu républicaine,
La république vint cependant au pavois ;
Protestation faite encor contre les rois.
Le peuple comprend mal et ce mot et la chose.
République pour lui n'est que sa propre cause ;
Sans peser autrement les autres intérêts,
Qu'il n'y veut que le sien sans y tendre jamais.
Pour lui peu de travail et beaucoup de salaires ;
Le travailleur chez nous croit qu'il vit aux galères,
Se reposer, jouir, dissiper son avoir,
Réclamer tout de tous, repousser le devoir ;
Quant au peuple, voila sa sainte république ?
Mais faire un sacrifice à la chose publique,

Mais doubler les produits par l'effort de son bras ;

Mais se faire un orgueil du travail qu'il n'a pas,

Mais consentir à vivre à la place oubliée ,

Où sa famille fut, par ses pères liée,

Mais regarder en haut et savoir rester bas,

La république ! alors il ne la comprend pas.

Un tel état pour lui fut chose dérisoire ;

Et le gouvernement un pouvoir provisoire ;

C'est qu'en rêvant un autre impossible milieu,

Il suivait malgré lui la logique de Dieu.

Tous les jours on voyait, devant l'Hôtel de Ville,

De cent corps de métiers la bannière mobile

Inscrire aux trois couleurs les programmes pressants

Que les meneurs savaient retourner en tous sens.

La France n'avait pas la baguette des fées ,

Elle ne peut marcher au gré des coryphées,

Qui de tous les côtés présentaient un projet

Que n'aurait pu combler, pour un seul, son budget,

Où serait, en effet, la fortune publique,

Si chaque corps d'État affamé se l'applique ?

La fortune de tous, elle est dans tous les bras ;

Elle est dans le travail ; on ne l'y voyait pas ;

Elle est dans le produit des familles rivales,

Apportant à l'État ses dîmes inégales ;

Dans la propriété, son bien fond, qui produit

La misère pour tous, sitôt qu'on la détruit.

La voilà la richesse universelle et vraie;
Je l'ai dit, on a pris mon froment pour ivraie;
Car d'autres caressaient le rêve du moment;
Aujourd'hui mon ivraie est changée en froment.

Dès le premier signal de cette nouvelle ère,
Le Prince tressaillit et revint d'Angleterre
Pour offrir au pays et cœur et tête et bras;
Mais le gouvernement ne les accepta pas.
Le prince, ainsi payé d'un acte de civisme,
Regagna son exil, volontaire ostracisme,
Préférant s'immoler à la France au grand jour,
Que de laisser planer sur son front un détour;
Heureux et satisfait de savoir la patrie
Libre de ses liens; en la joie il s'écrie :

France, te voilà libre et me voilà proscrit.
Que m'importe à présent que ce mot soit écrit
    Au livre de ma destinée?
Puisque je sais ton front délivré de ses fers,
Je plongerais ma vie au gouffre des enfers;
    Dût-elle y pourrir confinée.

Te sentir noble et grande et craindre que pour moi
Ta sainte liberté dût tomber en émoi,
    Me serait douleur trop profonde :

J'aimerais mieux, ô France, âme de l'Empereur,
Broyer dans mes deux mains, les fibres de mon cœur ;
        Et les parsemer sur le monde.

    Qu'ai-je rêvé ? que veux-je encore, ô mon pays ?
Seul trôner sur ton sein, commander à tes fils,
        Après ceux qui vont vers la tombe !
Non ! tu ne le crois pas ; si l'aigle est ta grandeur,
Retiens bien ce mot là ; car il part de mon cœur :
        Je veux en être la colombe !

Je puis tout endurer maintenant. L'univers,
Qui connut ta puissance et qui vit tes revers,
        Dans l'admiration frissonne.
Oh ! cela me suffit pour apaiser mes maux ;
Je serai radieux des éclairs tout nouveaux
        Dont tu sevreras ma personne.

    Qu'est un homme, devant un peuple de géants ?
Goutte d'eau qui se noie au sein des Océans,
        Où les grands fleuves vont en foule
Se perdre et s'engloutir aux réservoirs profonds,
Dont nul regard jamais ne put sonder le fond,
        Pas plus qu'il ne conduit sa houle.

    Ô ma France adorée, obéis à ta loi ;

Ton génie aujourd'hui se peut passer de moi ;
        Car l'Empereur fut ton génie.
Repousse de ton sein, un prince ton enfant ;
Pourvu que le pays demeure triomphant,
        Que me fera mon agonie ?

    A peine avait-il dit que des milliers de voix
Le rappelaient en France, après un triple choix,
Il revint sur le flot de la mer remuante
Afin de prendre part à la constituante,
Ou plutôt dépêché par la main du Très-Haut
Pour que l'opinion pût avoir un pivot ;
Car Dieu qui sonde tout et les reins et les âmes,
Dieu qui voit le secret de nos secrètes flammes,
Qui de loin et de près constate nos erreurs,
Dieu l'envoyait pour mettre un terme à nos fureurs ;
Car où trouver chez nous du républicanisme ?
Et par ce mot j'entends dévoûment et civisme ;
Le peuple n'en a pas, nous avons vu comment ;
Les classes du sommet, c'en est bien autrement.
Là, personne ne veut, fût-ce même à la France,
Rogner de l'épaisseur d'un doigt sa préférence ;
L'un aime les Bourbons, l'autre les d'Orléans,
Ces hommes sont plongés aux abîmes béants !
Qu'importe ! on dresse au bord du gouffre politique
Les béliers pour saper l'existence publique,

La finance, qui tient en ses mains le crédit,
Fermant son coffre-fort, le frappe d'interdit ;
L'autre, dans ses greniers, consigne sa récolte,
Ou l'expédie au loin ; la faim veut la révolte !
On spécule dessus, sauf à se perdre, soi,
Sous le prétexte faux de défendre sa foi.
Ce qu'on défend ainsi, c'est son goût, son système,
Sa passion aveugle et le sourd stratagème.
D'autres orages vont éclater dans la main ;
Mais on n'en suit pas moins carrément son chemin.
C'est peu ; ce qui se fonde, on cherche à le détruire ;
On nuit par intérêt, dût-on même se nuire !
C'est ce que fit partout la France en ces jours là.
Par ses représentants elle se révéla.
Alors qui, pour garder, qui pour honnir la chose,
Chacun eut sa tribune érigée à sa cause :
Avocat, prolétaire, écrivain, ou banquier,
Riche, pauvre, bourgeois, ministre, boutiquier.
   Le Prince regardait tout cela d'un œil morne :
« Pourquoi discute-t-on ainsi sur chaque borne ?
La France est imprudente ! » Et d'un regard plus froid
Il se dit résolu : « Le peuple est dans son droit.
Mais qu'il y prenne garde ; il fera fausse route ;
Il n'est pas fait encore à tenir cette joute ;
Il attaquera bien et se défendra mal ;
A celui des vieux roués son mot n'est pas égal.

Si je pouvais là bas savoir ce qui se passe...
Examiner les clubs ? ce n'est pas là ma place.
Il faudrait prendre part aux controverses... Non !..
L'autorité manque à cela !..

                          Napoléon
Le vint trouver, toujours son guide aux grandes crises.
« Suis-moi, dit l'Empereur, et vois leurs entreprises.

    Ils sortirent ensemble.
                          « Aujourd'hui dans Paris,
Autant d'hommes, dit-il, eh bien autant d'esprits.
Esprit de trahison, esprit de pur civisme,
Esprit de foi loyale, esprit de bas cynisme,
Esprit de la patrie, esprit de l'étranger,
Paris dans son esprit a su tout mélanger.
Fiévreux, en ce moment, ils s'agitent en somme ;
Pour les relier tous, il ne manque qu'un homme.
Mais être un homme ! il faut pour l'être résumer
Tous ces esprits divers qu'on voit s'y consumer ;
Souffler, sur le chaos, la créatrice flamme
D'un esprit généreux, surtout d'une grande âme ;
Sous gantelet de fer avoir le poignet doux
A savoir réunir les intérêts jaloux.
Allons voir si Paris nous fournira cet homme.
Si nous le rencontrons, tu diras qu'on le nomme. »
Ils prirent leur chemin par rue et carrefours,

Jusque vers le palais surnommé Luxembourg.
Un poste de gardiens en défendait la porte.
  « Nous n'entrerons pas là, Louis ; mais il n'importe ;
Je vais t'analyser ce qu'on est là dedans :
Autour d'un tapis vert, cinq hommes dissidents
D'opinions, d'esprit, de bras, et même d'âme,
De leurs projets divers composent l'amalgame ;
Tous portés pour le peuple équilibrent trop tard
Les ressorts surannés d'un système bâtard.
Ils ne barreront point les torrents populaires,
Comme eût fait Charlemagne en leurs capitulaires.
D'autres prétentions mugissent autour d'eux ;
Et, d'ici, je les vois inquiets et hargneux.
Ils ont improvisé, surtout pour se soustraire
A Paris, des travaux dont ils n'ont rien su faire.
C'était, à leur insu, créer au peuple un droit
Que ne peut maintenir un budget qui décroît.
Au dedans, ce conseil épuisé se tiraille ;
La misère, qui monte, au dehors le travaille ;
Chaque tribune envoie une adresse au pouvoir ;
Plus la lumière y vient moins le conseil peut voir.
Viens donc juger des clubs. Descendons vers la Seine ;
Fourrier, dans l'Institut, occupe seul la scène ;
Il a choisi ce lieu, dans ses enseignements ,
Pour plier la science aux quatre mouvements.
Entrons !

Ce club était installé sous le dôme ;
Le beau sexe y siégeait aussi nombreux que l'homme ,
Publique expression du travail attrayant !
Fourrier veut que nos jours coulent en s'égayant.
Ce soir-là, l'on chantait la gamme sériaire ;
Fourrier rénove tout, jusqu'au dictionnaire :
Le sexe applaudissait à rompre l'orateur.
« Il paraît que c'est vrai, dit soudain l'Empereur ,
Écoutons. » Un instant après : « Mais la série ,
Qu'est-ce autre chose, donc, que la hiérarchie ?
Ajouta-t-il ; Fourrier ne change que le mot ;
On avait dit sommet et base ; il dit pivot
Et gamme ; il échelonne en groupes ses phalanges,
Et, démonétiseur, il rêve les échanges ;
C'est du commerce en gros... Mais, aux divers accords
De sa gamme, je vois les faibles et les forts ,
Les grands et les petits ; voilà tout son génie :
C'est, sur ces mots, d'avoir mis le mot : harmonie.
Seulement, il l'extrait, lui, du centre animal ;
Et je la place, moi, dans le centre moral....
Instinct passionnel !... »
                    Ils reprirent leur course,
Dans un quartier voisin du quartier de la Bourse,
Près du Palais-Royal ; pour tout dire, en ce lieu
Qu'on avait baptisé du nom de Montesquieu.
Là, sans doute, on s'inspire à ce grand publiciste ;

Et le gouvernement parlementaire existe.
Voyons; dit l'Empereur. « Entends-tu bien? tu vois !
Si Montesquieu venait, tenant l'esprit des lois,
Que pourrait-il penser? Chabot et Robespierre,
Marat, Owen, Babeuf, et la pléïade entière
De ces tribuns fougueux qui n'ont nul autre sens
Que de crier au peuple : ou de l'or ou du sang !
Ecoute les plutôt ! mais non ; quittons cet antre ;
Laissons-les dévorer leur esprit par le ventre ;
Combattre ouvertement les pensers généreux
Que le peuple français écouterait sans eux ,
Jetter comme un brandon leur parole enflammée,
Sur l'étoupe et le chanvre à la foule affamée ,
La pousser au volcan des révolutions,
Spéculant au profit de leurs ambitions.
Viens; car mon cœur se nàvre, et quand je vois tes larmes,
Louis, ces pleurs versés me prouvent tes alarmes.
Oh ! qu'il est désolant de prévoir les malheurs
Qui surgiront bientôt de toutes ces erreurs.
Si tu veux, nous allons visiter la Redoute.
    Et les deux visiteurs poursuivirent leur route
Vers ce club occupé surtout du capital
Dont l'intérêt était l'égoïste rival.
Sur ce thême chacun échafaudait son rêve.
    « Hélas ! dit l'Empereur, ce sera donc sans trève ?
Cette guerre qu'on fait à la société

C'est du combat de loups, fait à satiété.
Le capital ! comment ! celui qui le possède,
Sans en tirer obole, il faudra qu'il le cède,
Mais que devient l'État qui vit du capital ?
De tous ceux que j'ai vus, c'est là le club fatal. »

Ils errèrent une heure, explorant le dédale
Du moderne Minos nommé la capitale ;
Et de tous les côtés arrêtés par les cris
Qu'envoyait la veillée aux échos de Paris ;
Quand attirés soudain par un silence magne,
Ils prêtèrent l'oreille au club de Charlemagne.
Un poète parlait quelques instants avant;
Il s'était raidi fort aux ravales du vent
Soufflant des Quinze-vingts et préparant les têtes
Aux fâcheux ouragans des civiles tempêtes.
L'Empereur dit :

            « Voyons ce qui se passe ici. »

Le poète parlait et s'exprimait ainsi :
Je l'ai dit, citoyens, et le répète encore :
Vous avez arboré le drapeau que j'arbore,
La république vraie a pour triple pivot :
Travail, propriété, famille ; il nous les faut !
Le travail, c'est le bras intelligent et libre
Par lequel, pour chacun, la propriété vibre ;

La propriété ! c'est l'expression du cœur
Changeant, pour la famille, en bien fond, le labeur ;
La famille ! elle vit de bras, de cœur, de tête ;
Dès le berceau du monde on la voit qui se jette
Dans les bras du travail, et l'ordre accrédité
Rattache la famille à la propriété.
Voilà le sens divin de toute république ;
Vous la comprenez tous comme je vous l'explique,
Tenez ainsi la main solide au gouvernail.
Reprenons, citoyens ; on traitait du travail...

    Sur l'allocution mille bravos jaillirent ;
Mais les cris, au dehors, en clameurs tressaillirent,
Si bien, qu'en ce moment, à peine on entendait
La voix de l'orateur... C'était Juin qui grondait !

HUITIÈME CHANT.

Le soleil sera changé en ténèbres et la lumière en sang.
(Le proph. Joël.)

On ne peut juger les événements à moins de connaître le dessous des cartes.
(Mad. de Sévigné.)

L'égoïsme n'inspire point d'énergie.
(Sismondi.)

Le peuple a du jugement lorsqu'il n'est point égaré par les déclamateurs.
(Napoléon.)

Les actions sont plus sincères que les paroles.
(Scuderi.)

Dieu vous suscitera, d'entre vos frères, un prophète semblable à moi ; vous l'écouterez.
(Moïse.)

Le Prince consterné réfléchissait dans l'ombre,
Sur ce que l'avenir prochain couvait de sombre ;
Il se disait : « La France a donc brisé ses fers
Pour se plonger vivante au gouffre des enfers ?
Quoi ! ce peuple si noble après mil huit cent trente,
Si grand en février ! grisé par la tourmente,
Va-t-il souiller de sang son front majestueux ;
Et tourner sur son sein ses flots tumultueux ?
Mon Dieu, de tant d'esprits dissipe le faux rêve ;
Insuffle dans nos cœurs l'âme de Geneviève,

C'est la sainte empruntée au peuple de Paris,
La foudre d'Attila, la force de Clovis !
Dis-lui, seigneur, dis-lui que du ciel elle descende ;
Qu'elle parle à sa ville ; il faudra qu'elle entende
La vierge de Nanterre ! elle qui, tous les ans,
A son tombeau pieux apporte ses présents.
Paris ! un seul cadeau doit désormais lui plaire :
C'est d'imiter en tout ta sainte populaire
Qui dévoua sa vie et son âme au pays ;
Fais-lui le sacrifice entier de tes partis.
J'ai vu dans quels sentiers ton âme se disperse ;
Ah ! si je m'y pouvais jeter à ta traverse ;
Si d'un côté le peuple et de l'autre les rois
Allaient se mesurer pour débattre leurs droits,
Alors tu me verrais descendre dans la rue
Pour aider au succès de la foule accourue...
D'y penser seulement, en ce jour, je frémis !
Un combat ? ce seraient les frères ennemis.

Paris semblait content. Il jouait sur la foudre
Dont le carreau mortel part du feu de la poudre ;
Rien n'eût fait supposer que sitôt son éclat
Sur des monceaux de morts rugît et folâtrât !
Cette cité qui voue au plaisir le dimanche ;
Qui, dans les bals des champs s'étourdit et s'épanche,
Se livrait sans vergogne, oublieuse en chemin,

Au hasard qui devait frapper son lendemain ;
Cette ville dansait ! aux bourgs, à la barrière,
Sa bottine vernie éveillait la poussière ;
Elle ne voyait point, attentive aux polkas,
Un monstre qui rôdait sur elle à chaque pas.
Intrépide, hargneux, flatteur, rongé d'envie,
Avide de discorde et parlant d'harmonie,
Cet être au regard louche et fauve, au front trapu,
A l'intestin glouton, de fol orgueil repu,
Au cœur dur comme un roc, à l'esprit égoïste,
Aux ongles de vautour pour ce qui lui résiste,
Engendré dans ces temps, par l'âme de l'enfer,
Contemplait cette enceinte avec un rire amer.
Il monta, par son aile échancrée en faucille,
Au-dessus de la place où trôna la bastille,
Et trouvant un sommet, pour reposer son vol,
Il braqua ses deux yeux enflammés vers le sol :

Salut, faubourg du peuple, a-t-il dit dans sa haine,
Foyer républicain qu'une plus lourde chaîne
            Accable sous mes yeux ;
Salut ! dois-tu souffrir que de basses intrigues
Éternisent, pour toi, les maux dont mille brigues
            Ont frappé tes aïeux ?

Ici rien n'est changé depuis la nouvelle ère,

On prépare pour toi la faim et la misère,
Le sépulcre et le deuil ;
Et les ambitions des hommes qui te rongent,
Vont allonger leurs mains avides, qu'elles plongent
Au-delà de ton seuil.

Arrache le pays à ces rudes supplices
En réclamant pour tous une part aux délices
Qu'on te promit par moi ;
Peuple, lève-toi donc plus fort que l'infortune,
Va poser ton couvert à la table commune ;
Lève-toi ; lève-toi !...

Le démon déchaîné de la guerre civile
Laissa tomber ces mots de sa lèvre fébrile,
Dont le frisson alla, comme un simoun brûlant,
Tournoyer dans le cœur du peuple turbulent.
Le mal choisit le tems propice à sa besogne ;
On avait, pour sécher les marais en Sologne,
Dirigé depuis peu des masses d'ouvriers,
Qui rentraient à Paris, sans pain et sans souliers.
On leur avait promis cependant l'abondance ;
Mais le pouvoir avait manqué là de prudence ;
Ils n'y purent trouver ni pain, ni feux, ni lieux ;
Ces hommes revenaient affamés, furieux.
A ce moment des voix joyeuses et funèbres

Dont les accents mêlaient leur tumulte aux ténèbres,
Réveillaient de Paris les vigilants échos,
Qui ne dorment jamais, même sur les pavôts ;
Et sous terre, des chants néfastes et terribles
Exhalant les transports des démons invisibles,
Dans leur rage infernale alors se divisaient
En chœurs tumultueux, dont les moindres disaient :

      Nous sommes rois en France.
      L'heure de délivrance
         Sonne aujourd'hui.
      Le nombre fait la force ;
      Qu'une dernière amorce
         Soit notre appui.

      A nous l'or et la soie ;
      A nous argent et joie ;
         C'est notre bien.
      Dans la bourse commune
      Nivelons la fortune ;
         Ou tout ou rien !

      Plus de chambre enfumée ;
      L'alcove parfumée
         Et le boudoir
      Où la beauté se pâme,

Enivreront notre âme,
   A tous, ce soir !

Les plaisirs et les places
Gorgent les hautes classes
   De leurs faveurs ;
Il est tems que la blouse
Soit pour onze, sur douze,
   Dans les honneurs.

En tems de république,
La bonne politique
   C'est le bon vin,
La grasse nourriture,
Que jamais ne mesure
   Un gai festin.

Mort aux tyrans, aux traîtres,
Aux tâcherons, aux maîtres,
   Mort aux puissants !
Scellons la nouvelle ère
En fécondant la terre
   Avec leur sang.

A bas les privilèges !
Les classes, les colléges,

Les ateliers.
Reposons-nous ensemble
Sous la loi qui rassemble
Les ouvriers.

Ces sept chœurs, qui semblaient sortir d'une caverne,
Modulaient leurs accents sur des airs de taverne,
Sans que l'oreille pût, attentive à ces chants,
Savoir s'ils s'élevaient de la ville ou des champs.
Comme aux bords de la mer, lorsque l'orage gronde,
Et que les brisements de la vague profonde
Défendent, par leur bruit, à l'homme d'approcher,
On ne sait qui mugit du flot ou du rocher ;
Mais à ces hurlements sortis de la tempête,
L'âme humaine s'agite et frissonne inquiète,
Ainsi dans les faubourgs, ainsi dans la cité,
Paris en s'éveillant tressaillit agité.
Il lui semblait entendre ici des bruits de chaînes
Que traînaient sur les grès des bandes souterraines ;
Là des affûts garnis, roulant de lourds caissons ;
Plus loin des pas de fer remuant des canons ;
De tous côtés le peuple, avide de spectacle,
Habile à triompher d'un doute ou d'un obstacle,
Encombrait curieux les quais, les boulevarts,
Tournant au moindre choc de ses pas, ses regards.
Le monstre a jugé l'heure arrivée ; il s'élance

Du chapiteau d'airain de la colonne immense ;
Et prenant, pour échos de ses démons, les cœurs
De la foule, y redit la voix de ses sept chœurs ;
Puis traduisant, en faits, ses terribles bravades,
Il lève les pavés qu'il dresse en barricades ;
Et s'en va de nouveau s'asseoir sur le sommet
Du pilier colossal, monument de juillet.

Le branle était donné ! dans les places, les rues,
Le grès foisonne aux mains des masses accourues.
Les quais, les boulevards s'encombrent à la fois
De travailleurs armés qui désertent leurs toits ;
Déjà, sur mille points, la barricade grise
Marque de l'insurgé la fatale entreprise ;
On s'agite, on s'émeut au rappel des tambours ;
La ville va marcher contre quatre faubourgs ;
L'attaque et la défense, aux armes aguerries,
Se réchauffent au feu tonnant des batteries ;
Mais les deux camps, poussés par une égale ardeur,
Ne sauraient distinguer le vaincu du vainqueur.
Le sang, comme une houle incessamment accrue,
Roule ses flots fumants au ruisseau de la rue ;
Les mourants et les morts tombent dans ce torrent,
Que le flot de leur veine accroît en s'égarant ;
La générale bat ses notes indécises ;
Le tocsin retentit aux clochers des églises ;
La mêlée est horrible ! et l'on entend partout

Des décharges, fuyant par mille à chaque coup.
Le père contre enfants, les enfants contre pères,
L'ami contre l'ami s'entr'égorgent colères ;
Et des milliers de mille ont déjà succombé,
Le corps livide et froid, le visage plombé !...
Mais c'est surtout au pied de la lourde colonne,
Où le monstre infernal présidait en personne,
Que cette boucherie affreuse concentra
Le camp des insurgés, quand l'autre s'y montra.
L'acharnement doublait la défense et l'attaque ;
Le sang versé formait de la place une flaque
Où roulaient entassés, combattant corps à corps,
Les blessés étouffés sous des monceaux de morts,
Jamais pareil combat n'étreignit une ville.
La bataille y fauchait les insurgés par mille ;
Et le camp opposé, par mille, descendait
Dans la mort, sous les coups que l'autre lui rendait.

Le prince, consterné de cette affreuse lutte,
Soupirait, dans son cœur, la paix plus que la chute
Des rivaux qui, l'un l'autre ensanglantant Paris,
Entassaient corps sur corps et débris sur débris.
Le cœur gros d'une larme incessante et sublime
Il en couvrait son sein ; poëte je l'exprime :

O mon Dieu, toi de qui le bras clément est fort,

Toi, qui de l'univers défends, contre la mort,
Les globes roulant dans l'espace ;
A mes concitoyens, se tuant aujourd'hui,
Daigne, Dieu protecteur, envoyer un appui ;
Oh ! fais que cet orage passe !

Quand je ne dois pas, moi, neveu de l'Empereur,
Aller parler de paix à ce peuple en fureur,
Dont le double camp se décime,
Qui donc saura, mon Dieu, s'élancer sur tes pas
Pour écraser le front de l'hydre des combats,
Se sacrifiant en victime ?

Inspire cet élan à quelque front d'airain,
Dont le cœur généreux, national, serein,
Ne sache pas craindre la tombe ;
Pour que ce fratricide et vaste égorgement
Se dissipe au soleil divin du dévoûment,
Comme une passagère trombe !..

Le prince soupirait ces pensers tressaillants,
Comme fit Israël pendant quatre mille ans.
Combien d'autres, ainsi navrés de la bataille,
Firent courir ces vœux au sein de la mitraille ?
Cet homme dévoué, Dieu lui-même l'élut ;
En retenant le prince, il marchait à son but.

Le pasteur préposé sur nos âmes, par Rome,
Laissant parler en lui le saint plutôt que l'homme,
Gémissait, en offrant ses prières à Dieu,
Des vacarmes sanglants qui désolaient ce lieu.
Son cœur navré d'effroi répondait, par des larmes,
Aux détonations des meurtrières armes
Dont les foudres bruyants, comme de sourds suppôts,
Du cœur épiscopal éploraient les échos.
Ce fut à ce moment qu'un ange, sa pensée,
Vint parler à son âme incessamment brisée ;
Et que sur son essor emportant son esprit,
L'Archevêque, inondé de charité, se dit :

« J'irai chercher là bas ces brebis égarées ;
Dont les âmes s'en vont par le meurtre effarées ;
Je leur présenterai l'exemple du Sauveur
Dont la croix pastorale illumine mon cœur.
Elles ne voudront pas, sourdes à ma parole,
Prendre le sang pour culte et la mort pour idole ;
Moi qui connais leur âme, oh ! je lui parlerai ;
Moi qui sais leur esprit enfin, je lui dirai :
Voici votre pasteur, celui que Dieu lui-même
Envoya confirmer en vous le saint baptême ;
Je viens, comme autrefois l'envoyé de Sion,
M'immoler s'il le faut à votre intention.
Est-ce du sang qu'on doit répandre sur vos haines ?
Tenez ! voici le mien ; puisez ! voici mes veines ;

Oh ! ne prodiguez pas le vôtre ; il est à Dieu !

Le mien, que je vous offre, appartient à ce lieu.

Denis, mon saint patron, pontife de l'Église,

A gravé sur mon front, sans crainte et sans surprise,

L'arrêt qui me condamne à la mort, sans merci ;

S'il faut un holocauste en ces jours, me voici !...

    L'homme parlait encore en lui, quand déjà l'ange

Entrait, par l'archevêque, au sein de la phalange

Des combattants, formés en deux camps ennemis.

Et sa parole au loin leur criait : Mes amis !

Partout, sur son passage, une foule empressée

Vint se désaltérer au flot de sa pensée.

Il touche de sa main les mourants qu'il bénit

Et leur montre du doigt le ciel qui les unit.

Il promet aux vivants la paix que son cœur rêve ;

La tempête, par lui, va mourir sur la grève ;

On le croit, on le sait ; on l'admire tout bas ;

On couvre de baisers l'empreinte de ses pas ;

La foi dans son amour ramène l'espérance ;

On voit dans Monseigneur l'ange gardien de France,

Ou plutôt on perçoit la France en Monseigneur,

Tant la fraternité coule à flots de son cœur !

On dirait que des chœurs, formés de voix célestes,

Parlent à l'unisson de ses vertus modestes ;

Et que le Verbe même y mêle quelques mots

Pour qu'en son infini les saints soient ses échos.

.Ces paroles d'en haut, notes accumulées,
En concert éloquent , quoiqu'inarticulées
Vibraient, comme l'accord vague et mélodieux
D'une harpe lointaine entre des doigts pieux.
Le Prince, concentrant ces stances continues,
Qui tombaient dans son cœur, de la terre et des nues
Echo majestueux des multiples échos,
Exprimait de Paris la pensée en ces mots :

Place au bon pasteur, qui s'avance,
Le bras armé de la clémence,
Le cœur plein d'amour et de paix ;
Place à l'envoyé salutaire,
Revêtu du saint ministère,
Qui vient, au nom du ciel sur terre,
Nous absoudre de nos forfaits.

Il nous dit : Déposez les armes ;
Au lieu de sang versez des larmes,
Je vous en prie à deux genoux !
Voila qu'à sa parole amie,
Renonçant à la lutte impie,
Nous vous prions pour la patrie ,
Insurgés, faites comme nous.

Concitoyens, nous sommes frères :

Déposez vos lourdes colères
Devant le prêtre du seigneur ;
Accourez sans inquiétude ;
Il vient, avec mansuétude,
Opposer à ce combat rude
Les armes d'un médiateur.

Du plus loin que le monstre entendit ce cantique,
Il y prêta l'oreille inquiet et caustique ;
Et braquant son regard, enflammé de fureur,
Sur la foule, accourue autour du saint pasteur,
Il étendit le bras, en un geste terrible,
Du côté d'où venait ce chant irrésistible
Et l'écume à la bouche :
                              Enfer ! s'écria-t-il ;
Quoi ! tout m'échapperait ? si j'avais un fusil !
A ces mots, sur son aile invisible et tremblante
Il franchit d'un seul bond la Bastille sanglante ;
Et, du sommet d'airain, tombant dans le faubourg,
Où le bruit du canon couvrait ceux des tambours,
Il voulut entonner, d'une voix triomphale,
Le premier allegro de la ronde infernale ;
Mais quelques-uns des siens, un à peine sur cent,
Ont redit au signal du monstre son accent.
Je ne sais quelle vague impression secrète
Tenait, en ce moment, l'âme humaine inquiète,

Ni pourquoi le combat, sans moindre acharnement,
Poursuivait ses excès dans le recueillement.
Le monstre furieux, redoublant de colère,
Et voyant que son ode expirait, prend à terre
Un mousquet échappé de la main d'un mourant ;
Et dans chacun des camps se place au premier rang.
Chaque coup, qui partait de cette arme empruntée,
Tuait ! et l'on eût dit que la balle enchantée
Allât choisir partout l'homme supérieur,
Pour le frapper de mort soit aux reins soit au cœur.
La consternation planait sur la bataille,
Dont la sublime horreur montait tout à sa taille,
Lorsqu'au milieu du bruit, des boulets et du sang,
Le Prélat de Paris paraît calme, puissant.
Il marche, précédé d'un rameau symbolique,
Signe de paix ! brillant sur sa tête angélique ;
Il s'avance ; on le suit de l'âme et du regard,
Le feu, comme atterré, cesse de toute part,
Un silence imposant règne sur cette place,
Le monstre stupéfait a repris son audace ;
Et d'un bond de son aile il s'élance au profil
Du pilier colossal, armé de son fusil.
L'Archevêque a franchi sans crainte et sans bravade,
Le grès amoncelé, formant la barricade
Qui fermait le faubourg ; et déjà mille chants
De joie ont commencé, remplis de pleurs touchants,

Bon père, il a parlé ! d'un mot de sa parole
Il avait ébranlé l'insurrection folle,
Quand soudain on entend la détonation
D'une arme à feu ; fatale abomination !
Mille milliers de coups se croisent, et répondent
A ce signal de sang que les haines fécondent.
Le carnage bondit de nouveau plus ardent
De la cartouche noire, ouverte sous la dent.
Un nuage, alourdi d'une noire fumée,
S'étendit sur la place obscurcie et fermée ;
Il balança longtemps, avant de s'élever,
Sa masse, qu'un rayon semblait même aggraver.
Dans la confusion qui suivit la décharge,
On ne vit pas sortir, allongé mais peu large,
Du front de la colonne, un tourbillon poudreux
Qui se vint dissiper dans l'air, aventureux....
L'Archevêque ! ô mon Dieu... sa veine refroidie
Laisse, avec son amour, couler à flots sa vie....
Il trébuche ; il pâlit ; il tombe dans son sang ;
Une griffe de plomb lui déchirait le flanc.
Le peuple, autour de lui, s'empresse ; on le ramasse ;
On l'entoure de soins ; quand le grand blessé passe
Chacun s'unit à lui, par un signe de croix,
Paris, au moyen-âge, eût moins fait pour ses rois.
    Cependant au-dessus de cette fusillade
Que riposte et reçoit la haute barricade,

Alors que l'Archevêque, emporté loin des morts,
Sur les bras de la foule épanchée en remords ;
Tandis que sur la place, épouvantable gouffre,
Le sang se divertit, dans une odeur de soufre
Et que les combattants tombent des deux côtés,
Ainsi que des fétus par le vent ballottés,
Quel est ce saint concert qui s'élève et nous chante
Une hymme de douleur solennelle et touchante ;
Et dont les voix, en chœurs, répètent à la fois,
Ces bénédictions que module ma voix :

 Il a donné sa vie au salut de ses frères ;
Il est venu verser son âme en nos artères ;
   Gloire et triomphe au saint pasteur.
Les vertus, devant lui, vont préparer son trône ;
Les vierges tresseront l'immortelle couronne ;
   L'épine va devenir fleur.

 Allez, esprits du ciel ! vous, chérubins, archanges,
Thrônes et séraphins, innombrables phalanges
   Dont les chœurs savent retentir ;
Vous, dominations, aux ailes rayonnantes,
Allez tous annoncer, de vos voix frémissantes,
   Au très-haut un prêtre martyr.

Il a vu les horreurs des grandes canonnades

Il est venu tomber entre deux fusillades
        Pour annoncer ta loi, mon Dieu !
Très-Saint, ouvre pour lui la céleste demeure,
Si son cœur est navré, si sa douce âme pleure,
        C'est sur les fureurs de ce lieu.

    Sa voix vive a versé, par torrent, sa lumière
Et des rayons d'espoir sur l'humaine paupière ;
        Il fut un apôtre de paix ;
Et grand prêtre, seigneur, en ordre de justice,
Il n'a pas reculé devant le sacrifice
        A l'instant où tu le frappais.

    Qu'il goûte dans ton sein la céleste ambroisie ;
Il n'a pas dit aux rois un mot de courtoisie ;
        Il n'a célébré que ton fils.
Quand son sang coule encore, innocente victime
Il te l'avait offert en holocauste opime,
        Pasteur mourant pour ses brebis.

Notre France entendra la parole suprême,
Sainte émanation de ta vie à toi même,
        Voyant son troupeau dispersé ;
Reçois son vœu, Seigneur, sous son mot qu'il te crie :
« Que mon sang, aujourd'hui versé pour la patrie,
        Mon Dieu, soit le dernier versé !...

Mais à peine ma voix, qui modulait ces stances,
Avait-elle chanté ses pieuses souffrances,
A peine avait-on pu, dans un commun accord,
S'unir à leur concert, que le saint était mort.
Que dis-je ! Il ne l'est pas.... Si son corps est en terre,
Son âme et son esprit sont dans les bras du père ;
Et c'est là seulement que la vie a son jour ;
Car l'espérance y règne, en la foi, par l'amour.
Espérance, amour, foi, trinité de notre âme !
Qui nous lie au foyer de la divine flamme,
Toi ! sans qui tout n'est rien, par qui Dieu même est tout !
Qui luis sur tout sommet de qui le centre bout !
O triade sublime, unitaire, profonde !
Dans laquelle s'engouffre avec ardeur le monde,
Ouvre, devant mes yeux, les tabernacles, faits
De calme et de repos, d'harmonie et de paix.
Permets à mon oreille attentive d'entendre
Les concerts que je suis ici chargé de rendre,
Pour que la voix humaine, en répétant mon vers,
Dise comment au ciel les martyrs sont offerts.

Denis Affre ! c'est toi, dans ces jours de tempête,
Que l'esprit a choisi pour couronner ma tête
De l'auréole d'or qu'il pose au front humain,
Par l'âme à qui Dieu met une palme à la main.
Oh ! que j'aime, en baisant ton urne cinéraire,
Faire brûler, pour toi, ce cierge funéraire

Que ma douleur allume, invisible flambeau,
Pour sonder dans les cieux du bord de ce tombeau !
C'est que je vais montrer les célestes arcanes,
Salons dorés des Saints, aux regards des profanes ;
C'est que dans cette ébauche, esquissée à grands traits,
J'espère initier les hommes à ta paix ;
C'est que je vais longer le fleuve où Dieu se noie ;
C'est que pour tressaillir une heure de ta joie,
Je vais te présenter, arrivant chez les Saints,
Dans le cortége issu des éternels desseins !

A peine il eut lié son cœur, arche de vie
Au pain du viatique, ineffable ambroisie,
Que son esprit remit entre les mains de Dieu,
Son corps, dont la dépouille est restée en ce lieu.
A ce moment le Prince apprit cette nouvelle.
Son cœur en fut brisé d'une douleur mortelle ;
Des pleurs brûlants tombaient sur son sein agité,
Et son regard pensif errait sur la cité.
Son âme s'affaissait sous une douleur morne ;
Il enviait surtout ce dévoûment sans borne,
Lorsqu'il sentit frémir l'âme de l'Empereur,
Conduisant par la main l'ombre du bon Pasteur.
— Tu pleures ! tu gémis ! Console-toi ; la France
Reprend par ce martyr, sa première espérance,
Dit l'Empereur ; le ciel n'agit pas comme nous :

Il frappe l'un des siens, pour le salut de tous.
De l'enfer d'ici-bas il tresse une couronne
A ses saints, et permet qu'un peuple entier la donne
Aujourd'hui, dans les pleurs, à celui dont le sang
Versé pour le pays, lui rendra le droit sens.
Le ciel eut sa pensée en dressant cette gloire.

    L'Empereur, à ces mots, du temple de mémoire
Ouvrant à deux battants les hautes portes d'or,
Fit résonner ces mots, d'une voix de Santor :
    — Ames, que l'univers consacre dans ce temple,
Saluez avec moi celle que j'y contemple
En ce moment ! Sa gloire efface les rayons
Que la terre charmée admire sur nos fronts.
Voyez ! qui sommes-nous conquérants et poètes,
Bras forts, cœurs généreux, indestructibles têtes,
Devant la majesté sainte de ce pasteur ?
Ames, venez donc rendre hommage à Monseigneur ?
Mais l'Archevêque :
                    —Non, répliqua-t-il, modeste.
Ce que j'ai fait est peu ; mais Dieu fera le reste.
    Et de la droite il dut relever l'Empereur
Prosternant devant lui son illustre grandeur.
Déjà de tous côtés des multitudes d'âmes,
Du temple de la gloire inextinguibles flammes
.Voltigeaient, feux brillants autour des deux splendeurs ;

Napoléon lui fit, pour toutes les honneurs :
« Vous avez devant vous les princes que la terre
A vus passer géants dans la paix et la guerre ;
A droite, échelonnés aux diverses hauteurs,
Les écrivains fameux : poètes, orateurs.
A notre gauche sont les fécondants génies :
Agricultures, arts, grands travaux, industries ;
Ils cultivent encor, sur ces divers sommets,
Ce qu'ils ont défriché dans l'autre monde ; mais
Au-dessus de nous, voyez cette coupole ;
C'est là que tous ensemble en foule, l'on s'envole
Lorsqu'un saint, traversant notre air déjà meilleur,
Nous lui faisons conduite au seuil supérieur.
Aujourd'hui nous irons visiter ces portiques,
Vestibule des cieux, ciel des âges antiques. »
Et tous en même tems l'élevèrent si haut,
Que j'ai peine à le suivre aussi bien qu'il le faut.

Les cieux à ce moment solennel s'entr'ouvrirent ;
Les puissances d'en haut vinrent qui lui sourirent ;
Et se rangeant autour de lui, cercle pieux,
De leur doigt virginal lui touchèrent les yeux.
Alors l'un des élus s'approchant de cette âme :
—Regarde autour de toi cet horizon de flamme,
Vaste, lointain, profond ! c'est le socle du ciel ;
Lui dit-il, nouveau-né du séjour éternel.

Te voilà désormais dans les célestes sphères ;
Je te puis, si tu veux, faire embrasser tes pères ;
Dis un mot ! et tu vas les presser sur ton sein.
—Oh ! qui donc es-tu, toi, qui m'accueilles si bien ?
Que tu me ferais voir, reprit le saint apôtre,
Ceux de qui l'éternel unit les jours au nôtre !
—Je suis, reprend le saint, ton patron.

        —St Denis !

O martyr de ma foi, que tes soins soient bénis !

 Des pleurs, ce sang de l'âme, inondèrent d'ivresse
L'esprit du nouveau saint enivré d'allégresse
Et sur un geste, calme, impérieux, mais doux
Du martyr, les aïeux de l'autre vinrent tous.
Ils portaient, reposant sur un coussin de soie,
Un rameau d'or, frangé d'un effilé de soie,
Qu'après épanchement extatique, soudain
Denis son grand patron lui posa dans la main,
Lui disant :

    —Te voilà de la cohorte sainte
Des martyrs, dont l'Église a peuplé cette enceinte.
Vase d'élection, d'où viens-tu ?

        — De Paris.

 Mille chœurs ont crié : Mont-joie et S_t Denis !...
Aussitôt les vertus le prirent sur leurs ailes.

Aux chants des Séraphins qui se pressaient sous elles,
Et dont les pures voix s'élevaient de concert,
Célébrant, en ces mots, le nouveau saint offert :

              Lutèce et S$_t$ Denis de France !
Seigneur, vous reposiez sur eux notre espérance
              Vos desseins seuls sont infinis ;
              Paris ne doit rien à Lutèce ;
Des cris de sa douleur surgit notre allégresse ;
              Mont-Joie et St Denis !

              Nous rangerons sous l'oriflamme
Teinte au sang des Martyrs de votre nom, cette âme
              Fille noble de St Louis ;
              Pour que, marchant à sa lumière,
Le monde, en l'admirant, lise sur sa bannière :
              Mont-Joie et St Denis.

              Mont-Joie et St Denis ! la palme
De ce nouvel élu rendra le sang plus calme
              Au peuple chrétien de Clovis ;
              Car il saura, par cet emblème,
Qu'il lui faut à ce sang relier son baptême :
              Lutèce et St Denis !...

Ils chantaient ; et déjà les légions des anges,

Et des thrônes pieux et celles des archanges
S'unissant à ces voix, vinrent, nouvel essor,
Le prendre et l'élever avec leurs ailes d'or.
Dans le ciel et les cieux alors tout devint fête ;
Les vierges couronnaient d'auréoles la tête
Du nouveau fils du Verbe exalté jusqu'à Dieu ;
Les docteurs lui lisaient les canons du saint lieu ;
Les évêques touchaient son bâton de leurs crosses ;
Les confesseurs baisaient la bague de ses noces ;
Les diacres encensaient le saint martyr nouveau ;
Les prêtres lui venaient présenter leur cadeau ;
Les saints de l'Evangile et tous ceux des vieux livres
Tressaillaient, à l'envi, d'amour de Dieu plus ivres,
Quand mille chants divers, éclatant à la fois,
Portèrent jusqu'au fond de mon âme, ces voix :

C'est par lui que les saints s'élèvent de la terre,
Gloire à ton nom, seigneur, Esprit-Saint-Verbe-Père,
Hosanna place à tes élus ;
L'immensité des cieux forme leur tabernacle ;
Ils ont devant les yeux, ton éternel miracle,
Océan d'amour sans reflux.

Il a dit aux mortels, dans sa miséricorde,
Je suis la harpe sainte, avec qui tout concorde
Dans l'esprit d'une unique loi ;

Mon front est la vertu, mon œil est la lumière,
Ma lèvre est la parole ; et j'ai pour fin première
         L'amour, l'espérance et la foi !

  Nous ! dans l'éternité de nos larmes de joie,
Pour les biens infinis que ton cœur nous envoie,
         Nous répétons, à l'unisson :
Gloire à Dieu dans le ciel, paix à l'homme sur terre,
Amour à toi, Seigneur, Esprit-Saint-Verbe-Père ;
         Hosanna ! louange à ton nom !..

  A peine les sept cœurs, fondus en ce cantique,
S'étaient donné l'un l'autre, en chantant, la replique
Que le ciel radieux s'émut ; il écoutait
Cette oraison ; c'était le martyr qui chantait :

Supplique de l'Archevêque.

         Vous m'avez ouvert votre gloire
         Au sortir des mortels parvis,
         Seigneur ; je garde la mémoire
         Pour les hommes ; ils sont vos fils !
         Que mon sang versé par mes frères,
         Coulant à flot de mes artères,
         Comble les humaines misères ;
         Eclairez, seigneur, les partis.

Loin de la première innocence
Seigneur, ils sont morts à la foi ;
Mais je leur garde l'espérance,
Par votre amour trônant en moi.
Puisqu'ils errent dans les ténèbres,
Déchirez les voiles funèbres
De ces jours tristement célèbres,
Pour qu'ils embrassent votre loi.

L'enfer a conspiré leur perte ;
Que peuvent-ils sans votre appui ?
Mais, Seigneur, votre âme est ouverte
Au cœur qui vous parle aujourd'hui,
Retirez, au bord de l'abîme
Ces infortunés, dont le crime
Est de m'avoir fait leur victime,
Le jour où votre ciel m'a lui.

Vous êtes le Dieu de justice,
Vous êtes le Dieu de bonté !
Si vous aimez le sacrifice
De qui s'offre à l'humanité,
Par ma mort qui me vaut la vie,
Par votre clémence infinie,
Par notre France, je vous prie ;
Pitié, Seigneur, pitié : pitié !...

Dès qu'il eut achevé, sur sa harpe céleste,
Cette oraison du cœur, généreux et modeste,
L'Archevêque-martyr entendit cette voix,
Devant qui les sept cieux s'inclinèrent trois fois ;
Elle disait :

       —Mon saint, j'accède à ta prière.
Oui ; je veux envoyer aux pécheurs ma lumière ;
Je veux que ton rayon pénètre dans leur cœur,
Et prépare pour eux un avenir meilleur.
O Saint martyr ! c'est toi de qui, par préférence,
J'ai fait choix pour porter ma lumière à la France ;
Descends vers elle ; va, quoique restant en moi,
Lui livrer les trésors contenus dans ma loi.
Par ton sang bien des maux cesseront dans le monde.
Ton âme y germera les clartés qu'elle sonde ;
Et le riche et le pauvre, éclairés par ta mort,
A l'ombre de ta palme atteindront au vrai port.
Va ! sauve-les, mon saint ! »

              Une riche harmonie
Accompagnait sans bruit ces paroles de vie.
L'homme eût dit d'un accord lointain et vaporeux,
Comme celui qui nage au dessus des flots bleus,
Quand la nappe des eaux dont le flux se repose,
Ecoute en chuchottant, la brise qui lui cause.
Ce silence harmonique, accord majestueux,
Donnait au nouveau saint son baptême onctueux.

Le martyr à genou, croisant sur sa poitrine
Les deux bras, fixait l'œil à la lèvre divine,
Recueillant dans son front, ainsi que dans son cœur,
Le verbe consolant du Dieu médiateur.
Quand l'Eternel eut dit, le saint dressa sa palme
Au dessus de son sein radieux, pur et calme ;
Et des siens entouré, ce messager de Dieu,
Sans s'absenter du ciel, fit route vers ce lieu.
Son âme magnanime habite sur la terre,
Ange mystérieux, consolant, salutaire,
Depuis le jour marqué par l'insurrection,
Qui bientôt le sera par une élection.

Grande cité de l'homme, ô ville des spectacles,
Edifice miné par de rudes débacles
De si peu que mon vers puisse te conseiller,
Sur l'abime béant je te viens réveiller.
Ecoute ma parole, elle est grave ! et remplie
Par le martyr de juin d'un cri de prophétie
Qu'il dépendra de toi d'étouffer sous ta main ;
Mais il faut d'aujourd'hui prendre un autre chemin.
Les haines n'ont jamais rien fondé dans le monde ;
La charité seule est le germe qui féconde.
Hélas ! la charité n'englobe plus Paris ;
Et les haines y sont la règle des partis.
Les partis ! que de sang ils ont tous à la face !

Paris, il faut qu'un jour proche ta main l'efface ;
Mais ne crois pas laver le sang avec du sang ;
La terre ne boit point celui de l'innocent !
Il reste, comme un signe éternel et terrible,
Jusqu'au tems où paraît le désastre inflexible,
Sorte de choléra social, dont la main
Touche et broie en passant le minotaure humain.
Je le vois qui s'approche entouré des phalanges
A qui dans son courroux le ciel prête ses anges
Qui viennent, agitant une torche de feu,
Brûler ce qui n'est pas conforme aux lois de Dieu.
Regarde ! les voila, près de toi, ces cohortes ;
Il n'est verroux d'acier ni serrures si fortes
Qui résistent au choc de ces lourds bataillons,
Prêts à passer sur toi, comme des tourbillons.
Rappelle-toi plutôt ces royaumes superbes,
Ces puissantes cités faites de cœurs acerbes,
A qui l'on eût prédit des siècles !.. Oh ! réponds :
Pourquoi le soc brutal passa-t-il sur leurs fronts ?
Pourquoi les murs si fiers de Palmyre et Solime
Ont-ils cédé le sceptre à la charrue infime ;
Babylone ! pourquoi la reine des concerts
Gît-elle ensevelie au sable des déserts ?
Pourquoi le feu du ciel sur Sodôme et Gomhorrhe
A-t-il mis à leur place une mer de phosphore ?
Et Ninive ! pourquoi ses temples, ses palais

Dorment-ils engloutis sous les joncs des marais ?
Oh ! pourquoi d'Ecbatane aux pagodes futiles,
Les salons donnent-ils un repaire aux reptiles ?
Pourquoi Thèbe et Memphis offrent-ils aux passants
Cet aspect désolé, privé d'humains accents ?
Pourquoi, pourquoi le monde est-il plein de ruines ?
Pourquoi la Rome antique, aux puissantes racines,
Présente-t-elle aux yeux ses sept monts isolés,
Par le cœur d'un évêque aujourd'hui consolés ?
Pourquoi Jérusalem, dite la cité sainte,
N'a-t-elle plus de murs qui bordent son enceinte ;
Pourquoi ! C'est que la haine attachée à leur flanc
Avait mis en leur âme une marre de sang !
Oh ! c'est que ces cités, n'écoutant que leurs têtes,
Étouffèrent la voix des sages, des prophètes,
Et qu'au meurtre l'esprit de haine les poussant
Elles ont au sépulcre envoyé l'innocent.

Paris ! ville autrefois si douce et si pieuse,
Paris ! ville aujourd'hui si rude et si rieuse,   ·
Un prophète de Dieu te parle par ma voix ;
C'est le martyr de juin qui m'en donne les droits.
Écoute mon conseil, brebis tendre ou lionne,
Soit Palmyre ou Solime, ou plutôt Babylone,
Soit Ninive, Ecbatane ou Thèbe, ou soit Memphis,
Soit Rome ancienne ou soit Jérusalem ; Paris !
Qui que tu sois, ô ville infirme ou fortunée,

Dans le destin commun ta vie est confinée ;
Crois-moi, riche cité, si tu veux de longs jours,
Écoute la parole à qui je donne cours :
    Tu dois laver le sang qui coula sur ta face.
La haine l'a versé, que ton amour l'efface !
Si tu veux dominer parmi les nations,
Ne marche point sanglante aux dominations ;
Repousse de ton sein le venin des vengeances ;
Ressuscite à la vie en aimant les souffrances ;
Couvre ton corps de cendre et ta tête de deuil !
Va pleurer sur le saint couché dans ton cercueil…
Tu pourras, à ce prix, te lever triomphante
Du sépulcre où ta main a gravé l'épouvante,
Et par l'âme du saint ranimer ton flambeau,
Par celui qui s'allume au fond de son tombeau.
Vingt cités ne sont plus ! ce qui fit leur ruine,
Avec sa palme, peut rajeunir ta racine…
O chêne vermoulu, parmi les chênes verts,
Redresse, par le cœur, tes rameaux de travers !

    Ainsi je disais, moi, dans ces jours funéraires,
Sur ces combats affreux, meurtriers sanguinaires ;
Ainsi pensait le Prince, en ce moment de deuil
Où tout Paris alla pleurer sur ce cercueil.

NEUVIÈME CHANT.

Manè ! Thécel ! Pharès ! (Le doigt de Dieu.)
Manè : Dieu a compté les heures de votre règne ;
Thécel : Vous avez été trouvé léger dans la balance ;
Pharès : Votre royaume a été divisé.   (Daniel.)

L'amour de la patrie est le premier devoir de l'homme civilisé.
(Napoléon.)

La meilleure constitution pour un peuple est celle à laquelle
il a été accoutumé.   (Bentham.)

Plus la chute est tardive, plus elle est accablante.
(Properce.)

Les politiques et les guerriers ne sont que les marionettes de
la Providence.   (Le grand Frédéric)

Savoir céder à la nécessité, c'est avoir été admis au conseil
des Dieux.   (Epictète.)

Ne parlons pas du bal qui suivit la tuerie !
La férocité va de pair à l'incurie.
Au moment où le Prince en secret gémissait,
La salle de carton effrontément dansait.
L'homme qui suscitait cette danse macabre
Dirigeait son orchestre à la pointe du sabre
Sous lequel, à grands coups de l'intrigue, il marchait ;
Mais il ne voyait pas que Dieu tenait l'archet.
Lorsqu'il veut démasquer les grandes perfidies
D'un homme, Dieu le pousse à de grandes folies,

Afin qu'un jour le peuple, ange exterminateur,
Dépose du pavois l'affreux dominateur.
Il avait permis Juin, aux terribles journées,
Pour dégriser ainsi les âmes avinées ;
Puis, après le combat, il permettait ce bal,
Pour briser les calculs d'un pouvoir cannibal.
La conscience humaine, en sa main, est le glaive
Sous lequel il abat le sabre qui se lève.
C'est montrer que lui seul conduit les nations,
Et que l'ordre, par lui, renaît des passions.
Deux hommes suffiront aux jours que je dissèque
Pour leur démontrer Dieu : l'un Prince, l'autre Évêque ;
L'Évêque tombera sous le plomb destructeur,
Le Prince montera, sur le trône, Empereur ;
A l'Évêque immolé le repos et la gloire,
Au Prince couronné les travaux, le déboire ;
Empereur et martyr, il les avait tous deux
Prédestinés au sort que nous recevons d'eux.
Oh ! si de ses desseins nous savions la portée,
Quel frein nous mettrions à notre âme emportée ;
Et combien notre esprit bornerait l'horizon
Des aveugles pensers de l'humaine raison !
  Dans ces tems, le pouvoir que Dieu, de tout tems, mène,
Se livrait au conseil de la sagesse humaine ;
Pauvre folle ! qui crut, par des précautions
Escamoter du vrai les grandes nations.

Voyez la cimenter, dans le sang et la vase
La constitution dont l'intrigue est la base !
Le Prince porte ombrage à ces docteurs-ès-lois ;
Du nouveau Dagobert ils sont nouveaux Élois ;
Chaque article qui sort de leur plume insensée
 Du peuple sur le Prince attache la pensée ;
Plus ils veulent brider l'instinct national,
Plus le pays se moule au front impérial,
Il sent que sa couronne est l'aigle de l'empire ;
Que pour la lui briser sur le cœur on conspire ;
Mais le sang qui rougit les pavés, il le voit ;
C'est qu'en juin, dans les joints des grès, Dieu mit le doigt.
Il n'importe ! on bâtit la nouvelle arche sainte,
Grand mot ! qui, dit sans foi, n'y mit point son empreinte ;
Et le pouvoir se crut certain de son succès ;
Attendez que Dieu parle ! et vous verrez après.....
    Le Prince cependant, sur la place Vendôme
Au grand hôtel du Rhin, pesait, gênant fantôme,
Comme un lourd cauchemar sur l'esprit du pouvoir,
Qui, sans voir l'Empereur, ne pouvait pas l'y voir ;
Mais déjà protégé, par le vœu de huit urnes,
Cybèle le gardant de ces nouveaux Saturnes,
Le peuple, autre Vulcain, lui forgeait dès longtemps
Les foudres qui devront écraser les Titans.
Sous le triple rempart, des nombreuses spirales

Où l'Empereur grava nos pages triomphales
Dans l'airain des canons de Wagram, d'Iéna.
De l'ombre du géant qu'on venait fêter là,
Des votes exprimés par le souverain même,
Le peuple ! qui l'avait rappelé dès lors même
Que son bannissement n'était point abrogé,
Le Prince ne pouvait en être délogé !
Franc et loyal, laissant faire la Providence,
Il n'était pas venu s'y mettre en évidence,
Mais poussé par l'amour du vainqueur d'Austerlitz
Il vivait de sa gloire et de l'air du pays ;
Ou plutot il était à sa dernière épreuve.
Dieu pour sacrer un front n'en veut pas qu'une preuve ;
Il l'avait conduit là pour savoir si ce cœur
Saurait y résister au démon tentateur :
L'enivrement d'un nom qu'il devait porter sage,
Avant que d'en venir faire l'apprentissage ;
Car pour conduire un peuple, il faut être si fort,
Que Dieu ne permet pas qu'on joue avec le sort !

Déjà tous les partis politiques, en France,
Etaient venus, chez lui, tenter la Providence ;
Qui, mus par le désir d'une position,
Déchiraient devant lui la constitution ;
Qui, sans y rien comprendre, assermentaient l'empire ;
Qui, poussés par l'esprit monarchique en délire,

Lui soufflaient, qu'il serait bien à sa loyauté
De restaurer, chez nous, la vieille royauté.
Dieu de tous les partis le fit le point de mire ;
O sagesse incréée, il faut bien qu'on t'admire !
Le prince, de lui maître, et gardant son sang froid,
Comprit, par ces conseils, qu'il devait marcher droit.
Ils ne voyaient en lui qu'une ambition magne,
Indistinctement faite à Monck ou Charlemagne,
Ces hommes, que la foule appelait éminents;
Et qui, pour lui, n'étaient qu'autant d'impertinents !
Ce ne sera pas d'eux qu'il prendra sa conduite ;
Son âme, à cet excès, n'en était point réduite,
Et son œil réfléchi s'abaissait froidement
Sur le point d'où devait jaillir l'événement :
La nation ! ce fut là sa pierre de touche,
Lui qui, par l'Empereur, était de cette souche,
Ne pouvait dédaigner ce grand point de départ ;
Aussi, sans passion, il y mit son regard.
Elle, de son côté, posait l'œil sur le Prince.
Ou de loin ou de près, Paris et la province
Épiaient, attentifs, le moindre de ses pas ;
Soit en moins, soit en plus, lui n'en hasardait pas.
Mais on voulait compter avec le nouvel homme ;
On prenait rendez-vous à la place Vendôme ;
Les groupes dispersés, sans cesse renaissants,
Sous le pilier d'airain se croisaient en tous sens.

Chacun passait par là ; tous voulaient le connaître ;
On espérait, du moins, le voir à sa fenêtre ;
Surprendre son regard, deviner, dans ses yeux,
Son âme et son esprit, sa pensée et ses vœux.
Sortait-il ? sur ses pas on accourait en foule !
S'il rentrait, il semblait reconduit par la houle
Au seuil de son hôtel ; et d'immenses bravos
Du monde exécutif désolaient le repos.
Et pourtant ! qu'était-il de toute sa personne ,
Pour qu'ainsi le public l'acclame et l'environne ?
Est-ce un de ces tribuns au front audacieux ,
De taille colossale, en discours chaleureux ?
Non ! Modeste, pensif, calme avec assurance ,
OEil s'ouvrant pour voir, mais laqué d'indifférence ;
Corpulence moyenne ; enfin, tout ce qu'il faut
Pour laisser froid un peuple ignorant ce qu'il vaut.
Son nom et l'Empereur ? Ah ! c'étaient là peut-être
La raison pour laquelle on le voulait connaître ?
Soit ! Mais alors, pourquoi ces acclamations ?
Ce vif empressement et ces ovations ?
L'Empereur, c'est le grand géant de la victoire ;
Le peuple a mesuré sa taille à son histoire !
Le neveu va sembler, alors, d'autant plus court
Que son oncle est plus haut ; et pourtant , on accourt !
On l'a vu ; l'on revient pour le fêter encore.
D'où provient maintenant que la foule l'adore ?

Que de loin, par son cœur, elle lui tend la main ;
Qu'elle y vient aujourd'hui, pour revenir demain ?
Ah ! lorsque Dieu cimente avec sa gouge un homme,
Il ne demande pas au caprice humain, comme
Il faut qu'il le dessine ; il le fait, le met là ;
Le peuple l'examine... et se dit : le voilà !..
Cette histoire éternelle, après les chaudes fièvres
Qui maigrissent un peuple et croûtent à ses lèvres,
Prouvait, en ces jours là, que, son accès passé,
Le pays se sentait de lui-même lassé.
Il levait le regard vers la haute montagne
D'où lui devait venir un nouveau Charlemagne ;
Charlemagne de paix, démocratique, appris
Au creuset des malheurs à lui rendre son prix.
Cet homme, préparé, par sa longue infortune,
A servir de pivot à la cause commune,
Le peuple, sous la main de Dieu, son seul appui,
Disait du prince, alors en le voyant ! c'est lui !..

Toutefois le pouvoir exécutif apprête
A la constituante une mirande fête.
On dresse, par son ordre, un cirque de tréteaux
Sur la place, où jadis campaient les échafauds
Dont le lourd couperet fit rouler tant de têtes
Au panier plein du sang des civiles tempêtes :
Louis XVI, la reine, et d'Orléans, Danton.

Les Girondins traînant Robespierre et Couthon ;
Et la liste sans fin des nombreuses victimes
Que le crime attachant aux politiques crimes,
Liait à la bascule infernale où Guillot
Reçut la guillotine en place du billot.

La France connaissait d'avance le miracle,
Que la constituante érigeait en spectacle ;
On y fut ! saluer la constitution ;
La prendre au sérieux ; lui prêter serment ? non !
On allait voir flotter drapeaux et banderoles ;
Voir comment les acteurs se tiendraient dans leurs rôles ;
Entendre la musique ; applaudir aux clairons ;
S'exercer au siam, tirer les macarons ;
Voila tout ! c'était bien assez, je vous le jure.
La constitution y fit triste figure ;
Elle apparut percée à jour de toute part :
C'était de la guenille en place de brocart !
Il n'en faut vouloir trop à son illustre maître ;
Il avait commis là ce qu'il pouvait commettre :
Une œuvre commencée aux violons d'un bal,
Logique expression d'un sanglant carnaval.

Le peuple se sentit décapité sur l'heure,
Puisque son libre choix n'était plus qu'un vain leurre ;
Mais si de sa main rude il sait rompre ses fers,
Il redresse son droit qu'on lui fait de travers.

Il revint, en chantant, au pied de la colonne
Que le grand Empereur de son airain couronne ;
Et, pour toute réponse, il attendait le jour
Qu'il se dût décréter Empereur à son tour.

Muet dans son hôtel devant l'immense bronze
Que l'Empereur fondit après mil huit cent onze,
Don d'immortalité fait à ses vieux soldats,
Le Prince, sans aigreur, sondait ce vain fracas.
    « La constitution, pensait-il en son âme,
N'est pas un pacte ; c'est même à peine un programme.
Elle est faite surtout afin de bâillonner
Le libre choix du peuple et l'embastillonner
Dans quelques noms choisis au sein de cette chambre,
Qui, semblant l'affronter, se courbent sous un membre.
La dictature est faite ; elle veut prévaloir
Afin d'équilibrer son règne à son vouloir.
Si la France le veut, elle est aujourd'hui libre ;
Moi, je ne ferai rien pour émousser sa fibre.
Un majeur a pouvoir de disposer de soi...
Mais le peuple est mineur sous une telle loi !
Il ne l'ignore pas ; c'est moi que l'on désigne
Comme incapable, eh bien soit ! je resterai digne !
La dignité vaut bien certe une élection.
N'ayant pas le pouvoir, j'aurai l'affection.
L'affection ! ce trône élevé sur les âmes,

Recevant tout honneur et n'ayant rien des blâmes...
L'affection !...

        Un mot ! lui cria cette voix
Que durant son sommeil il entendait par fois.
« Je connais du Très-Haut la secrète alliance ;
L'archevêque martyr m'en a dit la substance :
En vain l'on prétendrait t'écarter du scrutin ;
Le peuple doit rester maître de ton destin.
Je t'apporte l'esprit de ta candidature ;
Tu n'auras qu'un rival ; il tient la dictature :
La dictature ! c'est la mort de son succès.
Prends ces notes ; écris ; et qu'on vous juge après.
    A peine avait-il dit ces dernières paroles,
Que, de la tête aux pieds, ceint de mille auréoles,
Le bronze colossal descendit du sommet
De la masse d'airain où la masse le met.
Inaperçu de tous, il traversa la place,
Pénétra dans l'hôtel sans y laisser sa trace ;
Et déposant aux mains du Prince sa leçon :
« Tu m'as bien entendu, lui dit Napoléon.
— Vous l'ordonnez ? J'écris...

              Le Prince prit la plume ;
L'Empereur aussitôt se fondit dans la brume.

    Quand cela se passait près du bronze immortel,
Le messager d'en haut, homme et non plus mortel,

Parcourait, comme font les esprits de lumière,
En un éclair de tems, la France toute entière ;
Et sa lèvre soufflait à chaque oreille un nom
Que toutes accueillaient : Louis-Napoléon.
Quelques hommes surtout, ceux qui parlent aux autres,
Qui devaient de ce choix devenir les apôtres,
Furent frappés encor moins du mot qu'il disait
Que du mystérieux souffleur qui l'élisait.
Ce germe, déposé dans les cœurs par cette ame,
Y grandit promptement, sous son active flamme,
Jusqu'au jour où l'on put l'afficher hautement,
Protestation faite à ce gouvernement.
Mais l'un d'entre eux, toujours le premier sur la brèche
Et le dernier toujours à déposer la bèche,
De Girardin, meurtri par le glaive de juin,
Fait éclore un matin ce nom dit à chacun.
C'était le duel offert au sabre, par la plume ;
La plume allait broyer le sabre à son enclume.
Le sabre, c'est Caïn, la plume c'est Abel,
Il est vrai que parfois la plume c'est Babel !
Depuis les tems cachés dans les brouillards des àges,
Sabre dit oppresseurs et la plume dit sages.
Les annales du monde ont constaté, chez tous,
Les combats qu'ils se sont livrés, comme chez nous.
L'antiquité païenne et les cycles modernes,
Éclairés sur ces faits, par des lumières ternes,

Nous les ont présentés sous des mythes obscurs
Qui, sur l'œil du penseur, n'en brillent pas moins purs.
Moi, qui lis du regard hardi de ma pensée
Dans la scène présente et future et passée,
Je vais, devant vos yeux, dérouler le tableau
De leurs luttes, prenant la plume pour flambeau :
Un homme, figurant l'humanité pensante,
Écartait, sous les traits de sa plume puissante,
Le rideau qui couvrait, derrière ses replis,
Les évolutions que sondent les esprits.
Cet homme, sans orgueil et sans gloutonne envie
Déroulant les secrets sociaux de la vie,
Traduisait, au sécos de l'étude, les lois
Qui de l'humanité doivent régler les droits.
Son ame, inaccessible à la morgue des armes ,
Répandait sur le sort des esclaves, des larmes ;
Cet homme, Prométhée enfin, pour le nommer,
Sondait la profondeur des cieux pour s'y former.
Lorsqu'il eut découvert la loi sage et divine,
Dont il avait senti le germe en sa poitrine,
Cet homme s'y plaçant comme en un piédestal,
Gourmanda l'univers sur son destin fatal.
Au cri de la lumière échappé de son âme,
Les gens du glaive alors, épouvantable trame,
S'étant saisi de lui l'allèrent attacher
Pieds et poings enchaînés sur l'infernal rocher.

Là leurs oiseaux de proie, avides de pâture,
Le vinrent dépecer, facile nourriture,
Jetant autour de lui des cris fauves et gais,
Aux applaudissements de ces bourreaux mauvais.
En vain il secouait ses fers, sur cette proie
Un vautour se perchant lui déchirait le foie ;
Prométhée expira dans des tourments affreux ;
Mais son esprit s'en fut protester en tous lieux.
Au bruit accrédité de son cuisant supplice,
Un homme, un philosophe, un penseur son complice,
Vint en pélérinage au rocher de la mort,
Socrate ! qui bientôt aura le même sort.
Il ne restait plus rien, de la trace sanglante,
Marquant du sceau divin la roche ruisselante,
Rien ! qu'une seule plume oubliée en ce lieu
Par l'avide vautour !... C'était l'ordre de Dieu !
Le sage ramassa cette plume tombée ;
Une larme roula sur sa face plombée ;
Mais au fond de son cœur un espoir doux germa
Quand, buvant la ciguë enfin, il expira.

Chez nous durant les jours de terrible bataille
Marqués par les abus, le sang et la mitraille,
La reine des cités râlait dans la stupeur
Qui sous l'étau du sabre étreignait le penseur.
Humain exécuteur des humaines intrigues,
Un général d'Afrique étranger à leur brigues,

Laissait, pour éviter les tribunaux de sang,
Fusiller le coupable ainsi que l'innocent.
Poussé par un esprit qui le tenait en laisse,
Il vint poser son sabre en travers sur la presse.
De Girardin fut pris, au dépôt écroué ;
Et pendant de longs jours sous le secret cloué ;
Mais quoique garrotté, par la prison injuste,
Cet écrivain gardant, son caractère auguste,
Fit jaillir sous sa plume, à travers les barreaux
De la geole, des flux d'idée, éclairs nouveaux
Qui, partout dans la ville, échauffèrent les âmes
Des hommes, des enfants, des vieillards et des femmes.
La vérité fut sue, et le voile levé ;
Alors on vit quel sang rougissait le pavé !
Dieu, qui marche à ses fins par les sentiers de l'homme,
Avait sur celui-ci fait passer le fantôme
Des projets insensés de l'esprit infernal
Qui, dans son souterrain, poussait le général.
De Girardin blessé ne quittait point la lice ;
Dieu l'y fesait rester pour frapper le complice
De ceux qui, plus roués que ne fut Cavaignac,
Le jetaient en avant pour leur être cornac.
Le jour n'était pas loin où de cette puissance
De Girardin saura démasquer la naissance ;
Dieu, pour le seconder, lui prêta donc un nom
Dont il sut se servir : Louis-Napoléon.

La lutte s'engagea touchant la présidence ;
Les hommes la feront ou bien la Providence ;
Mais les hommes du moins s'agitant au milieu
De ce combat légal, suivront le plan de Dieu.
Girardin se jeta fougueux dans la bataille ;
Il y venait porter un coup de représaille.
Dieu qui le dirigeait, sans le lui avoir dit,
Sous sa plume écrasa le sable qu'il maudit.

Mais des réunions préparaient les comices ;
Tous y venaient tirer les humains artifices
Où tous fesaient assaut, avec dextérité ;
Mais de Girardin seul plaidait la vérité.
Mu par l'esprit d'en haut il criait, sans envie,
Dans les réunions ce mot de prophétie :

« Citoyens, voulez-vous sauver la nation ?
Eh bien ! alors nommez Louis-Napoléon !
Sans quoi, non loin de nous, je vois de longs orages,
Des combats acharnés et de sanglants carnages.
Je vois, sur notre tête, un glaive suspendu,
Votre âme muselée et le droit méconnu.
Je vois, dans nos cités, passer de noirs fantômes
Qui tracent dans l'orgueil des menaces aux hommes ;
Je vois les factions déchaînant leurs fureurs,
Traîner, sur le chemin de leurs pas, mille horreurs.
Je vois, au frontispice ébranlé de nos codes,
La licence graver ses maximes commodes.

Je vois d'un dictateur le soldat éhonté
Proclamer hardiment l'arbitraire effronté.
Je vois lever partout et retomber la hache,
Sur le col du plus fort et sur celui du lâche.
Je vois le tems prédit des désolations,
Tems des conseils de guerre et des proscriptions !
Si Cavaignac passait, digne fils de son père,
Il nous ramenerait l'anarchique colère
De ces jours ténébreux, plus profonds que la nuit,
Où l'échafaud trônait sur le pays détruit.
Rien ne contiendrait plus le glaive dans sa voie;
Il marcherait sanglant sur la nouvelle proie ;
On verrait de nos temps, les Caïns triomphants
Frapper d'un même coup l'Abel et ses enfants.
Ah ! si vous le nommez, s'il triomphe en vos votes,
Vous inaugurerez là le règne des despotes ;
Et voulez-vous savoir le dernier résultat
Qui peut surgir enfin de votre coup d'état ?
Le linceul flottera, drapeau noir et terrible,
Sur le faîte des tours de la prison horrible ;
Tout sera dans le deuil ; le chaume et le palais
Trembleront de stupeur sans reposer jamais,
Le démon de la force, incarné dans un homme,
Sur un tas d'ossements humains, affreux fantôme,
Trônera le front ceint d'un bandeau foudroyant,
En tenant dans sa droite un sabre flamboyant !

Une mare de sang, humide et rouge zône,
Bordera, d'un fossé, la base de son trône ;
Il se croira puissant ! Lorsque l'aigle viendra,
Prenant pitié de nous, et nous délivrera.
Mais dans combien de temps ? question formidable
Dont l'œil ne peut fixer le terme désirable ;
Mais que nous pouvons tous rapprocher par un nom ;
Lequel ? c'est de nommer Louis-Napoléon.
Héritier de la gloire et des droits d'un génie,
Il a pris dans l'exil les conseils de la vie.
Etranger aux excès de nos emportements,
Il sera notre digue en nos débordements.
Le passé de son oncle en même temps l'oblige ;
Il peut, élu par nous, accomplir son prodige ;
Car ses écrits sont là, flambeau des jours présents,
Qui peut-être sans lui seront toujours absents.
Et puis sa présidence aura courte durée ;
Son âme dans quatre ans nous l'aurons mesurée ;
Mais du moins nous aurons éloigné pour toujours,
Le système de sang qui pèse sur ces jours.
    Avec trépignements on reçut ces paroles.
Chacun en ce moment encensait ses idoles ;
Qui Lamartine ; qui le fier Ledru-Rollin ;
Qui, Raspail ; qui chacun surtout soi-même enfin.
Sous des noms prétextés, l'ambition humaine
Montre à tous le pouvoir comme étant un domaine

Que chacun, quel qu'il soit, peut tenir en sa main ;
Si ce n'est aujourd'hui, l'on y compte demain.
Jamais, peut-être, encor cet orgueil frénétique
Ne s'était produit tel qu'en cette république ;
Car nous l'avons pu voir : Quel portier dissident
Ne rêva quelque peu d'en être Président ?
Quoi qu'il en fût, un homme, intrépide en son rôle,
Tenta de Girardin d'étouffer la parole.

« Citoyens ! cria-t-il, je dois vous éclairer ;
Car, de vous, je ne puis rien jamais espérer.
La Constitution parle ; il faut qu'on l'observe ;
Nous devons réserver tout ce qu'elle réserve.
L'homme qu'on nous propose a-t-il position
De pouvoir figurer en cette élection ?
Je ne discute pas ses titres, sa personne ;
Mais enfin, ses auteurs ont porté la couronne.
Je ne dis que ce mot d'appréciation ;
Je vous le livre nu : La Constitution !... »
Girardin se leva. Le tumulte et l'intrigue
Voulurent profiter du moment de fatigue
Que l'orateur éprouve après un long discours.
Girardin au tumulte, alors, laissa son cours :
Il attendit. Voyant que, devant leur tactique,
L'orateur ne tentait pas même une replique,
Les meneurs, tout-à-coup, font un chut général :
Il obtint un silence absolu, glacial.

Lui ne dit que ce mot, les portant tous en somme :
« Un chiffon de papier ne peut valoir un homme !...
     Alors se retirant, car un mot c'est beaucoup !
Il laissa les meneurs étourdis de ce coup.
Une confusion étrange vint d'emblée
Couvrir sur tous les points la nombreuse assemblée ;
On hurlait, on riait, on s'entre disputait ;
Dieu seul en ce moment, au fond la supputait !

     Tandis qu'à ces débats la France était livrée
Des divers candidats mesurant la livrée,
Le délégué d'en haut, mort pour la charité,
Parcourait le pays avec sérénité.
Il y voulait puiser aux grandes infortunes
Un exemple éclatant de l'oubli des rancunes,
Ce ver qui ronge l'âme et raccornit le cœur
Pour loger plus avant la politique erreur.
En ce moment des voix plaintives et funèbres
En arrivant à lui chantaient dans les ténèbres,
Le cri de la douleur d'hommes, dont les pontons
Avaient touché les cœurs et ramolli les fronts.
L'envoyé vit en eux, dans son âme attendrie,
Des frères repentants frappés par la patrie,
Qui tous dans les langueurs de la captivité,
Traduisaient en ces mots la triste vérité :

Nous voilà descendus vivants dans un abîme,
    Qui nous rendra la liberté ?
Qui nous reportera du gouffre sur la cîme,
    De nos cachots dans la cité ?
      Nous avions rêvé, pour nos frères,
      Un avenir meilleur à tous ;
      Et nous aggravons leur misère
      Dont nous portons les premiers coups !

REFRAIN.

    Mon Dieu, veille sur notre France ;
    Mon Dieu, protége ses enfants !
    Nous perdons pour nous l'espérance...
    Mon Dieu, garde-les triomphants !

Dans la nuit des prisons, dont la voûte nous glace,
    Nous croyons à ton bras, Seigneur.
Tout ce que tu conçois, tu le mets à sa place,
    La chute comme la splendeur.
      Tu nous as légué la souffrance,
      Tu nous as plongés dans les fers ;
      Sois loué, mon Dieu, si la France
      Échappe par nous aux revers.

REFRAIN.

    Mon Dieu, veille, etc.

Les feux du ciel d'azur, qui brillaient sur nos têtes,

        Sont changés en d'affreux réduits :
Nous expions nos jours, jadis ornés de fêtes,
        Par les ténèbres de nos nuits.
            Nous nous consumons dans les chaînes
            Dont le poids écrase nos fronts ;
            Et nous ne payons point de haines
            Ceux qui nous ont couverts d'affronts.
                REFRAIN.

        Mon Dieu veille, etc., etc., etc.

Au lieu de nos côteaux, pleins de riches vignobles,
            Nous voici sur les flots amers ;
On nous a surnommés ambitieux, ignobles,
            Voraces, envieux, pervers.
            Notre ambition, notre envie,
            Notre soif de perversité,
            C'est d'apporter à tous la vie,
            L'abondance et l'égalité.
                REFRAIN.
        Mon Dieu, veille, etc., etc., etc.

S'il ne faut que nos fers, nos cachots, nos entraves,
            S'il ne faut que nos pontons froids,
S'il ne faut désormais que de libres esclaves
            Pour donner aux Français leurs droits,
            Qu'on nous prenne, sans résistance,

Nos biens, les meilleurs d'ici bas :
La liberté, l'indépendance ;
Et nous ne sourcillerons pas !
Refrain.
Mon Dieu, veille, etc., etc., etc.

A ces chants des proscrits victimes sans alarmes,
Le saint martyr de Juin laissa couler ses larmes.
Il voyait, à travers ces perles de ses yeux,
Rouler sur les pontons les nuages des cieux.
Oh ! voici, pensa-t-il, dans sa tête inclinée,
L'image de leur sort ; fâcheuse destinée !...
Pour tourner un écueil on y laisse ses jours...
C'est à moi, leur martyr, d'aller à leur secours.
Je me présenterai, messager de clémence,
Au pouvoir en criant : grâce pour leur souffrance !
Je lui demanderai leur retour, par mon sang.
Dieu sauva tous ses fils, pour un seul innocent.
Un innocent ! combien parmi quelques coupables,
Vois-je d'hommes qui sont de haines incapables,
Et qu'on a cependant frappés, moins que pervers,
Du supplice étouffant dont ils sont tous couverts.
   Il dit ; par son conseil on demande amnistie
Au pouvoir... le pouvoir fortement se récrie ;
A son élection il pensait... rien de plus...
C'est Dieu dans ses conseils qui dicta ce refus.

En effet, tous les jours, à chaque heure peut-être,
L'administration travaillait pour le maître ;
Dieu le permit encore afin qu'on sentît mieux
Le résultat que seul il avait sous les yeux.
Chaque jour on voyait sortir des ministères
Des chariots chargés du poids des circulaires,
Que des chevaux traînaient à grands coups de collier,
Dans les départements qu'elles croyaient ployer.
Les presses de l'État ne suffisaient qu'à peine
Aux rames de vélin, que des gens hors d'haleine
Déballaient à grands frais de reins et de sueur,
Sous le cylindre actif des rouleaux à vapeur.
Jour et nuit les préfets et les gardes-champêtres,
Tous les voltairiens, aidés de quelques Rêtres,
Les porteurs de contrainte et les commis greffiers
Colportaient à l'envi ces louangeurs papiers.
On ne ménageait rien dans ces graves affaires,
Poste et chemin de fer traînant les émissaires
Qu'on lançait de Paris, sur les points différents
Ayant la mission d'y rallier les rangs.
On allait, on venait on présumait les votes
Qu'on hypothétisait en de brillantes notes ;
Mais au fond tout cela c'était l'effort humain
Fait pour nous mieux prouver ce que vaut notre main !
Remuez ! imprimez ! pérorez tous à l'aise ;
En or à la Ruoltz transmutez votre glaive ;

Badigeonnez vos noms, colderêmez vos talents
Et sans les marchander amorcez vos chalands !
Quand l'esprit du Très-haut soufflera sur vos brigues,
Il vous dispersera, couverts de vos intrigues ;
Mieux à votre succès vous aurez préludé,
Plus votre plan sera tristement dénudé.
De Girardin le fit dans la presse, de reste !..

Louis-Napoléon lança son manifeste.

« Concitoyens, vos voix m'ont ramené d'exil ;
Au moment de choisir un président, dit-il,
Mon nom vous apparaît, symbole, ou mieux arbitre
De sécurité, d'ordre ! Il vous est mon seul titre ;
Je le sais. Je n'ai rien fait encore pour vous.
Je veux qu'il ne soit point d'équivoque entre nous.
Si j'étais président, je le dis sans critique,
Je voudrais affermir la jeune république
Dans la religion, dans la propriété,
Dans la famille ! triple esprit de liberté !
Les réformes, voici celles qu'on devrait faire ;
Diminuer l'impôt, qui rogne le salaire
De l'ouvrier, sans nuire aux services d'ailleurs.
Pourvoir pour leur vieillesse aux jours des travailleurs ;
Incruster dans la loi qui régit l'industrie,
Au lieu d'un rêve creux, une nouvelle vie,

Sans immoler le riche au pauvre ; car chacun
Doit tirer son profit du bien-être commun ;
Assurer à la presse une large influence,
Tout en la préservant de sa propre licence ;
Céder les grands travaux aux fonds particuliers ;
Ne monopoliser jamais les ateliers.

La paix est le plus cher de mes désirs. La France
Ne peut que parler haut ; ou garder le silence.

Touchant les lois d'exil et de proscription :
La république en doit purger la nation.
A l'homme qu'un tel peuple aura pour mandataire
Le gage sûr du bien, c'est de le vouloir faire. »

Généreux sentiments, calme pensée, un nom !
Voila ce que Dieu prit pour cette élection.

Quel est ce grand concours des campagnes, des villes,
Des bourgs et des hameaux empressés mais tranquilles ?
Le soleil de décembre incline à l'horizon :
Image de la France expirant en prison,
Rien ne fait espérer à son rayon qui penche
Qu'il se pourra tirer de dessous l'avalanche
Des froids calculs, dont l'homme obscurcit sa splendeur,
Espérant amoindrir l'orbe de sa grandeur.
L'administration, aidant la dictature,
Pèse sur les esprits qu'elle croit sa pature.
Descendue aux enfers au solstice de Jean

Elle veut à tout prix éterniser cet an.
Elle a fait conspuer, fantôme d'épouvante,
Le fantôme de juin ; fantôme qu'elle vante
Au moment décisif pour s'en faire un honneur,
Et s'assurer ainsi des voix par la terreur.
Si le soleil français ne suit pas son ellipse ;
Elle l'a menacé d'une complète éclipse ;
Elle a nommé déjà l'astre désolateur ;
Louis-Napoléon neveu de l'Empereur.
Ce ne sera pas trop des forces enlacées
De tous les citoyens, mus de bonnes pensées,
Pour refouler au loin le globe impérial,
Qui va passer devant l'orbe national !
   Troublé, par les frayeurs que le pouvoir suscite,
Le pays, consterné sur l'avenir, hésite.
Il emporte, avec lui, Cavaignac en sa main,
Pour le couler dans l'urne.... au milieu du chemin
Tous les yeux sont frappés d'une vive lumière ;
Depuis près de cinq mois elle était la première
Qui vînt, comme un rayon, déciller les regards
De la France enfoncée aux horizons blafards.
On pense, on réfléchit, on prend en main les votes ;
Près du nom Cavaignac on lit ce mot menottes !..
Une voix formidable, écho de tous les vœux,
S'élève de la terre à la voûte des cieux.
On jette, avec effroi, ce bulletin funeste

Au ruisseau de la route en disant : Qu'il y reste !
Et sous deux traits de plume on substitue un nom
Que Dieu dicte au pays : Louis-Napoléon.

Décembre, jour marqué dans nos fastes de gloire,
Tu le seras encor une fois dans l'histoire,
Pour démontrer qu'au gré de la France, tu fais
De l'Austerlitz tonnant l'Austerlitz de la paix.
En ce jour, comme au jour de la grande bataille,
Où les trois Empereurs mesurèrent leur taille,
Tu viens de décider, comme fit le vainqueur,
Que la France serait de nouveau l'Empereur !
Avec lui tu l'étais par le fil de l'épée
Au temps où, par le sabre autocrate, frappée,
On forçait le géant à tirer du fourreau
Ce fer, qui sut briser la hache du bourreau ;
Aujourd'hui c'est au fil de la plume et sans crise,
Que le sabre brutal tombe à terre et se brise !
Ou plutôt c'est la main droite du Tout-Puissant
Qui, balayant le sol, en efface le sang.
C'est elle qui permet dans son conseil sublime,
Que ce ballon d'essai porte, presque unanime,
Ce Prince, que son vœu montre à la nation,
Candidat, à son choix d'une autre élection,
Afin que, si plus tard, quelques voix idiotes
Disputent à l'élu l'expression des votes,

Les hommes au cœur droit puissent, comme ils le font,
Par ce premier scrutin, répondre du second.

Le Prince l'avait dit : Il fallait le connaître.
Dieu conseille le cœur ; mais il le laisse maître !
Maître d'agir après en toute liberté,
Dût le bien pour le mal, en être déserté ;
Afin qu'elle ne puisse arguer d'ignorance,
C'est ce qu'en ces jours-là Dieu fera pour la France !
Il aura suscité cet homme de ses vœux,
Pour lui crier plus tard : Fais comme tu le veux.

Entendez-vous tonner l'airain des Invalides ?
Le dôme est ébranlé sur ses voûtes solides.
Ces grands Stantors de bronze, accoutumés jadis
A chanter nos succès au peuple de Paris,
Lorsque l'aigle rentrait des champs de l'Allemagne,
Des plaines de l'Autriche ou des siéras d'Espagne ,
Proclament, de leurs voix vibrantes, le vainqueur,
Ainsi qu'ils eussent fait au temps de l'Empereur.
Ce n'est point là l'écho de ces terribles luttes
Qui brûlent, en passant, les palais et les huttes ;
Mais c'est le résultat d'un combat non moins vif ,
Où tombait écrasé le bras exécutif.
Waldeck-Rousseau venait, rapporteur à la Chambre,
D'étaler aux regards le scrutin de décembre.

Plus de cinq millions de voix avaient dit non
Sur le sabre, et votaient Louis-Napoléon.

    Armand Marrast, ô Dieu ! que tes conseils sont sages !
Lui-même, Armand Marrast, proclama les suffrages !
Quelle leçon ! L'auteur de cet ignoble bal,
Que vous savez, lisait la fin du carnaval !
Le grand drame, ô Dieu saint ! qui s'ouvrait à cette heure,
Ne devait plus laisser aux partis aucun leurre ;
Ta droite apparaissait claire comme le jour ;
Voltaire avait régné : ce doit être ton tour !...

QUATRIÈME LIVRE.

———

LA FRANCE IMPÉRIALE.

י יבדך אתמ

otam ieboreth oua

eux il bénit et

(28ᵉ VERS. GENÈSE.)

Et il les bénit.

DIXIÈME CHANT.

Regardez toute chose avec une fermeté mâle: en homme, en citoyen, en mortel. (Marc-Aurèle.)

Dix personnes qui parlent font plus de bruit que mille qui se taisent ; voila le secret des aboyeurs de tribune.
(Napoléon.)

Il faut que les lois s'accordent avec le génie des peuples, ou il ne faut pas espérer qu'elles subsistent. (Le grand Frédéric.)

Traite les grands comme le feu ; n'en sois ni trop loin ni trop près. (Diocène.)

La plus grande finesse est presque toujours de n'en point avoir. (Le grand Condé.)

C'est le comble de la grandeur de vouloir faire le bien qu'on peut. (Pline le jeune).

Les partis n'avaient pas désarmé. La montagne,
Forte majorité, tenait faible en campagne,
Les ministres vaincus, lui donnant le signal,
Se démirent ensemble aux mains du général,
Ce chef de l'ex-pouvoir, en tâtant l'assemblée,
Remit entre ses mains la dictature enflée :
Tactique harcelant Louis-Napoléon,
Avant qu'Armand Marrast eût proclamé son nom.
La chambre, en permettant cette courte lacune,
N'en laissait que mieux voir sa mesquine rancune,

Contre l'élu du peuple ; et pourtant son devoir
Eût été qu'on remît en ses mains le pouvoir ;
Elle ne le fit pas... C'était dire sa haine ;
Plus ! c'était insulter la France souveraine,
C'était le dernier mot d'un courroux impuissant,
Qui conservait l'espoir d'en appeler au sang !
Bien loin de déblayer l'échiquier politique,
Chaque position en devint plus critique.
La montagne espérait mettre le Prince au banc
Des prévaricateurs, s'il y prêtait le flanc.
Les républicains froids, c'était le petit nombre,
Préparaient contre lui quelque chute moins sombre ;
Mais ils se promettaient de fourvoyer ses pas,
Dans quelque coup de tête ; et le jeter à bas.
La légitimité, des d'Orléans flanquée,
Voyant l'occasion de retrôner manquée,
Creusait le labyrinthe inextricable, obscur,
Où sa main lui pourrait porter un coup plus sûr :
La désaffection générale insufflée
Dans l'esprit inconstant de la France aveuglée.
Le président contre eux eut, pour lui, le pouvoir,
L'amour de la patrie et l'esprit du devoir !
Trois forces dans un camp et trois forces dans l'autre.
Le peuple jugera lesquelles font la nôtre ;
Si c'est l'élément fourbe, intrigant ou brutal,
Ou si c'est l'élément protecteur et moral.

Sitôt qu'il fut debout, au haut de la spirale
Qu'on nomme le pouvoir, où plus d'un esprit râle,
Le président, planant de l'œil sur l'horizon
Des partis, y trouva sa règle et sa raison.
Devant lui se dressaient : une assemblée à vaincre,
Odillon-Barrot fut chargé de la convaincre ;
Armée et discipline entière à remanier,
Il y commit Tracy, Rullière et Changarnier ;
Le dragon social, vivant comme la bête,
Bixio fut chargé d'en faire la conquête ;
Notre religion expirante, Falloux
La devra protéger contre la dent des loups ;
Aux questions d'état, dans les cours étrangères
Drouyn-de-L'Huis doit débattre nos affaires ;
Les finances, portant au budjet leur défi,
Pour les équilibrer il trouvera Passy ;
L'autorité surtout ! Léon de Malleville
La doit constituer respectable, de vile
Qu'elle était ! ce fut là de la transaction !
Le président, prenant chez tous son action.
Les partis peu dispos y virent une trame ;
Ils mesuraient son cœur au mètre de leur âme ;
Aussi ce traité fut pour les camps le signal
D'un mécontentement factieux, général.
Chaque corps de bataille alors prit ses mesures ;
Ils endossèrent tous leurs chefs et leurs murmures.

Leo de la Borde eut la légitimité
Général remuant d'un corps mal limité ;
Dupin, des d'Orléans la cheville ouvrière,
Sous le glaive du mot tint sa cohorte entière ;
Utopistes ardents et chauds républicains,
Aux peintres sociaux servant de mannequins,
Étaient pour le moins chefs, chacun en sa phalange ;
Là, chacun cuit son pain et chacun le boulange ;
Si je les nommais tous, je n'en finirais pas ;
Je les prends au hasard soit en haut soit en bas :
Armand Marrast veilleur des veilleurs de la ville,
De la lanterne sourde étonnante merveille ;
Considérant, Miot, Bourzat, Faure, Esquiros,
Ledru-Rollin du plus au moins puracantos ;
Et tant d'autres enfin, chez des nombreuses bandes
Formant des éclaireurs les esquades stridentes,
Prirent position, comme pour un assaut,
Croyant escalader le président d'un saut.

Il dressa tout autour de lui ses batteries
Pour répondre à l'injure ainsi qu'aux flatteries ;
Car au premier coup-d'œil il avait jugé, lui,
Qu'étant tout à la France, il l'aurait pour appui.
Les partis, qui croyaient l'opinion tournée,
Se donnèrent le mot pour faire une journée,
Où la constituante et les clubs réunis
Devaient mettre la main sur l'élu du pays.

L'arsenal des journaux vomissait la mitraille
Qui critique, condamne, arme, menace et raille,
Portant aux grands meneurs les appétits gloutons
Dont elle affriandait ces dociles moutons.
L'assemblée avait fait feu sur toute la ligne ,
Jamais on n'observa si bien une consigne,
Pourquoi le président venait-il de lier
Toute la force armée au bras de Changarnier ?
Pourquoi les inculpés de Mai, mis sous la courge,
Seraient-ils renvoyés devant la cour de Bourge ;
Pourquoi régler les clubs au moyen d'une loi ?
Chaque membre influent formulait son pourquoi !
L'un sapait le budjet, criant économie.
Les services ? qu'importe ! à la cause ennemie
Que tous les intérêts sèchent de sa maigreur,
Quand l'intérêt public en semble le moteur.
Les conseillers d'état élus, par l'assemblée,
Réunion de tous les partis afflublée,
Ont reçu le mot d'ordre, et vont de leur côté
Tirailler le pouvoir qu'on croit escamoté ;
Car sobre de discours et sobre d'étalage,
Il a laissé monter jusqu'à ses pieds la rage
De tous ses ennemis coalisés entre eux ;
On crut qu'il avait peur ; il était généreux !
L'insolence en devint d'autant plus unanime ;
Le président sera d'autant plus magnanime !

Ils vont le décréter de trahison sous peu,
Lui les étouffe avant qu'ils puissent faire feu.

Un matin de janvier ses mesures sont prises.
On touchait au moment qui touche aux grandes crises ;
L'armée en un instant occupa tout Paris,
Places, quais, boulevards sont gardés, investis ;
Le corps principal campe au seuil de l'assemblée ;
La conjuration est muette et troublée ;
L'insolent de la veille au silence est réduit,
Ce jour pèse à ses yeux comme à l'oiseau de nuit ;
Tout se disperse et fuit à l'aspect de l'armée,
Ainsi sous le rayon une épaisse fumée !
Cet autre Marengo n'était pas attendu,
Il réussit ; mais l'arc n'en fut pas moins tendu.

La coalition sans combattre battue,
Par ce coup de vigueur ne se crut pas vaincue ;
Et ses rangs dispersés, elle les rallia.
Le Prince, sur lui même, aussi se replia,
D'un côté le sang froid, de l'autre la colère !
Tel fut de ce jour là le double caractère ;
Tel apparut David au géant Goliath,
Tel fut le Président après ce coup d'éclat,
Devant ces philistins dont l'intrigue et le nombre
Se promettaient encor de souffler sur cette ombre
De légitimité populaire, dont eux
Se disaient seuls soleils, astres froids, ténébreux :

Mais il fallait trouver quelque tactique prompte ;
Car le temps, en ces jours, entrait en fin de compte.
Le conseil, pour masquer son cruel embarras,
Recherchait des moyens, mais il n'en trouvait pas.
Le démon anarchique, instigateur fébrile,
Qui, dans les jours de juin, avait couru la ville,
En vain réfugié depuis, dans les faubourgs,
Crut qu'il devait, alors, venir à leur secours :
   « Que faites-vous ainsi, généraux de la plèbe,
Vous que le Président a courbés sous la glèbe ;
Ne vous souvient-il plus de ce qu'ont fait les rois
Pour façonner le peuple au joug dur de leurs droits ?
Retournez aujourd'hui contre leur émissaire
Louis-Napoléon, ce qu'un jour il peut faire,
L'émeute dans la rue est étouffée ; eh bien !
Faites qu'elle déborde, et qu'il n'y puisse rien.
Est-ce si difficile ? Écoutez mon programme :
Le peuple a déjà faim, il le sent ; qu'on l'affame !
Il est déjà tenu par un bridon de fer ;
Plongez sa liberté mourante en un enfer !
Il a rêvé, par vous, un Éden de délices ;
Conseillez au pouvoir la roue et les supplices,
Pour quiconque pouvant vivre de son travail,
Rêvera de porter la main au gouvernail ;
Dans la classe moyenne insufflez l'épouvante,
Le moyen est certain : discréditer la rente !

Le peuple ainsi réduit fera gronder sa voix
Pour demander du pain et réclamer ses droits.
J'ai dit.

       Un long tollé couronna ces paroles.
Sans plus examiner on partagea les rôles ;
Et les vaincus d'hier firent, audacieux,
Des camps de vingt partis, le camp des factieux.
La tribune fit feu de paroles tonnantes ;
La presse redoubla ses fanfares sonnantes ;
La constitution, cette œuvre des partis,
Ils en démolissaient les articles précis ;
L'un criait qu'elle était pour le peuple un obstacle ;
L'autre, par elle, au riche annonçait la débâcle ;
Celui-ci la raillait au titre Président ;
Celui-là la minait sans s'armer dissident.
Les possesseurs de rente affluaient à la bourse,
Tarissant des deniers publics ainsi la source ;
Le marchand n'avait plus recours à l'atelier ;
L'industriel laissait sans travail l'ouvrier ;
Tout marchait à l'humeur de l'infernal génie ;
La France, jour par jour, hâtait son agonie,
Et pourtant tout ce mal venant de haut en bas,
Si remuant qu'il fut, ne la remuait pas.
Les habiles cherchaient vainement dans leur tête,
La cause qui pouvait écarter la tempête,
Et leurs yeux aveuglés ne voyaient pas la main

Qui de haut dirigeait contre eux l'esprit humain.

L'archevêque martyr avait, âme sublime,
Entendu les conseils de l'ange de l'abîme ;
Et sachant les projets qui menaçaient ce lieu,
Il remit ce placet en la droite de Dieu :

« Vous ne permettrez pas, Seigneur, que votre France
Subisse du démon la hautaine influence.
Vous avez entendu ce qu'ont dit les enfers
Vous voyez ce que font tant de partis pervers ;
Vous m'avez pris en juin pour veiller sur son âme !
Aux flammes des méchants opposez votre flamme ;
Éteignez dans les cœurs, l'incendiaire espoir
Qui lance son brandon de feu sur le pouvoir.
Seigneur, faut-il plaider sa cause toute entière ?
Je vous rappellerais, en ce cas, votre mère...
Là-bas, je le disais, je n'ai point oublié :
Car *regnum Galliæ regnum est Mariæ.*

Ces paroles à Dieu furent au fond des âmes.
Le martyr les sema comme de vives flammes,
Torrent d'amour courant, par l'amour consumé,
Éteindre de son feu, l'incendie allumé.
En vain dans mille efforts les partis se tordirent,
Sous le chef de l'État vainement ils mordirent,
Et vainement encor ils tentèrent l'assaut
Pour se perpétuer dans leur pouvoir, tout haut.
Le temps avait sonné l'heure de l'assemblée.

Elle se sépara de son vide affublée ;
Et la législative alors vint remplacer
Le camp constituant qu'elle allait dépasser.

Mais la position que la constituante,
Assemblée incapable, inerte et remuante,
Laissait aux successeurs de son pouvoir déchu,
Elle l'avait armée en son plan préconçu :
Presse sonore et creuse, et d'autant plus puissante ;
Tribune de progrès rêveurs retentissante ;
Loi d'accusation prête contre un pouvoir
Inculpé bravement de n'avoir pu pouvoir ;
Bulletins du pays mis au banc de la France ;
Enquêtes préparant plus d'une chaude instance ;
Manifeste donnant à la minorité
Droit de vie ou de mort sur la majorité ;
La légitimité du but préconisée ;
Force publique enfreinte ou désorganisée !
Tel était l'armement du camp constitutif,
Légué contre le Prince au camp législatif.
Aussi, ses ennemis, dès la première attaque,
Parlant du Président, disaient : il faut qu'il craque !
Déjà l'on assignait le jour et le moment
Où l'on ferait passer le Prince en jugement ;
Car de tous les côtés et sur ces entrefaites
Des peuples soulevés on apprit les défaites.

La Pologne, impuissante à secouer son joug,
Frémissait sous le czar qui lui donnait le knout ;
Le Piémont, broyé dans les champs de Novarre,
Entraînait avec lui la Lombardie avare,
Allemagne, Hongrie et Sicile sentaient
De plus ou de moins près qu'elles succomberaient ;
Rome qui, comme nous, avait dit république,
Mais qui depuis s'était faite démagogique,
Rome qui, sans la France, allait droit au cercueil,
Rome se préparait à nous fermer son seuil ;
Notre étendart honni devait forcer ses portes ;
C'était là le signal attendu des cohortes,
Qui, durant seize mois, avaient tout remué
Et de qui les débats n'ont rien constitué.
Toutefois sur ce point, en ces moments suprêmes,
Leur camp se dédoubla des deux partis extrêmes.
Lorsque Rome est en jeu, l'on regarde de près ;
Et les abstractions deviennent les concrêts.
Cette désunion précipita la lutte.
Dieu n'attend pas longtemps lorsqu'il veut une chute ;
Il frappe de vertige un homme ; et le conduit,
En le laissant marcher, du soleil dans la nuit.
     Par son chef la montagne engagea la bataille.
Ledru-Rollin n'était pas encore de taille.
Du parti qui le suit pourtant c'est le géant.
Deuxfo issur la tribune il a jeté le gant.

Des applaudissements partent de la montagne ;
Il met à découvert tout le plan de campagne ;
Il appelle à la force entre la chambre et lui ;
Il marche ; un peuple ardent lui promet son appui :
On descend dans la rue, et la montagne avise ;
La majorité tremble, aussitôt on la brise ;
Président, ministère, on met tout hors la loi !
Combien devra durer ce formidable émoi !
Paris entier s'émut ; déjà la barricade
A redressé son front ; déjà la fusillade
Allume le combat, sur dix points différents ;
L'émeute s'organise et recrute ses rangs
De tout les mécontents, prêts à brûler l'amorce,
Croyant que c'est au bras que réside la force ;
De ces hommes tarés dont l'unique drapeau
Est de vouloir couper une part au gâteau.
Déjà les montagnards, frappant de déchéance
La majorité même après la Présidence,
Font appel à l'armée, en disant au soldat
Qu'eux seuls sont désormais le pouvoir dans l'état.

Louis-Napoléon, sans hésiter, s'engage
Presque seul, au milieu de ce second orage ;
Fait appel à l'armée, au peuple, au sens commun,
A la concorde, enfin à l'âme de chacun ;
Et dans quelques instants, nation, peuple, armée
Répondent à l'appel ; l'émeute est enfermée

Dans les Arts et Métiers, pivot du mouvement ;
La montagne s'affaisse en cet événement ;
Et celui, contre qui s'épanchait sa colère,
A peine la frappa lorsqu'il la vit à terre,
Imitant en ceci le Vainqueur d'Iéna ;
Mais par cette clémence il se l'aliéna.

    Inutile leçon ! la passion aveugle
Des factions rugit, quand l'un des partis beugle.
Au quinze Juin un seul des camps était en jeu,
Croyant faire une rafle entière de l'enjeu :
La France, le pouvoir, les honneurs et les places ;
Mais il ne comptait pas avec les hautes classes !
La circonspection les retint en ce jour,
Elles s'étaient promis de venir à leur tour.
Leurs armes n'étaient pas les armes apparentes :
Discrédit du pouvoir, discrédit sur les rentes ;
Budjet coupé, détruit ; services entravés ;
Sous des débats oiseux ministres enclavés ;
Circonvallation serrant la Présidence,
Combat secret enfin contre la Providence !
Tels étaient les divers plans sourdement ourdis
Que s'étaient ménagés les haines des partis.
Les porteurs de coupons les jouèrent en baisse ;
On attaquait l'état en ruinant sa caisse ;
Les emplois des divers ordres furent rognés ;
Les ministres étaient à tout pas besognés ;

On s'avançait contre eux en colonnes massées ;
Toutes les questions s'épuisaient harassées ;
Quand, fatigués d'avoir porté tant de vains coups,
Ils vinrent présenter une armistice à tous.
Les voilà dispersés et courant la province ;
On allait y semer le discrédit du Prince,
De son élection de son autorité ;
Et d'un prompt changement prêcher l'utilité.

Le Président alors, malgré son stoïcisme,
Se sentit ulcéré du nouvel ostracisme
Dont il était frappé dans son affection,
Qui lui fesait aimer la révolution.
Il comparait, rêveur, sans faire de critique
Ni d'éloges, l'empire avec la république :
La première, frappée au cœur par l'étranger,
Par l'Empire sauvée à l'heure du danger ;
La seconde, mordue au sein par ceux là même
Dont elle avait reçu les ordres et le crême,
Il la voyait ourdir plus d'un fatal projet,
Dont le moindre à ses yeux était à son sujet.
Navré ! son cœur se prit à chercher dans son âme,
Quel pouvait être au fond le vrai motif du blâme
Et n'ayant rien trouvé de condamnable en soi,
Son œil observateur découvrit le pourquoi :
Rivalités d'orgueil, efféminé cynisme,

Ambition avide, appétits d'égoïsme,

Paresse, envie ! alors laissant un libre cours

A sa pensée, il tint à peu près ce discours :

    « Que faire ? quel parti faudra-t-il que je prenne ?

Dois-je me retirer, ou faut-il que je tienne ?

Les factions ont pris leur prétexte de moi ;

A les croire, je mets le pays en émoi.

Si je n'ai pas le bras assez fort pour la lutte,

Une abdication empêchera ma chute ;

Ou du moins je pourrai vivre et mourir ici ;

Cette abnégation a son prestige aussi.

Si la France va mieux après ce sacrifice,

Elle ne pourra pas m'accuser d'artifice ;

Mais qu'elle aille plus mal ? en quittant le pouvoir,

J'aurai manqué vers elle aux lois de mon devoir !

Le devoir ! le devoir ! cruelle alternative !

Dois-je employer ainsi mon initiative ?

O mon Dieu ! me démettre au moment du danger ?

Ce sera me placer plus bas qu'un étranger !

Quand la France a besoin de ses enfants fidèles

Pour conjurer le bras de ses enfants rebelles,

Je me retirerais ?.. non ! non ; je resterai ;

S'il faut combler l'écueil, du moins j'y concourrai ;

Je n'abdiquerai point !... »

                        Il dit ; et de son âme

Il sentit s'envoler une électrique flamme ;

Qui s'en fut vers le ciel prendre conseil de Dieu,
Sur ce qu'il convenait d'opérer en ce lieu.

A cette heure, pensant aussi moi sur la France,
Je ne lui gardais plus qu'une vague espérance ;
Et mon vers s'envolait, en ces lugubres mots,
Qui s'allaient abîmer au gouffre de ses maux :

Hélas où marchons-nous ? qui me dira l'issue
Du voyage tenté par la France, qui sue,
Comme fait le chauffeur sur un chemin de fer.
Devons-nous aboutir à quelque solitude,
Ou nous dirigeons-nous vers la béatitude ?
Est-ce au ciel qu'on nous mène, ou bien est-ce à l'enfer ?

Enfer et ciel ! ces deux termes de notre route,
Faut-il donc nous y voir emportés, dans le doute
D'arriver par la suite, ici plutôt que là ?
Et sera-t-il toujours dans notre destinée
De lancer nos neveux sur la pente inclinée
De l'aveugle hasard qui nous y bouscula ?

Jusqu'ici qu'avons-nous trouvé dans la carrière ?
Beaucoup d'obscurité pour un peu de lumière ;
Quelques rares parfums, beaucoup d'air empesté ;
Là des chants d'allégresse, ici des cris funèbres :

D'incessantes douleurs égales aux ténèbres;
Un sourire d'espoir de larmes infesté !

De nos jours, un rayon tombé du ciel sur terre,
Nous découvrit le seuil splendide et solitaire
Du royaume terrestre où tous sont invités ;
Mais le temps a marché ; mais sur son rail aride
Il nous a colportés dans son wagon rapide ;
Où sommes-nous ? Je vais vous l'apprendre ; écoutez !

Sous les terrains où Dieu plaça la république,
Vastes champs éclairés par l'âme évangélique
Est un tunel profond, obscur mystérieux,
Où nul regard d'en haut ne vient briller aux yeux.
Malheur à qui s'engage en cette crypte affreuse ;
Plus on suit son parcours, plus elle devient creuse.
La main qui cimenta les pierres de ses murs
A laissé le venin de ses cinq doigts impurs.
La voix d'en haut n'a point d'accents sous cette voûte ;
Un silence de mort la glace ! aussi le doute
Nàvre d'effroi le cœur de l'homme qui poursuit
Son voyage, au milieu de sa lugubre nuit !
C'est dans ce souterrain que la France, à cette heure
Est engagée ; ô ciel ! faudra-t-il qu'elle y meure !
Faudra-t-il que ses fils et que nous les premiers
Nous vivions expirants, dans ces rudes sentiers ?

          Ce que j'ai craint sur terre,

          Ce n'est pas le mystère ;

          Mais c'est l'obscurité !

C'est l'étouffant rideau de profondes ténèbres ;

C'est la nuit entourant de ses voiles funèbres

          Mon front mal abrité !

          Moi, de qui la paupière

          Aspire à la lumière

          Et cherche le jour pur,

Voilà que je chemine au sein de la nuit sombre,

Fantôme de clartés, en voyageant dans l'ombre

          Sans rien tracer au mur.

          Quelle main protectrice,

          Ouvrant le précipice,

          Se tournera vers moi ;

Ou plutôt quelle force ineffable et féconde

Entr'ouvrira du doigt cette voûte profonde ?

          Mon Dieu, ce sera toi.

          Ce sera toi, saint Verbe,

          Dont l'esprit, sans superbe,

          Emprunte ici ma voix,

Pour demander au père, humblement à cette heure,

Qu'il nous fasse aborder une route meilleure ;

          Une route à ton choix !

Oh ! conduits par ta droite
Il n'est ni voie étroite,
Ni chemin infernal
Dont on ne puisse voir prochainement l'issue ;
Car, Seigneur, tu nous mets des clartés dans la vue,
Mon céleste fanal !

Ce tunel étouffant où la France s'engouffre
Est comme enveloppé d'une vapeur de soufre,
Vaste cave, creusée au milieu des débris,
Dans le monde habité par les mauvais esprits,
Est plus obscur cent fois, cent fois plus lamentable,
Cent fois plus énervant, cent fois plus effroyable,
Que tout ce que l'on peut imaginer d'ennuis
Au fond des souterrains, noirs royaumes des nuits !...
Au plein soleil du jour, en voyageurs funèbres
Nous marchons aveuglés au milieu des ténèbres
Du monde politique et du monde moral,
Aspirant vers le bien et ne touchant qu'au mal !
Un brouillard dissolvant affaisse la paupière ;
Pas le moindre rayon n'y verse une lumière ;
L'âme attristée y pleure, et ses meilleurs essors
S'y courbent abaissés, quels que soient ses efforts.
La France cependant, poussée en cette voie,
S'y laisse, dans l'espoir, aller presque avec joie.
Un vertige l'aveugle ! elle marche ; elle court

Dans l'enfer, pour gravir vers de plus heureux jours !
Quel est donc le démon infernal qui l'entraîne ?
Il la traite en esclave et la dit souveraine ;
Car soudant à ses fers les fers de ses enfants,
Il leur fait croire à tous qu'ils seront triomphants !
O misère ! ô souffrance ! abaissement, folie !
Oh ! d'un peuple si fort désolante agonie !
Oh ! dissolution précoce ! ô France, hélas !
N'entends-tu point sonner le branle de tes glas !
Ne vois-tu point qu'un bras te conduit à ta perte !
Toi naguère si male et si vivace, alerte !
Alerte ! éveille-toi ! comprends que ce tunel
Où ton esprit s'enfonce est le gouffre éternel !
    Emporté, comme toi, sous la crypte profonde,
O France ! le torrent de mes larmes m'inonde !
Je gémis sur le mal que les partis nous font,
Moi dont la foi les trouble et souvent les confond !
Sur ma poitrine en feu laissant tomber ma tête,
J'éprouve, dans le cœur, une crise inquiète
Qui sans abattre en moi le courage, m'étreint ;
Et pourtant ce n'est pas sur mon sort qu'elle craint !
C'est sur toi, ma patrie, ô ma France, ô ma mère,
Que j'épanche en douleurs ma défiance amère ;
Car je tremble, en songeant par combien de rigueurs
Tes enfants ont passé, sans voir tarir tes pleurs.
Aujourd'hui même encor, oh ! combien ta souffrance

Me coûte de chagrins, France, ma belle France,
Moi qui te vois plongée ainsi vivante au sein
D'un cachot ténébreux comme un vil assassin.
Mêle dans ta douleur, tes larmes à mes larmes ;
A te les voir verser je trouverai des charmes,
Non pas que je me plaise à tes gémissements ;
Mais je les confondrai dans mes désolements !
Hélas ! celui qui pleure aime à trouver une âme
Qui comprenne sa plainte et s'élève à sa gamme.
Ma gamme, c'est toi seule, ô France, ô mon pays ;
Quand je pleure, ô ma mère, ainsi pleure à tes fils !...

Plutôt que de marcher au milieu des ténèbres,
J'aime mieux me traîner sous les larmes funèbres,
         Quand je les répands au grand jour ,
         J'aime mieux humecter la terre
         De cette rosée amifère,
Que de suivre l'œil sec ma route dans un four !

Quelque soit le sentier que de pleurs on arrose,
En place des chardons on voit naître la rose,
         Au lieu des ronces un doux fruit ;
         Car c'est sous les humides flammes
         Qu'on fait fructifier les âmes !
On ne voit que des maux éclore dans la nuit !

Le sentier que tu cours est une absyde affreuse,
O France, ô ma patrie, ô mère aventureuse,
                Retourne ! reviens sur tes pas,
                Sors, sans proférer une plainte
                Du noir et profond labyrinthe
Où tu ne peux trouver que l'ange du trépas !

Tandis que j'écrivais cette triste complainte,
Inspirée encore plus par amour que par crainte,
Moi, qui jamais ne sus désespérer de Dieu,
J'entendis une voix qui vint troubler mon vœu.
Alerte ! criait-elle, alerte ! à notre poste !
Sous des dehors de paix fomentons la révolte.
Alerte ! le pays a reconnu nos voix ;
Alerte ! il a douté de l'élu de son choix !
Alerte ! alerte ! armons contre lui l'ignorance ;
Alerte ! son cœur n'est pas connu de la France ;
Alerte ! renversons l'élu du piédestal,
Le neveu par son oncle est notre astre fatal !
Alerte ! donc , alerte ! ah ! monsieur Bonaparte,
De la loi du devoir votre cœur ne s'écarte ;
Vous ne permettez pas, aux partis, d'agiter
Le pays qui, par vous, pense ressusciter,
Vous allez voir comment les partis se font homme ;
Comment le petit nombre est plus fort que la somme ;
Vous allez éprouver la force de nos voix

Et vous saurez après ce que valent nos choix !
Vous avez pu penser, exilé de la France,
Que nous ne l'avions pas gardée en l'ignorance ;
Eh bien ! vous allez voir, qu'en France on ne veut rien
Qui, de quelque façon, ne tourne à notre bien !
La parole ! aujourd'hui voila le droit qui règne,
Droit que votre silence impérial dédaigne ;
Ah ! vous allez savoir ce qui vaut ce droit là !

    L'assemblée au retour en ces termes parla.
Ce furent feux grégeois de paroles acerbes ;
Les piètres étaient tous des orateurs superbes,
Rejetant leur manteau d'une orgueilleuse main
Sur l'épaule, posant en sénateur romain.
Seulement l'étranger, témoin de ces parades,
Dégoûté dans son cœur de ces plates bravades,
N'eût pas manqué de dire en élevant la voix :
« Ce n'est pas là, messieurs, un concile de rois !
La légitimité conspuait la montagne ;
La montagne à son tour insultait sa compagne ;
L'on poussait l'argument jusques aux coups de poings ;
La cuirasse du mot y cachait mal ses joints ;
L'épouvante, suivant ces tribuns en cohue,
Avec eux chaque soir descendait dans la rue ;
Et dès le lendemain la presse, aux mille voix,
Répétait aux lecteurs, les discours de son choix.
On sténographiait gestes, paroles, pose ;

Le sublime du laid assaisonnait la prose ;
L'individualisme étreignait les esprits
Au point que le scandale y remportait le prix.
Les deux camps en étaient venus à guerre ouverte.
A chaque heure c'était une nouvelle alerte !
Les serpents de l'intrigue en ce danger pressant,
Allaient trouver le prince et, d'un ton caressant,
Lui glissaient à l'oreille un de ces mots perfides
Dont les cœurs généreux ne sont jamais avides.
Le prince recevait leurs conseils bonnement ;
Mais il les repoussait loin de lui froidement.
Las de perdre leur tems, en de vaines fatigues,
Ces Basiles sournois tournèrent leurs intrigues
Au sein des comités, tous voués à leur foi ;
Puis on modifia l'électorale loi.

Le président resta neutre dans cette affaire ;
C'est qu'au fond de lui-même, il voulait au contraire
Que ce saint droit de tous, exprimé librement,
Dégageât le pays de son égarement.
Mais l'esprit du très haut, qui plane sur l'abîme,
En voulait dégager l'égoïsme et le crime ;
Et quand tous les partis se drapaient du linceul
Rallier les divers éléments sur un seul.
Il fallait que la voix de la démagogie
Enonçât hautement sa hideuse folie,

Pour révolter contre elle, en ces jours, les cœurs droits.
La conscience humaine est l'arbitre des droits !
Mais il fallait aussi que la morgue du riche
Contre le peuple sain, que l'égoïsme triche,
Apparût évident aux regards du pays ;
Et que, sous ces deux faits, croulassent les partis !
Dieu donc, laissant Satan pour quelques jours le maître,
Lui permit d'agiter pour qu'on le pût connaître
Et que tous ces démons lui fissent un appel
Par la restriction du vote universel.
En effet, dans un camp on criait populace
Et vile multitude ; en l'autre la menace
Insultait au défi des royalistes vœux,
Par cette date, mil huit cent cinquante-deux.
Cette époque planait, comme un sanglant fantôme
Sur l'âme de la France et sur l'esprit de l'homme ;
Chaque jour qui fuyait la rapprochait de nous ;
Plus elle s'avançait, plus les camps étaient fous !
    Un cri de désespoir s'échappait des poitrines ;
On voyait le désastre entassant les ruines ;
Tous les vrais citoyens, amis de leur pays,
Frémissaient de la lutte ardente des partis ;
On sentait l'ouragan précurseur des tempêtes,
Échevelé, danser échevelant les têtes ;
L'échafaud affiché, comme unique drapeau,
Profilait l'avenir au fil du lourd couteau :

Là, des proscriptions on composait la liste ;
Le contrat social donnait socialiste ;
Socialiste fut l'équivalent de bras ;
Bras fut l'équivalent des biens qu'il n'avait pas.
Les saines notions de richesse et salaire
S'équilibraient du sens révolutionnaire :
Détruire, ruiner, jouir violemment,
C'était là des grossiers appétits l'argument !
Religion, travail, propriété, famille,
Tous ces rayons par qui le ciel social brille,
D'une éclipse totale étaient alors couverts ;
La désolation menaçait l'univers !
Le tems impitoyable, en sa course diurne,
Dévorait ans et mois, comme le vieux Saturne,
Jusqu'au jour formidable où ses fils triomphants
Livreraient, en pâture à sa faim, ses enfants.

Le Prince qui, de loin, voyait approcher l'heure
Où la société ne serait plus qu'un leurre,
Du fond de l'Élysée, où son âme rêvait,
Appliquait ses pensers sur ce qu'il observait ;
« Trois ans sont écoulés depuis que seul je lutte
Pour retenir la France entraînée à sa chute.
Tout ce que j'ai pu faire on l'a décapité.
Le pays dans l'abîme entre précipité.
Que faire désormais pour le tirer du gouffre ?

Mes pouvoirs vont finir... Oh ! je souffre ! je souffre...
Savoir ce qui convient à la France ! et penser
Que je ne le puis faire à moins de l'offenser...
Mon Dieu :... Ne suis-je ici que pour craindre le blâme ?
Même peut-être bien que la France proclame
L'imprescriptible loi de la nécessité ;
Loi par laquelle on sauve un peuple délité,
Si je ne le retiens, il marche à sa ruine ;
Que je l'arrête court, il se peut qu'il s'obstine
Sur la pente fatale où son pied va glisser;
Et pourtant je voudrais la pouvoir palisser...
Oh ! que faire ? que faire !...
                            Une voix bien connue,
Par une autorité puissante soutenue,
Lui cria ce conseil :
                    Louis, écoute-moi :
Je parle pour la France encor plus que pour toi.
La France ! C'est mon âme, à moi, qui la fait vivre.
Mon destin fut sa gloire, et sa gloire est mon livre ;
Je viens en ce moment l'ouvrir devant tes yeux :
Vois ce que vendémiaire a fait des factieux.
Pour prévenir le flux révolutionnaire,
Qui mugissait au loin, vois ce qu'a fait brumaire.
Ai-je donc hésité d'en appeler aux voix ?
C'est ainsi qu'on arrive au régime des lois,
Je le sais : oui ; le peuple est encore en arrière :

Il voit, dans un tuteur puissant, une barrière ;
Son esprit qui se cabre, avec frivolité,
Confond le despotisme avec l'autorité ;
Traite d'ambitieux le bras qui le protége ;
Invoque contre lui le vieux mot : privilége ;
Se regimbe d'abord ; mais aussitôt qu'il sent
Le bienfait social d'un pouvoir agissant,
En bénédiction il change l'anathème ;
Car il vit de travail et non pas de système.
Étouffe dans son germe, avec autorité,
Le despotisme étroit de la rivalité !
Les initiateurs sont rares dans l'histoire.
L'initiation ennoblit la victoire ;
Mais sans victoire point d'initiations.
Initie aujourd'hui la grande nation.
Moïse, chez le peuple élu qui l'environe,
D'Égypte en Chanaan, lumineuse colonne,
Laisse sur son passage, aux peuples stupéfaits,
Les rayons dont le ciel couronnait ses succès ;
Alexandre, flambeau de la Grèce et d'Asie,
En civilisant tout, va jusqu'à la Scythie ;
César, que l'univers ne pouvait contenir,
Est l'initiateur vague de l'avenir ;
Charlemagne, plus grand que ne fut Alexandre,
De barbare qu'il est, est assez fort pour rendre
L'Occident catholique ; et ses armes passaient

En civilisant tout ce qu'elles dispersaient !
Le tems m'a fait défaut pour achever mon œuvre.
Le triomphe des camps n'était que mon manœuvre.
Je voulais déblayer par lui tout le vieux sol ;
Et civilisateur, emporter dans mon vol,
L'univers étonné vers l'abbé de Saint Pierre ;
La paix !... il t'appartient d'achever ma carrière ;
Je te la lègue ; il faut, fût-ce au prix d'un combat,
Que tu sauves la France avec un coup d'État !
Le monde ! tu le dois dégoûter des batailles ;
Je veux que l'univers pleure à tes funérailles !...
Charlemagne, Alexandre ou César, ou bien moi,
Ne serons, à ce prix, comparables à toi !

Quand l'Empereur eut dit, son ombre colossale,
Touchant du front aux cieux et de son pied la dalle,
Resplendit comme fait le rayon au ciel pur ;
Et cette étoile alla se fondre dans l'azur.
Le Prince la suivit du regard, dans l'espace :
« O mon Dieu ! pensait-il, sur terre ainsi tout passe,
Tout, excepté celui qui se voue au bonheur
Du peuple, dont l'amour sollicite un grand cœur.
Le peuple, moi je l'aime ; et l'aime avec délire ;
Mais le peuple est enfant , donc il le faut conduire ;
Donc il me faut un cœur à fermer son enfer ;
Donc il me faut un bras qui lui semble de fer,

Cœur et bras ! oh ! le bras ; il faudra qu'on le craigne ;
Il faudra que les faux semblants, je les étreigne
Et les étouffe, comme aux branches d'un étau,
L'acier plie ou se rompt sous les coups du marteau.
Presse, discussions, systèmes, théories,
De la terre de France incessantes scories,
Il faudra que mon bras enchaîne tout cela,
Sans quoi, malgré mon cœur, jamais rien n'éclora.
Mais mon cœur, à l'amour de mon pays docile,
Fera contre mon bras, à la France, un asile ;
Il ressuscitera sur ce siècle agité,
La foi, les bonnes mœurs, la loi, l'autorité ;
Il créera, pour tous, le travail, l'industrie,
Le commerce, l'honneur ; car une voix me crie :
Tout pour le peuple et rien par le peuple !... Voilà
Toute ma politique ; et je l'interne-là !...
Agirai-je à présent ? dissoudrai-je la chambre ?
Pouvoir faible ! malgré que son orgueil se cambre
Sur ses reins ; comme fait le marin fanfaron
Qui pour tout gouvernail ne tient qu'un aviron.
La chambre !... la casser ?... La chambre ; elle conspire
Ma perte, elle entrevoit que tout marche à l'empire ;
Mais la France !... elle attend inquiète un combat !...
L'Empereur l'a voulu ; faisons un coup d'État !
Coup d'État ? coup de foudre : ébranlement et lutte
Pour Paris !... pour mes jours ascension ou chute...

Triste nécessité de ce siècle hargneux,
Dans lequel le pouvoir marche borgne et cagneux.

   Et le prince tomba dans un vague indicible,
Les grands événements ont cela de terrible,
Qu'ils brisent le moral même du plus puissant ;
Getzemani rappèle une sueur de sang !
La nuit suivante fut pour le Prince une veille ;
Mais l'Empereur toujours lui parlait à l'oreille ;
Si bien que dévoré de l'amour du pays,
Il y conçut le plan du second Austerlitz !...

ONZIÈME CHANT.

Un colosse gisait moribond, misérable
Etendu sur le sol et pourtant formidable,
De ses pieds il touchait l'Océan ; et son cœur
S'appliquait sur Paris ; son front, dont la maigreur
Dénotait la souffrance, appuyé contre terre
A Strasbourg, n'avait plus qu'un souffle dans l'artère ;
Il touchait le détroit de Calais d'une main ;
Et de l'autre le lac méditerranéen.
Ainsi qu'un homme en croix il respirait à peine
Et son âme, en souffrant, s'épanchait de sa veine.

Ce colosse du peuple ainsi représenté
Dans le râle, c'était sa souveraineté !
Quatre chiffres semblaient sur le mourant s'abattre :
Aux deux mains 1800, au cœur 1804,
Aux pieds 1830, au front 48,
Et de ces quatre points semblait surgir la nuit.
Un homme, agenouillant son âme toute entière,
Sur le géant couché murmurait sa prière ;
Et du doigt supputait chaque pouls de son cœur;
Cet homme, il était, lui : neveu de l'Empereur.
Comme il posait la main sur le pauvre malade,
Lui, s'étant redressé, lui donna l'accolade.
Le prince pressentit qu'à l'heure de mourir
Le colosse pouvait encore en revenir
Il prit son agenda, médita dans son âme,
Rédigea de sa main son plan et son programme ;
Fit mander de Maupas, Saint-Arnaud, de Morny,
Laissant pour le moment dans l'ombre Persigny.
— Je ne puis sans forfaire à moi-même, à la France,
A Dieu ! voir plus longtemps le pays en souffrance,
Leur dit le Président ; messieurs, avant un an
Je quitte le pouvoir ; je vous livre mon plan.
Puis-je compter sur vous ?

                —A la mort à la vie !
— Je n'attendais pas moins de votre bon génie.

Les partis acharnés se disputent le pas ;

La France en leurs projets seule ne compte pas.

La France ! dans mon plan seule est pour quelque chose ;

La souveraineté populaire l'impose.

Vous savez, dans quel but coupable, criminel,

Naguère on a restreint le vote universel ;

La souveraineté du peuple est donc murée !

J'ai voulu la lui rendre entière, immesurée ;

La chambre a repoussé ma proposition ;

Elle a donc repoussé toute la nation.

Tenant pour le pays je dois casser la chambre.

J'ai fixé, dans mes plans, ce jour au 2 décembre.

— Prince, comptez sur nous.

St Arnaud, vous aurez

L'armée à diriger, vous la manœuvrerez ;

L'administration, de Morny, votre droite

Est suffisamment large, il faut qu'elle l'emboîte ;

La police de tout, vous l'aurez, de Maupas.

Certain de votre cœur, je compte sur vos bras ;

Mais il faut éviter aussi que le sang coule.

Les partis irrités irriteraient la foule,

Il faudra s'emparer de leurs principaux chefs ;

Et de Mazas, entre eux et nous, tenir les clefs.

Des affiches diront au peuple ma pensée ;

Mais pour que l'action soit d'autant plus sensée

Il faut, qu'à la même heure et simultanément,

Vous consommiez tous trois ce grave dénoûment.
— Au 2 décembre, Prince,

                              Ainsi fut convenue
Cette grande journée ! après cette entrevue,
Le Prince-Président, rassuré sur le sort
De la France, attendit ou la vie ou la mort...
La décision est le bras d'une grande âme.
La décision fait la louange ou le blâme.
Sans la décision l'homme est un grand enfant,
Gros comme est la fourmi devant un éléphant.
Qu'un pareil homme soit au timon des affaires,
Le peuple, sous sa main, va de luttes en guerres ;
Mais auprès des fourmis si c'est lui l'éléphant,
Le peuple lorsqu'il l'aime est peuple triomphant.
Le peuple triomphant c'est le peuple sans armes,
Écoutant la raison et fuyant les vacarmes ;
Préférant froidement, dans son autorité,
Aux rêves des meneurs la souveraineté.
Le peuple triomphant ! c'est le peuple dont l'âme
Condamne les instincts du peuple-hippopotame,
De ce peuple amphibie, intelligent, sourd,
Démoniaque, aveugle, et qui suit d'un pas lourd
Le sentier ténébreux où l'intestin le pousse
Au régime du sang ; du peuple qui repousse
Tout droit, toute morale ; et qui tombe écumant
Dans la bave qui sort de son épuisement.

Ce peuple, excité par la presse et la tribune,
Contre l'ordre exprimait hautement sa rancune ;
Et sa haine lançait un regard de travers
Sur tout ce qui n'était ni monstre ni pervers.

Le moment approchait où l'hydre politique,
Se couvrant du manteau bleu de la république,
Dut tomber, sans pouvoir se repaître de sang,
Sous le bras courageux de l'Hercule récent.
Paris s'est endormi sous la terreur du rêve
Que depuis quelques mois le cauchemar soulève ;
Il ne voit rien que mil huit cent cinquante deux
Venant bouleverser les choses et ses vœux !
Il attend, sans espoir, quelque force secrète,
Dont le bras bienveillant s'oppose à la tempête,
Chasse, loin de son ciel, l'électrique poison
Dont le nuage noir s'amasse à l'horizon.

A ce moment, planant sur la ville assoupie,
Qui, comme en son tombeau se tenait accroupie,
Une âme, dévouée au salut du pays,
Dans ses deux ailes d'or enveloppait Paris.
Un sourire d'amour rayonnait à sa face :
« Auprès de l'éternel la France obtiendra grâce,
Dit-elle, si celui qui vient pour la sauver,
Tu ne lui forges point de gêne à l'entraver.

Conduit par le Très Haut qui, lui, te laisse libre,
Cet envoyé saura tout mettre en équilibre,
Les droits et les devoirs et richesse et travail ;
Mais il faut, pour cela, qu'il siége au gouvernail.
Le ciel est sombre ! lui dominera l'orage ;
L'acte qu'il accomplit deviendra ton ouvrage ;
Il ne faut, en ce cas, que le laisser agir.
Songe bien qu'il y va, pour toi, de l'avenir.

Et soudain, secouant ses deux ailes de flamme
Au dessus de la ville indécise, cette âme
Dissipa le brouillard épais qui l'oppressait,
Et chassa l'infernal esprit qui s'y dressait.
Et du nord, du midi, du couchant, de l'aurore,
Surgirent des clartés et des clartés encore ;
Et l'ange de la paix, du commerce, des arts,
Comme un rayon du ciel réjouit les regards ;
Et le sol ébranlé se rassit sur sa base ;
Et les taches de sang, qui rougissaient la vase,
Se changèrent bientôt en épis, en moissons ;
Et la croix du seigneur domina les maisons.
Deux heures, ce spectacle, étonnante vigie !
Etala sur Paris sommeillant sa magie,
Jusqu'à ce que sortant de ce songe, au matin,
Par ce commencement il entrevît la fin.

C'était le 2 décembre, aux jours des brouillards âcres,

Le sapin ambulant, qu'on appelle les fiacres,
Véhiculait çà là, sous la main de Maupas,
Les fauteurs de parti qu'on menait à Mazas,
Sur chaque phaéton de la fable actuelle
Le public parisien dépistait la nouvelle,
Et disait en riant, c'est assez là son ton :
On fait déménager la salle de carton !...
C'est drôle tout de même ; ils nous avaient fait l'offre
De nous battre demain, et voila qu'on les coffre !
Bien joué ; car au fait pour qui se battait-on ?
Le Président vaut bien la salle de carton ;
Voyons-le donc venir ; puis au coin de la rue
Sa proclamation était lue et relue ;
Le seul point principal pour tous, essentiel,
C'est qu'il rétablissait le vote universel.
La souveraineté du peuple était sa cause ;
D'abord on n'osait croire... puis on cause, l'on cause ;
On relit, on commente, on discute le droit ;
On compte sur des jours meilleurs ; et l'on y croit.

    La chambre cependant se rassemble et se ligue ;
De mille projets vains sa parole est prodigue ;
Elle met hors la loi le Président ; mais lui
Compte déjà la France entière pour appui.
Il prie honnêtement le concile difforme
D'avoir à s'éloigner... A cheval sur la forme,
Ces députés, conduits par un esprit étroit,

Invoquent contre lui le pays et le droit.
Le droit ! voyons, messieurs ; le droit c'est la concorde,
Et vous avez semé la haine et la discorde ;
Le droit c'est l'union des intérêts privés,
Et vous les avez tous ardemment divisés ;
Le droit c'est le travail produisant la richesse,
Et vous avez prêché l'envie et la paresse ;
Le droit c'est l'holocauste offert à son pays
De soi, mais vous avez remué les esprits ;
Le droit c'est le devoir de vivre patriote,
Et vous avez voulu faire la France ilote ;
Le droit ! le droit réel c'est le pur dévouement,
Et chez vous l'égoïsme est jusqu'à l'engoûment ;
Le droit ? oh ! mais le droit est-il de tout détruire ?
Ou bien le droit est-il de fonder et construire ?
Le droit est-ce d'user de son autorité
Pour souffler au pays sa souveraineté ?
Le droit est-ce le fond ou bien est-ce la forme ?
Entre ces deux mots-ci la distance est énorme !
Au fond, le Président était-il dans le droit,
Lorsqu'il venait briser votre système étroit ;
Eteindre le foyer de la guerre civile ;
Convoquer au scrutin la campagne et la ville ;
Dissiper l'ouragan qui grondait au lointain
Et rendre le pouvoir au peuple souverain ?
Qu'avez-vous objecté sur sa grande réforme ?

Vous avez invoqué la forme ! droit difforme...
La constitution ne lui permettait pas
De dissoudre la chambre et de la mettre en bas...
La constitution ! oh : par respect pour elle,
Faut-il se départir de la règle éternelle
Qui veut qu'un peuple vive ? Or, il devait mourir
Au chemin qu'on allait lui faire parcourir.
Il a compris ce mot qui contient tout en somme :
Un chiffon de papier ne saurait valoir l'homme.
Se sentant dégagé de vos bras étouffants,
Le peuple resta calme ; et vous, brouillons enfants,
En vain, pour l'agiter, criez-vous vos bravades,
Il vous laissera faire à vous vos barricades,
Il vous y viendra voir en se croisant les bras ;
Mais malgré votre exemple il ne bougera pas.
L'arrêt du Président, le peuple le confirme ;
Il aime les cœurs sains et le vôtre est infirme ;
Il cherche l'harmonie, et vos rivalités
Dans son esprit loyal vous a deshérités !
Aussi dans ces jours-là pour vous, vaines paroles,
Le peuple y mesure froidement les deux rôles ;
Par son abstention le peuple aura vaincu ;
Et par le coup d'État la chambre aura vécu...
La France fut sauvée et comme par miracle !...

Quelques jours ont passé ; ce fut un beau spectacle

Pour quiconque voulut arrêter son regard
Sur le droit s'exerçant libre de tout écart.
Le Prince-Président convoqua les comices ;
Le peuple en foule vint lui donner les prémices
De son adhésion, comme s'il eût voulu
Oindre le front vengé de son nouvel élu ;
Mais en lui conférant dix ans de présidence
Le peuple alors mettait son droit en évidence
Pour apprendre à tous ceux qui se jouaient de lui
Que sa volonté seule était son sûr appui ;
Car il se prononça sans aucunes surprises !
Libre de se jeter dans de nouvelles crises,
Libre de remonter de lui-même au sommet,
Libre de repousser l'ordre qu'on lui promet,
Il consacra, du vote inspiré de son âme,
Le programme nouveau, présageant le programme
Que quelques mois plus tard sa solennelle voix
Dictera d'elle-même au Prince son choix.
C'est que l'ange de paix, le martyr de la lutte,
Était-là, pour garder la France d'une chute ;
Et que son souffle saint portait au fond des cœurs
La lumière qui sait confondre les erreurs.

La France aussitôt prit une nouvelle allure ;
L'effroi, qui flétrissait son âme et sa figure,
Changé subitement en foi dans l'avenir,
Rayonna sur son front se sentant rajeunir.

Tout reprit, dès ce jour, une nouvelle vie.
Tel, chez le moribond touchant à l'agonie,
Un grand ébranlement inespéré lui rend
Encore de longs jours, tel le pays souffrant
Comprit qu'un nouveau sang vivait dans son artère ;
Ou telle, après sa course hivernale, la terre,
Au rayon précurseur du soleil de l'été,
Reprend incessamment sa force et sa gaîté.
   Cependant éclairés par la foi qu'il inspire,
Les yeux du pays sont dirigés vers l'empire.
De tous côtés le Prince entend autour de lui
Ce mot : Prenez le sceptre et nous servez d'appui !
Mais au fond cette voix le trouble et l'importune.
Tous ceux qui, les premiers ont suivi sa fortune,
Le pressent d'accéder à ce vœu tentateur,
Lui soufflant le conseil de se faire Empereur.
Le Prince, dominant les hommes et les choses,
Et jugeant dans son cœur des effets par les causes,
Sans se laisser griser par cette attraction,
Il observait pensif et froid la nation ;
Et sachant commander aux autres, à lui-même,
Ne pouvant se donner lui-même ce baptême,
Il disait réfléchi :

                         « La souveraineté
Du peuple seul pourra fonder l'autorité ;
C'est par le seul concours de la France elle-même

Que je puis sainement porter le diadème ;
Car tout pouvoir manquant de cette autorité,
Exerce vainement la souveraineté !
D'ailleurs tout mon passé dans le présent m'inspire ;
Je n'ai point proclamé violemment l'empire
A Strasbourg, à Boulogne aussi j'ai fait appel
Devant la France entière au vote universel ;
A la chambre des Pairs, j'ai défendu sans crainte
La souveraineté du peuple, cause sainte
Pour laquelle mon cœur bat plus fort que jamais ;
Avant d'être Empereur je resterai Français.
Français ! être Français ! respecter ma patrie,
La servir contre moi, lui dévouer ma vie,
Me poser sur le front ma couronne d'honneur…
Oui ; le neveu fera comme fit l'Empereur !
Qui me dit que la France entière vaut l'empire ?
Des amis éprouvés viennent tous me le dire.
Je sais leur dévoûment ; ce côté les absout ;
Ils s'égarent pourtant ; car le droit avant tout !
Le droit du peuple c'est de venir lui-même,
Par acclamation, me donner le saint crême.
J'irai voir le pays ; le pays m'apprendra
Mieux que tous mes amis, à voir ce qu'il voudra.

Il partit ; Dieu suivit le Prince en ce voyage,
Tandis que, pour frayer devant lui le passage,

Deux âmes précédaient ses pas, double éclaireur,
Celle du saint martyr, celle de l'Empereur.
Celle de l'Empereur était triomphe et gloire,
Celle de l'Archevêque idée expiatoire ;
L'Empereur échauffait l'amour-propre français,
Denis Affre insufflait le sentiment de paix ;
L'un était la splendeur, l'autre le sacrifice ;
Celui-là le pouvoir, celui-ci la justice ;
L'un palladium saint, l'autre humain bouclier,
Tous deux également aptes à tout lier.
Aussi de tous côtés, en accord unanime,
Les populations, dans un élan sublime,
Lui criaient de concert : Hosanna ! gloire à Dieu ;
Respect au dévouement qui vient sauver ce lieu !
Et partout, devant lui, les hommes et les femmes,
Les enfants, les vieillards fesaient vibrer leurs âmes ;
Et semaient sur ses pas les larmes et les fleurs,
Fleurs de reconnaissance et d'espérance en pleurs !
Les corps constitués, les tribunaux, les maires,
Les officiers publics et les légionnaires,
Le clergé de campagne et les premiers pasteurs
Vinrent mêler leur voix aux souhaits les meilleurs.
C'était, comme autrefois pour Israël, sans crainte,
Lorsqu'à Jérusalem, la ville trois fois sainte,
Le concours des enfants d'Abraham affluait
Pour la pâque, où chacun alors s'évertuait.

La pâque ! ce passage étonnant, dans la vie

Des peuples et de l'homme au jour de l'agonie ;

La pâque ! ce sillon à travers les flots creux,

Changeant en ciel serein les siècles ténébreux ;

La pâque ! ce refuge au fond de la mer rouge

Que Dieu forma jadis du tranchant de sa gouge ;

La pâque ! telle était, pour les moindres ardeurs,

L'espérance habitant dans le secret des cœurs.

Oui ; tous voulaient passage, et sortir du dédale

De l'état indécis vers l'ère impériale ;

Si bien que ce seul cri s'élançait à la fois,

Ne formant qu'un seul mot par millions de voix,

Qui, de l'Orléanais, de Provence et Bourgogne,

De Champagne, d'Alsace et de Brie et Gascogne,

Du Nivernais, de Tours enfin du Languedoc

Unissaient les patois des langues d'oil et d'oc.

Telles, pour appeler le seigneur à notre aide,

Les cloches, dont l'airain en branle se succède

Et forme un grand tutti des champs, de la cité,

Annoncent aux croyants une solennité ,

Tel le bourdon des voix des vieillards et des femmes,

Des hommes des enfants fondant toutes les gammes,

Présageait que bientôt luirait au grand jour

La souveraineté du peuple à son retour.

Le voici dans Paris ! les maisons, pavoisées

De guirlandes de fleurs, des dames aux croisées,

Forment sur son parcours; comme un cirque étagé ;
Il semble que Paris s'y soit emménagé ;
Le bitume est couvert de la foule accourue
Qui s'échelonne encore au loin dans chaque rue ;
L'on eût lancé des toits un grain de sénevé
Qu'il ne fût pas allé rouler sur le pavé ;
Les têtes s'y mouvaient comme une fourmillière ;
Les riches, les marchands et la classe ouvrière
S'y pressaient, s'y foulaient dans un égal élan,
Comme les gouttes d'eau dans le grand Océan.
L'Empereur, en rentrant de Berlin ou de Vienne,
Tout chargé des lauriers qu'il faut que sa main tienne,
Ne reçut nulle part semblable ovation,
Impénétrable instinct de cette nation !...
Elle aime le triomphe, elle aime la victoire ;
Il lui faut des succès ; elle chérit la gloire ;
Mais sitôt qu'elle voit apparaître la paix,
Des palmes des héros elle jette le faix.
Ah ! c'est que dans la paix elle livre bataille,
Non plus par des obus, non plus par la mitraille,
Mais à coups de leviers jouant, sous le moteur
Que relève et qu'abaisse un bon cheval-vapeur.
Voilà ses fantassins et sa cavalerie,
Ses pionniers, ses sapeurs et son artillerie ;
Elle sent qu'encor là, par ses chefs d'ateliers,
Il lui reste à cueillir de glorieux lauriers ;

Car la guerre détruit et la paix sait construire !
Aussi regardez-la s'exhaler et bruire ;
La joie en tous les cœurs a fait explosion ;
C'est que l'astre de paix monte sur l'horizon :

   Tandis que tous les yeux pétillent d'allégresse ,
Qu'à torrent les bouquets pleuvent sur Son Altesse,
Une jeune espagnole, andalouse de sang,
Rêveusement penchée au feu qu'elle ressent,
Calme et religieuse et pourtant animée,
Par l'admiration dont elle est dominée,
Regarde sans rien voir, lorsque d'un cri strident
Elle dit :

              Le voici !

                         C'était le Président :...
   Lui, comme suffoqué, toise la jeune fille ;
Un éclair radieux sous sa paupière brille ;
S'arrête ; met la main de son front à son cœur ;
Lorsque soudainement apparaît l'Empereur,
Près du prince ; et du doigt dirigeant sa prunelle
Sur l'inconnue, il dit :

                         — Regarde bien ; c'est elle ;
C'est elle ; tu m'entends :

                         C'en était presque trop...

Le Prince salua ; puis partit au grand trot.
D'aussi loin qu'elle put le suivre, de la vue ,

Elle le contempla de plus en plus émue.
Le temps dira pourquoi ces deux cœurs s'attisaient
Sans savoir quels destins cachés les unissaient.

A ce moment, je vis sous le ciel sans nuage,
Deux esprits, s'observant comme dans le mirage ;
L'un portait sur le front un lourd bandeau de fer ,
Image des désirs du Prince de l'enfer ;
Aux épaules, deux longs brandons de feu pour ailes,
Du sarcasme à la lèvre et du sang aux prunelles ;
Des griffes se crochaient à ses pieds ; et ses mains
Clouaient de lourds anneaux à celles des humains.
L'autre avait dans sa droite une flexible palme ;
Sa lèvre souriait et son front était calme ;
Une robe de lin ondulait à son flanc ;
Un ange en effaçait une tache de sang.
Je les vis tous les deux un moment en présence,
Comme deux forts lutteurs s'observer en silence.
Le premier, s'irritant de ce repos fatal,
S'élança pour saisir corps à corps son rival.
Le second ferme et droit contre son adversaire :
« Anarchique démon, lui dit-il, sans colère,
Depuis quand un martyr aurait-il peur de toi ?
— Depuis qu'en ce pays j'ai conspué ta foi.
— Tu te leurres, maudit : regarde cette place
Où ton plomb m'atteignit et vois ce qui s'y passe.

Mon sang en fait germer, malgré ta vanité
L'ordre que tu combats ; la souveraineté
Du peuple, que ton bras impuissant et barbare
Rend féroce et cruel quand ton âme l'égare ;
Mais qu'un oint du Seigneur le conseille, aussitôt
Il brise avec Satan qui te fit son suppot :
— Ah : je te reconnais, archevêque perfide :
Viens-tu rivaliser avec ton homicide ?
De même que mon bras a renversé ton corps,
De même j'enverrai ton âme aux sombres bords.

   Il dit ; et s'élançant comme l'hydre aux sept têtes,
Avide d'exciter de nouvelles tempêtes,
Le monstre vint heurter, de son front courroucé,
La robe du martyr qui lui l'a repoussé.
Furieux il rugit ; mais l'archevêque calme
Lui frappe le front roux du revers de sa palme ;
Le monstre jette un cri de douleur ; il se tord ;
Et râlant va rouler vers la zone du Nord...

   Le Prince cependant touchait les Tuileries,
Où des corps des métiers les couleurs réunies
Flottaient en déployant sur leurs plis onduleux,
En légendes, ce mot résumant tous les vœux :
A Napoléon III.

                        Le soir la ville entière,
Joyeuse, s'endormit dans un lac de lumière.

Pourquoi tous ces élans de l'esprit et du cœur ?
C'est qu'on se rappelait l'ère de l'Empereur.

L'Empereur ! à ce nom toute tête s'incline ;
Le sang, plus animé, bouillonne en la poitrine ;
Le regard s'illumine et brille avec orgueil ;
C'est qu'il sut rendre aux rois dent pour dent œil pour œil
L'Empereur ! il était le peuple en sa personne ;
Et le peuple ! il était le chef, par sa couronne ;
L'Empereur ! mais son bras, mais son front, mais son cœur
Etaient le talisman de la France-Empereur !
Ah ! quand de son talon broyant les capitales,
Il détruisait partout les castes féodales
Et qu'il allait, fondant l'empire de la loi,
L'Empereur était peuple ; et le peuple était roi !
Admirable secret de l'instinct populaire !
La France, en ce moment, révolutionnaire
Abattait d'une main l'anarchie et les rois ;
Et de l'autre étayait le peuple dans ses droits.
Le peuple en ce grand jour, il faut qu'on s'en souvienne,
Rejetait loin de lui les durs traités de Vienne ;
Il ne voulait plus voir, oubliant ses revers,
Que le tems où son chef dominait l'univers !
Venise, le Piémont, toute la Lombardie,
L'Allemagne, le Rhin, Naples et l'Italie,
Hollande, Autriche, Prusse, Espagne, Portugal,

Tous les peuples cités devant son tribunal ;
Europe, Afrique, Asie ; et les rois et les princes
Demandant à genou leur trône et leurs provinces ;
Et lui, par l'Empereur, leur rendant tout cela,
Disant aux uns : Voici ! puis aux autres : Voila !
C'est peu se rappelant les grandes saturnales,
Qui de quatre-vingt-treize ont souillé les annales,
Il mesurait de l'œil les lois de la terreur,
Avec tout ce que fit pour la loi l'Empereur ;
Et devant ses regards apparut ce génie
Dans l'exposition des arts, de l'industrie,
Premier pas préparant de loin les ateliers,
Par les lauriers de gloire, aux paisibles lauriers ;
Dans l'université de Paris et de France ;
Dans la banque, d'où part le crédit sans souffrance ;
Dans la politechnique et l'école de droit
Pour qu'au code civil rien ne restât étroit ;
Dans le conseil d'état et dans les préfectures ;
Dans l'étalon des poids et celui des mesures.
Bien plus de sa pensée illuminant son cœur,
Il en sentait jaillir la légion d'honneur !..
La foi de nos aïeux, double et liante flamme,
Il la voyait surgir au foyer de son âme !
Et le peuple, en ce jour, heureux de ces faits là,
Disait, en saluant le prince :

Me voila !...

22

Alors de tous côtés, essor patriotique
Par la pétition, au cœur démocratique,
Des millions de voix réclamaient du Sénat,
De rendre, par l'Empire, au peuple son éclat.
O logique des faits, étonnante et profonde,
Tu conduits sous ta main formidable, ce monde !
Déjouant les calculs de l'égoïsme froid,
Pour y faire trôner et la vie et le droit.
C'est ton souffle qui fit la France souveraine
En rappelant à tous qu'elle avait été reine,
Reine par le conseil, reine par les hauts faits ;
Et qu'elle voulait l'être encore dans la paix !
Comment donc tant d'esprits manquent-ils à ton culte ?

Toutefois quand parut le Sénatus-Consulte
Décrétant qu'il était opportun de sonder,
Si sur l'empire encore il voulait se fonder,
Le peuple comme un flux de la haute marée,
De tous les points monta vers l'urne préparée ;
Et vint y concentrer ses bulletins géants,
Comme les filets d'eau forment les Océans.
L'allégresse grisait et les cœurs et les têtes.
Telle on voit, par essaims aux jours des bonnes fêtes,
La population s'attrouper et venir
Au rendez-vous de Dieu, telle on vit accourir
La France, reliant sur l'urne électorale,
La saine politique et la saine morale ;

Huit millions de voix ne firent qu'un seul cœur ;
Et de cette unité rejaillit l'Empereur !

La nuit de ce grand jour, lorsque l'ombre tranquille
Tendait, comme un rideau, ses voiles sur la ville,
Le nouvel Empereur, alcyon sur les flots
Qu'il avait apaisés, se livrait au repos.
Depuis une heure et plus cette céleste fée
Que nous nommons sommeil , et les anciens, Morphée,
Versait dans les esprits le baume adoucissant
Qui répare le corps et le rend plus puissant ;
Lorsqu'une âme brillante, à son chevet assise,
Lui dit cette parole amicale et précise ;
— Vous m'avez invoquée au moment du danger,
Je sais que votre cœur pour moi n'a pu changer ;
Comme autrefois moi-même instrument de la droite
Du seigneur vous avez rendu droit ce qui boite,
O vous, vainqueur nouveau du nouvel Attila,
C'est par la main de Dieu que vous fîtes cela.
Lorsqu'il vous rend au trône, imitez son exemple ;
Ici bas j'en possède un aussi, c'est le temple,
Présent votif qu'un roi fit élever pour moi
Et qu'on m'a retiré, vous savez trop pourquoi ;
Car du peuple je suis la sainte populaire.
J'ai tombé sous l'esprit révolutionnaire.
Non que le peuple m'ait déchiré mon drapeau ;

Mais il ne me peut plus voir que dans mon tombeau.
Ma coupole, aujourd'hui c'est la philosophie
Qui l'habite ; la France a sa Sainte Sophie !..
Seulement Mahomet est prophète là bas,
Et Jésus-Christ ici règne... Oh ! son temple ?.. hélas !
Relevez son autel, puisqu'il vous rend le trône.
Sire, faites à Dieu de son bien une aumône !
Lui qui, si peu qu'on donne à son intention,
Nous rend tous les trésors de sa protection.

Elle a dit ; aussitôt, silhouette brillante,
Napoléon Ier à la tête éclatante
Vint à l'autre côté du chevet se poser :
— Tu m'as dit de venir quelquefois te causer ;
Écoute, en ce moment ce qu'il te faudra faire :
Ne te laisse jamais par les flatteurs distraire ;
On te conseillera souvent des passe-droits ;
Ce fut l'un des motifs de la chute des rois.
Empereur, rends à Dieu ce que Dieu te demande ;
Rends à César aussi ce qu'il veut qu'on lui rende ;
Le peuple, c'est César ; et Dieu c'est Dieu !.. Longtems
César et Dieu n'ont eu qu'à gémir ; tu m'entends !
Partout, dans l'univers je vois la même chose,
Le droit est bafoué pour la mauvaise cause.
Le roi voltairien qui régna dix-huit ans
A donné sans répit cet exemple à ce tems.

Sous lui l'intrigue aveugle et l'aveugle science
Ont taré de ce siècle actif la conscience ;
Pour un vote en passant, les emplois s'escomptaient ;
Aux postes éminents les moins fâmés montaient ;
Empereur, n'agis point comme fit l'autre règne ;
Son mauvais astre brille ; il faudra qu'il s'éteigne
Au rayon de l'honneur et de la probité,
Ta règle la voici : pour tous égalité.

A peine il eut fini que la noble victime
De la lutte de Juin paraissant là :

       Quel crime
A donc commis la croix qui brille sur mon sein ?
Sire, de votre cœur j'ai sondé le dessein.
Oui ; vos yeux sont blessés de voir que ce symbole,
Qui du grand Constantin consacra la parole,
Ne puisse, lorsqu'il est son guide et son soutien,
Se montrer au grand jour chez un peuple chrétien.
On le retient dans l'ombre et c'est lui la lumière ;
S_t Denis l'a planté dans Lutèce première ;
Que doit dire de nous l'étranger voyageur
Qui de loin ne voit rien de la croix du Seigneur ?

Il disait : et tous trois se donnèrent la droite,
Signe et confession d'une union étroite :
Geneviève, exprimant le peuple ; l'Empereur,

Le pouvoir ; l'Archevêque énonçant le Seigneur.
Et ce trio sacré magnifique vignette,
Que rarement le rêve aux yeux d'un homme jette,
Disparut....
       Aussitôt l'Empereur, s'éveilla ;
Et, tous trois, son esprit se les assimila
Pouvoir par l'Empereur, peuple par Geneviève,
Chrétien par l'Archevêque, il décréta ce rêve,
Surtout ce qu'il allait refaire de sa main,
Sage initiateur au nouvel ordre humain.
Canaux, chemins de fer, assistance publique,
Commerce, agriculture et réforme pratique,
Arts, armée, industrie et législation,
Enseignement, travail, enfin religion ;
Tout ce qu'on avait vu naguère à l'agonie
Reçut en quelques jours une nouvelle vie.
Grâce à lui, grâce aux trois envoyés du Très-Haut,
Qui, plus tard, lui diront encore ce qu'il faut !

DOUZIÈME CHANT.

La vertu est la grandeur de l'homme. (Antisthène.)

L'emploi d'un souverain est de remédier aux misères humaines. (Le grand Frédéric.)

La première qualité d'un roi est la fermeté. (Louis xiv.)

Prenez pour vous les conseils que vous donnez aux autres. (Thalès)

Hi in curribus et hi in equis ; nos autem in nomine Domini invocabimus. (Le psalmiste.)

La première vertu c'est le dévoûment à la patrie. (Napoléon.)

Tandis que le nouvel oint de la Providence
Consacrait tous ses soins au bonheur de la France,
Le démon renversé par l'évêque martyr
Ne pouvait de ses noirs projets se départir,
Chassé comme un damné qui roule dans l'abîme,
Mais caressant l'espoir d'au moins une victime,
Le monstre revenu de son premier effroi
Aux étrangères cours fit sonner le beffroi.

« Ne voyez-vous donc pas, dit-il, ce qui se passe ?
Regardez donc là haut, la France, avec audace

S'incarnant au neveu du grand agitateur
Et brisant vos traités, en fait un Empereur.
Ne vous endormez point sur ce fait; il est grave !
Elle ne vous dit rien ; au fond elle vous brave ;
Car ne l'avez-vous pas contrainte, elle aux abois,
A payer un milliard pour lui rendre ses rois ?
Ah ! si vous ne pensez plus à mil huit cent quinze,
Sa mémoire n'est pas comme la vôtre, mince ;
Elle se souvient, elle, et se souvient de vous
Pour vous faire payer en affront vos verroux ;
En effet depuis lors c'est votre prisonnière.
D'aujourd'hui vous tombez à sa place en l'ornière !
Elle marche sur vous avec ses deux talons ;
Tenez, vous en portez les marques à vos fronts !
Oh ! qu'est donc devenu ce superbe courage,
Que vous laissez déjà démolir votre ouvrage ?
Quoi ! suivant je ne sais quel droit nouveau venu,
Vous souffrez que la France élise un inconnu.
Que penseront de vous vos neveux et vos pères,
Lorsqu'ils verront l'Europe exposée à ses serres ?
Croyez-vous que tous vos aïeux, dans le tombeau,
Croyez-vous que surtout vos enfants au berceau,
Lorsqu'ils pourront juger, plus tard, votre apathie,
Auront pour votre nom la moindre sympathie ?
Vous vous trompez, puissants maîtres de l'Univers ;
Car j'aperçois d'ici vos trônes dans ses fers,

Si ne défendant pas le droit héréditaire,

Vous laissez aujourd'hui la France prolétaire

Fonder le libre choix, près de l'hérédité ;

Et par l'empire ôter la légitimité.

Alerte donc !

                    Les rois à ce discours sourirent

Et collectivement soudain lui répondirent.

—Rassure-toi, génie illustre parmi nous ;

Dès longtemps nous avons ressenti ton courroux.

Lorsque quarante-huit est tombé sur nos têtes,

Nous-mêmes il fallut conjurer les tempêtes

Dont notre trône fut par nos peuples battu ;

Il nous faut réparer nos pertes, entends-tu !

Et puis il faut laisser la discorde intestine

De ce peuple inconstant préparer la ruine.

Il acclame aujourd'hui l'empire, mais demain

Il le voudra peut-être étouffer de sa main ;

Alors l'instant sera propice pour la lutte.

Ce n'est pas l'Empereur dont nous voulons la chute ;

C'est la France elle-même enfin qu'il faut dompter ;

Nous avons trop souvent avec elle à compter.

— Ignorants ! répondit le démon de la guerre,

N'avez-vous rien compris à ce qu'elle sut faire ;

Et ne voyez-vous pas, dans votre aveugle erreur.

Que Napoléon III c'est le peuple Empereur ?

Le peuple Empereur, c'est la perte de vos trônes ;

C'est le pouvoir partant des populaires zônes ;
C'est votre hérédité, qui vous tient au-dessus
Des populations, et qui n'existe plus !
Car enfin si, poussés à l'exemple de France,
Vos sujets, eux aussi, suivent leur préférence,
Que serez-vous alors ? Proscrits, humiliés,
Au rocher de l'exil comme les rois liés.
La discorde civile aujourd'hui vous rassure ?
Oh ! que vous lisez mal au fond de sa nature !
Incarnée en un seul, la France désormais
Aux ouragans civils ne descendra jamais.
En ce moment campée au-dessus des nuages,
Ne la voyez-vous pas commander aux orages ;
Et, radieuse d'elle, élever sa raison
Ainsi qu'une muraille autour de l'horizon ?
La discorde civile ? elle en est exilée ;
Car la masse du peuple à l'aigle est reliée ;
Et ces foudres, soudés à ses ongles crochus,
C'est son faisceau de droits par les vôtres déchus.
Réfléchissez-y bien ; potentats de la terre,
Vous ne pouvez sortir de là que par la guerre.
Exprès je suis venu vous montrer votre jeu.
Il ne me reste plus rien à vous dire : adieu…

Les cours tinrent conseil :
— Que faire et que résoudre ;

Dit l'Autriche, faut-il recourir à la poudre,
Ou devons-nous plutôt suivre Machiavel?
L'une est expéditive et l'autre plus mortel.
Si la poudre nous peut procurer la victoire
Nous pouvons par la guerre avoir plus d'un déboire,
Mes Sires; l'Empereur nous l'a prouvé souvent;
Car l'esprit des Français est d'aller en avant.
Avec Machiavel au moins c'est autre chose;
Sans rien aventurer nous sauvons notre cause!
Que dis-je, nous sauvons le monde menacé
Des périls dont encor frissonne le passé.
Le nouvel Empereur, ferme avec prévoyance,
Fonde sur les Français une fausse croyance;
Laissons-le se griser de son premier succès,
S'il le sait conserver, nous agirons après;
Mais de suite leurrons son âme par sa tête;
Baisons même au besoin sa main qui nous soufflète;
C'est en lui proposant quelque royal hymen
Que nous accorderons d'abord, sauf examen.
Quand le peuple-Empereur saura la tentative
De cet Empereur-peuple et sa fougue hâtive,
La nation, blessée au vif, le blâmera
Et contre lui bientôt son orgueil s'armera;
Le discrédit qui suit toute fausse entreprise
Retombera sur lui, lourd de cette méprise;
Car de deux choses l'une : ou l'Empereur consent

A s'unir avec nous par les liens du sang,
Ou bien il s'y refuse ; en ce cas il expose
Par son refus la France à mal prendre la chose :
Dans l'autre cas il l'a contre lui ; donc je crois
Qu'il lui faut proposer l'alliance des rois.
— C'est bien ; dit l'Empereur de Russie, et j'approuve
Le moyen que l'Autriche en Machiavel trouve.
Oui, le dilemme est fort. Mais Napoléon III
Pourra bien, lui, le faire avorter sous nos doigts.
C'est un esprit profond, calme avec pétulance,
Répondant par un fait au fait qui le balance ;
Car en tout il sait mettre un égal contre-poids.
Nous en pouvons tâter pour un peu ; mais je crois
Que de tous les moyens le plus sûr est, peut-être,
D'armer dès à présent. Voulez-vous me permettre
Une observation ? Napoléon premier
De l'Europe d'alors observant le damier
Vit de ce coup d'œil sûr, qui le caractérise,
D'où partait le plus fort incident de la crise :
C'était de l'Angleterre : il fallait culbuter
Ce rival cauteleux toujours prêt à lutter ;
Que fait-il ? détournant les regards de l'Europe
Lui, des précautions du secret, s'enveloppe ;
Fait de grands armements pour l'Egypte, à Toulon ;
L'Angleterre eût croulé dans l'Inde, sans Nelson.
Or la France est pour nous ce qu'était l'Angleterre

Pour elle, à cette époque. Inventons une guerre
Où le pays s'engage au nom de l'Empereur,
Mais qui ne soit pour lui pas même un point d'honneur.
Or la Turquie est là ; j'aurai plus d'un prétexte
Pour l'attaquer ; et puis aussi j'ai plus d'un texte.
L'esprit voltairien en France n'est pas mort :
Guerre pour les saints lieux ? l'Empereur aura tort.
L'enthousiasme alors se changeant en critique,
Nous aurons pour soutien, chez lui, la république ;
La république qui n'attend pour se lever
Que l'heure et le moment de le.pouvoir braver.
J'ai dit.

        Les autres cours, en fidèles vassales :
— Nous allons préparer des ruses et des balles !
Dirent-elles ; le Czar :

                        — Suivez ce double plan ;
Nous aurons déjà fait merveille avant un an.

    A peine ils avaient dit que, pour son mariage,
L'Empereur avait eu plus d'un brillant message ;
On prônait hautement la princesse Wasa.
L'Empereur de ceci françaisement causa ;
Les cours avaient déjà préparé leur réponse.

    Par une de ces nuits où Décembre s'enfonce

Au sein des profondeurs d'une brumeuse nuit,
A cette heure où la ville a cessé tout son bruit,
L'Empereur sommeillait au fond de son alcove ;
Napoléon parut :

    « Il faut que je te sauve
De l'abîme profond qu'on creuse sous tes pas,
Dit-il ; on veut te perdre, on n'y parviendra pas.
Celle qu'on te propose est une fausse amorce ;
Contre elle dresse-toi, dès demain, dans ta force ;
Repousse cet hymen dont on veut te tenter ;
On ne te l'offre ici que pour te supplanter.
Il est, non loin de toi dans Paris, une femme,
Belle par sa personne et belle par son âme ;
Tu l'as vue ; et ses yeux ont charmé tes regards ;
Tu rentrais dans Paris, le long des boulevards ;
En dépit de Wasa, moi je te la présente ;
Regarde la, malgré ta paupière pesante. »
Et du doigt il toucha la frange de ses yeux.
L'Empereur endormi crut voir s'ouvrir les cieux,
Une jeune Espagnole, ainsi qu'une sylphide,
Aux gracieux contours, à l'œil doux et limpide,
Au profil composé de grec et de romain,
Parut ; Napoléon, lui, la prit par la main.
« Voila celle, dit-il, que je t'ai destinée ;
Fais-en l'Impératrice ; et l'Europe étonnée
Verra s'évanouir, sous l'anneau de son doigt,

Les calculs combinés par un conseil adroit.

L'Empereur se trouvait d'accord avec son rêve.
Le songe quelquefois jusqu'au vrai nous élève.
Déjà la vision double n'était plus là ;
Mais sous son charme heureux l'Empereur s'éveilla.

Notre-Dame, la vieille et sainte basilique,
Fier colosse, légué par l'ogive gothique
Aux croyants d'aujourd'hui, fut parée en huit jours
Par Violet-Leduc, du chevet aux deux tours :
Bannières, écussons, étendards, oriflammes,
Tapis, soie et velours, lustres aux mille flammes,
Mâts pavoisés formant comme un encadrement
National, devant le pieux monument.
Déjà de tous côtés la cité se remue ;
La population fourmille en chaque rue ;
L'armée et la milice, aux fronts serrés et gais,
S'échelonnent en haie aux ponts et sur les quais ;
Un défilé nombreux de fiacres, d'équipages,
Portant les tribunaux des différents étages,
Les facultés, le corps diplomatique, enfin
Autant que Notre-Dame en loge dans son sein.
A midi, le canon des Invalides tonne,
Chaque clocher se met en branle et carillonne.
Notre-Dame surtout donne son mi bémol,

Qui bourdonne dans l'air en remuant le sol.
De tous côtés le cuivre orchestre la romance,
Dont le refrain flotta sur le lac de Constance
Et que vous avez dit peut-être en tressaillant :
« Amour à la plus belle, honneur au plus vaillant. »
Une immense clameur s'élève de la foule ;
Il semble en l'entendant que Notre-Dame croule ;
Et cloches et canons précipitant leurs coups,
Un cortège paraît :
                    C'étaient les deux époux !

   A ce moment, tandis que la foule empressée
Fixait sur cet hymen son cœur et sa pensée ;
Tandis que son regard avide et curieux
Cherchait à saluer un regard de leurs yeux ;
Tandis que le prélat de Paris, pieuse âme,
Recevait l'Empereur au seuil de Notre-Dame,
Sur l'aile de l'idée et d'un pur sentiment,
Mon esprit s'élevait rêveur au firmament ;
Quand soudain j'aperçus dans le ciel trois génies,
Qui, triangle étoilé par leur mains réunies,
Planaient sur le parvis, comme pour relier
Tous les cœurs aux époux qui vont s'associer.
De leurs fronts des éclairs d'amour et d'espérance
Venaient, en jaillissant, folâtrer sur la France.
Étonné, je n'osais pas en croire mes yeux,

Quand l'ange du pays m'emporta non loin d'eux.
Alors je reconnus la vierge de Nanterre,
L'Archevêque martyr, ami que je vénère,
Enfin Napoléon fondateur de nos droits ;
Mon âme, d'un regard les embrassa tous trois !
Et je les entendis me verser comme un baume
Ces paroles, qu'on rêve au dix-neuvième psaume :

France, que le seigneur de Jacob, de Sion,
Te garde, en ces époux, de toute affliction.

Qu'il te donne selon ce que ton cœur affirme ;
Et que tous tes projets, sa droite les confirme.

Si tu sais vivre en paix, nous nous réjouirons ;
Au nom de notre Dieu nous te magnifirons.

Tu n'as qu'à l'implorer si tu veux être grande,
Toi son peuple choisi dont il aime l'offrande !

Laisse tes ennemis se fier à leurs bras ;
Compte sur le très-haut, tu ne périras pas.

Tandis que j'écoutais la traduction libre
De ces vœux du prophète agissant sur ma fibre,
Les époux avaient eu la bénédiction

Du seigneur, et rentraient pour la réception.
Moi, l'œil toujours fixé sur les trois grandes âmes,
Foyer d'où s'échappaient des rayons et des flammes,
J'entendis cette voix qui semblait en sortir :
« Raconte le présent, le passé, l'avenir....
Et soudain le trio disparut à ma vue ;
Et j'eus devant les yeux comme une épaisse nue,
Qui bientôt se fondit, comme font, au matin,
Les ombres dont la nuit enveloppe son sein.
Et soudain je vis clair dans ce siècle profane,
D'où, près des vérités du ciel, l'enfer émane ;
Et prenant à la main ma plume ou mon crayon,
Je me dis :

   — Dieu le veut ; je me ferai rayon !

 J'écrivis ; et j'écris ; et dois écrire encore.
Fi de la parabole et de la métaphore !
A moi les sûrs moyens du langage sans fard ;
Je n'en puis plus rester aux scrupules de l'art.

 L'Autriche avait suivi sa route ; la Russie
Aujourd'hui suit les lois de la diplomatie,
Diplomatie armée, et dont le rusé plan
Se couvre, contre nous, de l'ombre du sultan.
Elle attaque l'Asie ; elle en veut à la France !
L'Empereur, avec calme, observe sa tendance ;

Il comprend que le Czar, pape de par le knout,
Devant l'autorité populaire est debout ;
Il l'observe ; il le suit, pied à pied dans ses rêves ;
Il le laisse épuiser armistices et trèves ;
Patient, il permet à ce roi de l'erreur,
De longs tâtonnements, comme fait le Seigneur.
Le bon droit qu'il défend est froid de sa nature.
Le Czar de son côté, nous flaire pour pâture ;
Il compte fatiguer l'entraînement français,
Afin de se pouvoir livrer à ses excès.
Il rêve ! Par son aigle aujourd'hui protégée
La France doit rester, par elle, à l'apogée ;
Et de plus, un poète est chargé d'une voix
Qu'il vient faire écouter des peuples et des rois.

Peuples, écoutez donc ! rois, prêtez-moi l'oreille !
Sous mon vers inspiré la vérité s'éveille !
Lorsque je trouve en moi force pour la parler,
Trouvez la force en vous de savoir l'épeler.

Vous tous qui dans l'exil croyez jouer un rôle,
Je vous veux adresser ma première parole :
Que faites-vous là-bas, loin du foyer natal ?
Vous posez ! votre morgue est un faux piédestal ;
Car n'avez-vous pas lu l'esprit de l'amnistie ?
Que vous demande-t-on ? l'amour de la patrie !

Le serment de donner, pour le peuple-Empereur,
La force de vos bras, l'amour de votre cœur !
Cœur et bras ! vous avez cette double puissance ;
Ou bien vous renoncez à vos droits de naissance !
Plutôt que le pays vous cherchez l'étranger !
En servant sa patrie on ne saurait changer.
Depuis quand donc les mots primeront-ils la chose ?
La France, depuis quand n'est-elle plus en cause ?
Eh bien ! la France, elle a proclamé l'Empereur.
Voyons : *Sursum corda !* Voyons : un peu de cœur !
Mes frères, il est beau d'annihiler son âme ;
C'est lorsque le pays tout entier la réclame !
Que faites-vous alors parmi nos ennemis ?
Oh ! revenez vers nous, mes frères, mes amis :
Mes amis :… regardez comme on traite la France
En pays étranger ; avec quelle indécence
L'élu du peuple fort est attaqué là bas,
Par d'infàmes journaux, lui qui ne les craint pas :
Avez-vous réfléchi mûrement, dans vos âmes,
A qui directement s'adressent tous ces blâmes ?
Est-ce à l'Empereur seul, ou n'est-ce point à nous :
Ces blâmes, mes amis, ils tombent donc sur vous :
Vous aurez beau vouloir n'en prendre qu'à votre aise,
Vous êtes, malgré vous, la famille française.
Ah ! si mon frère était quelque part insulté,
Je défendrais mon frère au prix de ma fierté.

De la fierté : mon Dieu ; ce qu'il faut c'est une âme ;
C'est... c'est, pour notre France, une éternelle flamme :
Celle que vous couvez profite à l'étranger ;
Mes frères, vous voyez que vous pouvez changer :
Au nom de tout ce qui rapproche et concilie,
Revenez parmi nous, venez, je vous en prie ;
Je vous en prie au nom de votre noble cœur ;
Au nom du peuple ; enfin au nom de l'Empereur :
　　Oh ! chez les cœurs bien nés que coûte un sacrifice ?
Surtout quand l'holocauste offert nous est propice ;
Surtout lorsqu'il s'agit de revoir son pays ;
D'aller presser la main de quelques bons amis ;
De se dire, en sondant au fond sa conscience :
Ce que je fais pour moi, je le fais pour la France,
Pour prouver que je veux, au moment du danger
Par du chanvre fumant saluer l'étranger !
Et puis on vit si mal hors du toit de ses pères ;
Loin du ciel où le cœur eut ses douces chimères ;
Privé de ses parents, sevré de l'air natal ;
Loin du soleil que Dieu nous fit national :
Méditez, mes amis, sur ces vœux que je forme ;
Entre nous, je le sais, la distance est énorme ;
Oh ! pour la rapprocher, faites, faites un pas ;
Car la France est ici ; vous, vous êtes là bas !...

　　Et vous, vous qui vivez de vos vieilles colères.

Vous du peuple éclairé, vous démissionnaires,
Vous qui malgré les tems n'avez rien voulu voir
Et confondez l'esprit d'orgueil et de devoir ;
Vous, enfants du pays dont vous minez la base ,
Qui devant un espoir vain restez en extase ;
Qui, pour fausser l'esprit du peuple souverain,
Cherchez à l'entraîner sur votre vieux terrain ;
Vous qui l'entretenez du rêve générique ,
Pour être dispensés du sens patriotique ;
Qui lisant, dans l'histoire à faux, mais à dessein,
Spéculez sur la vie ainsi que l'assassin ;
Qui comparant nos tems avec le bas empire,
Lui dites, en singeant un forcené délire,
Que les Barbares sont les initiateurs
Des peuples destinés à des orbes meilleurs ;
Et qui de loin déjà, devançant leurs attaques,
Pour tout régénérer préparez les Cosaques,
En semant l'anarchie au-devant de leurs pas.
Quoique vous les rêviez, vous ne les aurez pas !
Non , la France aujourd'hui vous dit par ma parole
Que là vous avez pris un détestable rôle ;
Que si vous avez pu, jusqu'à ce point, changer,
C'est que précisément vous êtes l'étranger !
Étrangers :... pis encor, puisque c'est sur vos actes
Que les rois de l'Europe auront signé leurs pactes ;
Car ils le signeront sans que vous l'ayez cru,

Devenez donc alors Moreau par Pichegru !....

Allez trouver le Czar ; secondez ses attaques ;

Marchez comme étrangers, en tête des Cosaques ;

Hardi ! la lance au poing, Don-Quichottes nouveaux,

A l'aigle populaire opposez vos lambeaux ;

Moi que votre poison ne grise ni ne trouble

Je vous dis cela, bien que votre ardeur redouble !

Quels que soient vos calculs ou votre agression,

Le progrès ne sera qu'en la progression !...

Au vrai peuple français je crirai plus encore :

Peuple, écoute moi donc :

                    Une hydre qui dévore,

Se pare du manteau de l'intérêt public ;

Mais regarde dessous ; c'est l'affreux basilic.

Il mine sourdememt ta conscience pure ;

A peine maintenant encore s'il murmure

Tout bas à ton oreille, un léger mot sanglant ;

Le chêne de son cœur s'enferme dans le gland !

Moi je vais par un mot ruiner son système ;

Ainsi que l'Empereur, peuple, aussi moi je t'aime !

Non pas pour égarer ton sens ou ta raison,

Mais en mettant le baume en place du poison.

C'est la voix du Martyr de Juin qui me commande :

L'Empereur ! l'Empereur, comment, je le demande !

Ne serait-il pas prêt à te fournir appui ?

Mais il est par toi, peuple, et toi peuple, par lui !...

C'est lui, par huit millions de tes volontés libres ;
C'est toi par ses pensers répondant à tes fibres ;
C'est toi par le travail qu'il procure à tes bras ,
Voila tout le secret : ne le comprends-tu pas ?
Voudras-tu l'étranger maintenant, les Cosaques ?
Voudras-tu voir changer tes palais en baraques ?
Voudrais-tu ?... réponds-moi ! voyons ce que tu veux :
Voyons si le pays de France est dans tes vœux ?...
Et du peuple j'entends la voix patriotique
Qui, pour toute réponse, en ces mots me réplique :

Les anges orgueilleux de l'ange Lucifer,
Jaloux d'inaugurer dans le ciel un enfer,
            Voulurent tenter la bataille ;
Mais le Très-haut, frappant de sa verge leurs fronts,
Les envoya rugir dans les gouffres profonds,
            Trop profonds encor pour leur taille.

Pharaon poursuivit les enfants d'Israël,
Peuple choisi de Dieu, que la droite du ciel
            Avait modelé de sa gouge !
Mais voici que bientôt ses soldats et ses chars,
Chevaux et fantassins, éléphants, étendarts
            Vont s'engloutir dans la mer rouge.

Les Titans ont voulu détrôner Jupiter,

Ne voyant pas au fond des sept cycles de l'air
    Son aigle qui tenait la foudre ;
Mais elle, obéissant aux ordres du grand Dieu,
Laissa soudain tomber son carreau sur ce lieu ;
    Elle les a réduits en poudre.

    La France est couronnée en Napoléon III ;
Elle peut renoncer pour vous confondre, ô Rois,
    A sa pacifique tendance ;
Mais brisant, sur vos fronts, votre trône et leurs fers,
Elle irait convoquer vos moujicks et vos serfs,
    A la guerre d'indépendance !

    Qu'il ose maintenant le colosse du nord
Menacer le pays d'esclavage ou de mort,
    Nous le chasserons dans ses glaces !
Comme l'ours ravageur fait devant le lion,
S'il venait sur Paris, toute la nation
    Disperserait bientôt ses masses.

    Qu'il vienne donc enfin ! qu'il l'ose !.. il n'ose pas ;
Il sait que nos enfants sont déjà vieux soldats,
    Et que les siens sont des barbares ;
Que le moindre de nous sent au fond de son cœur
Le germe dont on fait la légion d'honneur ;
    Que, chez lui, ces hommes sont rares !

Qu'il vienne nous troubler ! qu'il vienne ! nous verrons,
Qu'il vienne cette fois ! qu'il vienne ! nous rirons ;
    Mais d'un rire qui sait répondre.
Le neveu de l'Empire est là, qui veut la paix ;
Venez donc, étrangers, hasarder vos hauts faits ;
    L'Empereur saura vous confondre !..

Le peuple pense ainsi : c'est là parler, je crois !
A mon tour je vous vais aussi parler :
    O Rois,
Si vous ne devez pas écoutez la sagesse,
Il se peut qu'en parlant, ma franchise vous blesse ;
Mais dans votre intérêt, dans ceux de l'avenir,
Je ne puis, inspiré par Dieu, me contenir.
L'avenir ! vous forgez à ce sujet un leurre ;
Modifiez vos plans, il en est encor l'heure !
Ah ! ne vous laissez point emporter par l'orgueil ;
Car la France vous peut clouer dans le cercueil.
N'ajoutez point crédit, à ce que pourra dire
Le pamphlet furieux, qui vous parle en délire ;
Lorsque huit millions de voix ont prononcé,
On ne peut discourir sans être un insensé.
Bien plus ! je le dirai ; car il faut que je tranche,
La France a, contre vous, à prendre sa revanche !
Évitez une lutte où vous succomberez ;
Car vous êtes depuis bien longtems obérés !

Et puis : l'éclair du peuple a jailli sur les vôtres ;
Dédaignez ce premier, vous en verrez bien d'autres !
Croyez-vous qu'excités, par notre exemple à nous,
Vos sujets ne voudront pas vous extirper tous ?
Car enfin nous avons nos aigles à défendre !
Elles sont haut ! eh bien, peuvent-elles descendre !
Plutôt que de laisser leur essor s'appauvrir,
Sur vos possessions nous les ferions courir !
Tentez de nous contraindre à de grandes batailles ;
La guerre, vous savez, porte ses représailles ;
Nous en appellerons aux droits des nations ;
Et semerons, chez vous, les révolutions ;
Car s'il faut, quelque jour, que dans votre domaine,
Notre peuple-Empereur, comme ici se promène
Pour voir l'opinion, il s'y promenera ;
Et contre vous alors advienne que pourra !
La France en ce moment repousse encor la guerre ;
L'Empereur, au fourreau contient le cimeterre,
Si vous tirez l'épée, alors... alors je vois
Tous vos peuples voulant, comme nous, faire un choix.
L'Allemagne du Rhin, le Piémont, l'Italie,
La Prusse, la Pologne, et surtout la Hongrie,
Le pays slave, enfin les peuples aussitôt
S'uniront contre vous, si nous disons un mot.
Ce mot, il sera dit si, contre toute attente,
Vous ne subissez point une loyale entente,

Qui, dégageant ainsi vos épaules d'un faix,
Consolide et cimente, en Europe, la paix !
Mais le grand jour ne peut entrer dans votre alcove ;
Vous n'écouterez point ce conseil qui vous sauve.
Oh ! pourtant évitez de jouer aux canons ;
Car les bouches à feu seraient vos cabanons ;
Donc regardez avant de vous mettre en campagne ;
La France peut encore avoir son Charlemagne !..

Vous, Sire, permettez que je vous rappelle où
Vous devez regarder : N'allez pas à Moscou !
Moscou fut l'apogée et Moscou fut la chute :
Restez calme, éclairé, l'arbitre dans la lutte,
Insensible et sévère en présence du nord ,
Montrez lui sa faiblesse, à force d'être fort.
Laissez le flot mugir, laissez gronder l'orage !
Vous avez traversé plus d'une rude plage ;
Vous avez gouverné le vaisseau de l'État,
Comme ne fit jamais nul autre potentat ;
Vous avez fait surgir le calme, des tempêtes ;
Religion, travail, paix : Voila vos conquêtes,
Conquêtes qu'il vous faut mener vous savez où !..
Gardez-vous de Tilsitt ! n'allez pas à Moscou !
Mais si, sur nous, l'Europe, égarée en son rêve,
Voulait contre la France encor tirer le glaive,
Si les rois vous croyaient faible ou timide ou mou,

Alors je vous dirais : allez mieux qu'à Moscou !..
Allez à Pétersbourg par Bruxelles, par Vienne,
A Berlin, à La Haye afin qu'on se souvienne
Que si la France dut au premier Empereur
Sa puissance, elle doit au second sa splendeur.
Alors ne pouvant plus habiter d'autre terre
Que la France n'ayant plus de rive étrangère
Où l'émigration puisse porter ses pas,
Tous nos frères viendront se jeter dans vos bras.
Vous, leur ouvrant votre âme exempte de rancune,
Vous leur ferez goûter la famille commune ;
Heureux de ramener le cœur qui s'y soustrait
Au cercle européen que seul vous aurez fait.
Alors tous confondus dans la miséricorde,
Vous reviendrez, heureux, place de la Concorde,
Résumant, dans un même et saint embrassement,
Les cœurs ainsi fondus dans votre épanchement !...

La ville, ce jour là, pavoisant ses croisées
De flammes et de fleurs en guirlandes posées,
Etalera sa joie et sa félicité
De la base au sommet des murs de la cité.
Que de mains presseront d'autres mains ! que de têtes
Auront, pour s'épancher, de douces âmes prêtes !
Combien, en ce jour là, de citoyens heureux
Se donneront d'amour sincère et généreux !

Oh ! la sainte concorde ! elle est l'âme du monde !
Les cœurs s'y nourriront de charité féconde !
Les esprits seront mus d'espérance ; la foi
Par l'unité des bras enfantera la loi ;
La rivalité, morte au flanc de l'égoïsme,
Se transfigurera, sous le patriotisme,
En une œuvre sublime, à laquelle chacun
Apportera sa part de bien-être commun.
Ainsi s'effaceront les discordes civiles !...
Les villages, les bourgs, les campagnes, les villes
Agissant de concert, aux mêmes intérêts,
Se confondront unis sous la loi du progrès !
Et du foyer des cieux une douce lumière
Rayonnant sur le monde entier hors de l'ornière,
Les peuples uniront, par le peuple Empereur,
Dans Napoléon III, leur génie et leur cœur !...

TABLE.

—

FIN DE LA TABLE.